KB234532

마르크스 그 가능성의 중심

마르크스 그 가능성의 중심

마르크스 그 가능성의 중심

가라타니 고진 지음 / 김경원 옮김

이산

마르크스 그 가능성의 중심

1999년 5월 12일 초판 1쇄 인쇄
2010년 2월 15일 초판 4쇄 발행
지은이 가라타니 고진
옮긴이 김경원
펴낸이 강인황
도서출판 이산
서울특별시 마포구 서교동 399-11
Tel : 334-2847/Fax : 334-2849
E-mail : yeesan@yeesan.co.kr
등록 1996년 8월 8일 제 2-2233호

편집 문현숙·송복란
인쇄 한영문화사/제본 한영제책

ISBN 978-89-87608-10-5 03150
KDC 153(일본사상)

가격은 뒤표지에 있습니다.

www.yeesan.co.kr

차례

일러두기

1 이 책은 일본 고단샤(講談社)에서 1990년에 출간한 학술문고판 『マルクスその可能性の中心』을 번역한 것이다. 그러나 이 책에는 원서에는 없는 몇 편의 글을 더 수록했다. 먼저 대단히 친절한 한국어판 서문을 들 수 있다. 한국어판 서문은 이 책에 대한 단순한 소개나 인사말의 수준을 넘어서는 아주 포괄적인 내용의 글이다. 본문을 읽기에 앞서 독자들이 꼭 숙독해 주시기 바란다. 다음으로 보론 두 편이 있다.
이 에세이들은 원래 『差異としての場所』(1996)에 수록된 글로서, 지은이가 직접 선별해서 추천해 준 만큼 이 책의 내용과 관련해서 의미 있는 읽을거리가 될 것이다. 또 학술문고판에는 없는 '1985년 문고판 후기'를 덧붙였다. 「마르크스 그 가능성의 중심」에 대해 지은이가 직접 비교적 상세하게 해설한 글이므로 독자들이 이 책을 이해하는 데 적잖은 도움을 줄 것이다. 이로써 이 책은 원서보다 훨씬 풍요로운 책이 되었다.
물론 이런 책이 나올 수 있게 된 것은 온전히 지은이의 세심한 배려 덕분이다.
이 자리를 빌어 지은이에게 다시 한번 감사의 말씀을 드린다.
2 옮긴이의 주는 주로 일본과 관련된 사항에 한하여 그때그때 필요한 경우에 본문 안에서 (—옮긴이)로 처리했다.
3 독자들의 이해를 돕기 위해 생소한 일본인명은 권말에 간략한 해설을 붙여 따로 정리해 두었다.
4 본문의 인용문 가운데 우리말 번역이 있는 경우에는 가능한 한 대조를 했지만, 원칙적으로는 기존 번역문보다는 지은이의 해석을 우선으로 했다.

한국어판 서문

「마르크스 그 가능성의 중심」이라는 에세이를 문예잡지 『군상』에 연재한 것은 1974년이다. 1973년, 내가 마르크스에 대해서 쓰려고 하던 무렵, 마르크스주의는 끝났다는 합창이 지식인 사이에 울려퍼지고 있었다. 이전부터 몇 번이나 그런 말들이 있어 왔지만, 그때까지와 다른 점은 종래의 마르크스주의(스탈린주의)를 부정하고 '진짜 마르크스'로 돌아가자고 외치던 신좌익운동 ─ '연합적군사건'(連合赤軍事件, 1972)* 이라는 무참한 내부 테러리즘으로 상징되듯이 ─ 이 결정적으로 좌절되었다는 점이다. 같은 시기 한국에서는 마르크스를 읽는 일이 금지되어 있었다고 생각되는데, 당시 일본에는 다른 종류의 억압이 있었다. 마르크스에 대해서 논하는 것은 오히려 시대에 뒤진 것이라는 조소를 받았던 것이다. 그 배경이 되는 고도 경제성장으로 인한 사회적 변화가 신좌익운동 자체를 탄생시킴과 동시에 해체시켜 버렸다. 아마도 현재 한국에서도 그러한 경향이 번지고 있을 것이다.

　나는 대학에서 경제학부 학생이었기 때문에 우노 고조(宇野弘藏)나

---

* 1971년 7월 일본 공산당 혁명 좌파와 적군파가 연합해서 결성한 군사투쟁조직인 연합적군이 일으킨 일련의 사건. 연합적군의 최고 지도자 모리 쓰네오(森恒夫)는 소식원들을 이끌고 묘기산(妙義山) 아지트에 들어가 성급한 '공산주의화' 훈련을 하던 중 동료 12명을 반공산주의적이라는 이유로 죽이고, 또 다른 최고 지도자 나가타 히로코(永田洋子)와 함께 1972년 2월에 체포되었다. 같은 달 나머지 조직원들도 센겐(淺間) 산장에서 일본 좌익 역사상 최초로 경찰과 총격전을 벌이다가 모두 체포됨으로써 연합적군은 완전히 궤멸했다. 모리 쓰네오는 1973년 새해 첫날 도쿄 구치소에서 자살했다 ─ 옮긴이.

이와타 히로시(岩田弘)를 통하여 『자본론』을 제법 전문적으로 읽고 있었다. 그러나 그것에 만족할 수 없어서 경제학을 그만두고 문학으로 돌아섰다. 그렇지만 그것은 경제적 구조보다도 상부구조가 중요하다고 생각했기 때문은 아니었다. 『자본론』에는 이른바 경제학보다도 더욱 풍부한 통찰이 들어 있고, 경제학자는 도리어 그것을 알 수 없다는 것을 나는 일찍부터 확신했다. 문학비평으로 전환한 후에도 나는 끊임없이 『자본론』에 대해 생각했다. 내게 마르크스는 '공산주의'자가 아니라 우리가 지금 속한 자본주의 경제가 도대체 무엇인지를 깊이 고찰하고자 한 사람이었다. 자본주의는 사람이 부정한다든가 다른 것으로 대체할 수 있는 '주의'가 아니다. 그것은 '교환'이라는 데 내재하는 근원적인 패러독스에 의해 잉태된 것으로 오히려 인간의 조건과 관련이 있다.

이른바 마르크스주의는 역사에서 경제적 하부구조가 상부구조를 규정한다고 되어 있다. 그러나 그러한 역사에 대한 인식은 애덤 스미스에게서 기인한 것으로, 다시 말하면 산업자본주의적 사회가 성립한 후에 발견되었다. "인간 해부는 원숭이 해부의 열쇠이다."(마르크스, 『정치경제학 비판 서설』) 역사에는 일정한 목적 따위란 없다. 자본제 이전의 사회는 자본제를 통해서만 이해된다. 또 자본주의가 무엇인지 모르고 이루어진 개혁은 그 이전으로 퇴행하지 않을 수 없다. 하지만 이른바 경제적인 관점에서 사고하는 한 자본주의를 이해할 수는 없다. '자본주의' 자체는 상부구조도 아니지만 하부구조도 아니다. 『자본론』에서 마르크스는 상품의 '신학적·형이상학적인 수수께끼'를 찾아냈는데, 그것은 자본주의가 바로 일종의 '종교적'인 위상에 놓여 있다는 것을 의미한다. 사람들은 마르크스의 '공산주의'를 종교적이라든가 유토피아라고 생각한다. 그러나 자본주의 자체가 종교적이며, 공산주의는 단지 자본주의의 논리 자체에서 현실적으로 탄생한 것이다.

1970년대 초반에 나는 위와 같이 생각했다. 그러나 「마르크스 그 가능성의 중심」을 쓰려고 했을 때, 당연하게도 나는 고립무원이었다. 물론 정치적으로 탄압받은 것은 아니지만, 한편으로는 "지금이 어느 때라고 바보 같은 짓을 하고 있느냐"는 멸시와, 다른 한편으로는 "문학비평가가 경제학이나 철학을 알까"라는 전문가의 무시에 에워싸여 있었다. 그러나 '마르크스를 뛰어넘은' 사람들도 '마르크스를 고집하는' 사람들도, 각각 다른 이유에서였지만 '1987년' 이후의 상황 속에서 몰락해 버렸다. 하지만 '1987년'은 나 개인이나 내 책에 대해 어떤 타격도 주지 못했다. 1970년대 초에 마르크스에 대해서 쓰려고 했을 때, 나는 마르크스주의에 대한 '절망'에서 시작하고 있었고, 동시에 시장경제에 대한 '절망'에서 시작하고 있었기 때문이다. 하물며 이제 와서 무엇에 놀랄 까닭이 있겠는가. 실제로 1989년의 소란이 있고 나서 그다지 많은 시간이 흐르지도 않았는데 『자본론』은 세계적인 계급분해와 신용공황 속에서 오히려 일찍이 그 어느 때보다도 현실에 타당하고 절실히 와닿는 책이 되었다.

맨 처음 나온 「마르크스 그 가능성의 중심」을 쓴 이듬해인 1975년, 나는 미국에 건너가 예일 대학에서 일본 근대문학을 가르치는 한편, 마르크스론을 영어로 출판하기 위해 재검토했다. 그것을 끝까지 마무리짓지 못한 채 2년 후 일본으로 돌아와 부랴부랴 이 책을 간행했다. 여기에는 두 가지 계열의 작업이 수록되어 있다. 하나는 철학·경제학·언어학 등의 이론적인 작업이며, 또 하나는 문학비평 또는 '일본'의 상황과 연관된 작업이다. 그것들은 나에게 비판=비평으로서 동등한 의의를 갖는다. 그래서 나는 얼핏 동떨어져 보이는 이 두 계열의 작업을 동시에 진행해 왔다. 그러니 그것들을 한 권의 책으로 엮어 낸 것은 이때가 최초이자 마지막이었다. 그런 의미에서 이 책은 이후 내 작업 전체의 서설이라 할 만하다.

이 책 가운데 한 에세이를 발전시켜서 나는 『일본 근대문학의 기원』

(1980)을 썼다. 그러나 마르크스론에 대해서는 '본론'을 쓸 수 없었다. 이 책에서 시도한, 경제학을 언어론적으로 취급한 것이 나를 더욱 근본적인 이론적 문제로 이끌었고, 그것을 해결하기 위해 다양한 우회, 곧 많은 시간을 필요로 했던 것이다. 그 후 나는 『은유로서의 건축』(1981), 『내성과 소행—언어·수·화폐』(1983), 『탐구 I』(1986), 『탐구 II』(1989) 등을 썼다. 물론 그 속에서도 언제나 마르크스의 문제에 대해 언급해 왔지만, 이 책의 후기에서 기약했듯이, 어떤 책에서도 마르크스에 대해서 '본론'을 쓴다던 계획은 실천하지 못했다. 그것을 겨우 달성한 것은 1998년 여름에 완성한 『트랜스크리틱 I—칸트와 마르크스』에서였다. 『트랜스크리틱 II』에는 '일본'을 소재로 한 에세이를 넣었으니까 이로써 나는 『마르크스 그 가능성의 중심』 이후 처음으로 두 계통의 작업을 종합하여 한 권의 책으로 낸 것이다. 그리고 이것은 영어로 출판되기 때문에 나로서는 20여 년 만의 과제를 실현한 셈이다.

『일본 근대문학의 기원』은 1997년 한국에서 출판되었다. 그때 20년도 넘은 미숙한 작업을 지금 시점에서 미지의 독자가 읽는다는 데 두려움과 부끄러움을 느꼈는데, 역시 『마르크스 그 가능성의 중심』에 대해서도 마찬가지다. 다행스럽게도 『은유로서의 건축』이나 『탐구 I』, 『탐구 II』가 차례로 출간되었다.(나의 주요한 작업이 거의 한국어로 읽을 수 있게 된 것은 놀랍고 또 기쁜 일이다.) 그래서 독자 여러분께 이 책을 '가능성의 중심'에서 읽어 주시기를 진정으로 바란다. 다만 이 자리에서 몇 가지 사항을 보충해 두고 싶다.

내가 이 책에서 강조한 것을 간단히 말하면, 자본주의를 산업자본이 아니라 상업자본의 형식으로 거슬러올라가 고찰하는 일이다. 상인자본은 가치체계의 차이에서 잉여가치를 얻는다. 하지만 산업자본도 마찬가지다. 단지 전자가 기존의 공간적인 차이에서 잉여가치를 얻는 반면, 후자는 그것을 시간적인 차이화에 의해 또는 공간적인 차이를 스스로 만들어 넘으로써 얻는다. 그러나 그것은 산업자본의 상인자본적인 활동을 방해하지 않는다. 자본이란 잉여가치를 어디에서 얻든지 구애받지 않는 까닭이다. '가격'과는 달리 '가치'의 문제는 복수의 다른 체계와 연관되어 있다.

영국에서 산업자본이 확립된 후에 등장한 고전파 경제학자는 상인자본이나 중상주의를 경시하며 부정했다. 그러나 자본제생산이 세계를 재편성할 힘을 지닌 것은 확실한데, 그 힘은 상품경제의 세계성에서 나온다. "화폐가 세계화폐로 발전하는 것과 같이 상품소유자는 코스모폴리탄으로 발전한다. 인간끼리의 코스모폴리탄적인 연관은 원래부터 단지 그들의 상품소유자로서의 연관에 불과하다. 상품은 그 자신, 종교적·정치적·국민적·언어적인 모든 장벽을 초월한다. 상품의 일반적인 말은 가격이며, 그 공통의 본질은 화폐이다."(『정치경제학 비판』) 산업자본주의가 우위에 선 시대의 고전파 경제학자들이 간과한 것은 상품경제가 지닌 이 '신학적' 성격이다. 젊은 시절 마르크스는 말했다. "독일에서 종교 비판은 이미 끝났다. 그리고 종교 비판은 모든 비판의 전제이다." 그러나 『자본론』의 마르크스는 이렇게 말했을 것이다. 상인자본주의의 비판은 영국에서 이미 끝났다, 그리고 그것이 모든 비판의 기초이다.

이리하여 마르크스는 산업자본주의의 고찰에서 '대홍수 이전부터 존재한' 상인자본이나 고리대자본으로 거슬러올라갔다. 그는 자본의 본래적 성격을 상인자본 G—W—G′, 나아가 대부자본 G—G′로 보았다. 그러나 이처럼 자본이 자기증식하는 관념론적 세계가 성립하는지 어떤지는 대부자본이 G—W—G′라는 과정을 궁극적으로 달성하는가 못하는가에 달려 있다. 여기에서 가장 중요한 것은 W—G′, 요컨대 상품이 팔리는가 아닌가 하는 '목숨을 건 비약'이다. 그것은 우선 팔린 것으로 하는 '신용'에 의해 회피된다. 반대로 이 신용이 대부자본 G—G′를 초래한다. 16세기에 성립한 '세계시장'이란 이러한 신용체계가 세계적으로 형성된 상태를 의미한다. 자본제생산이 시작된 것이 이러한 세계적인 신용체계와 절대주의적 왕권국가 아래서였음을 잊어서는 안된다. 왜냐하면 그것은 첫째로 상품경제가 하나의 자율적인 세계를 구성하는 힘을 가진 것을 의미하고, 둘째로 고전파 경제학자의 주장과는 달리 자본제생산이 '국가'(나중에 국민국가가 된다)와 본질적으로 얽혀 있음을 의미하기 때문이다.

그러나 산업자본이 발전함과 동시에 이러한 상인자본이나 대부자본 또는 상품생산을 규제하는 가치형태라는 세계의 자율성은 부정되기에 이른다. 고전파 경제학자는 가치를 투하노동으로 환원하고 거기에서 이자, 지대라는 '신용'의 세계를 비신비화했다. 한편 상인자본에 근거한 중상주의자는 그러한 사회적 생산과정에 관심을 기울이지 않았다. 그들은 화폐 또는 상품형태에 의해 조직된 생산물에만 관심을 가졌다. 그들이 표층에 머물렀던 것은 분명하다. 그러나 역으로 그들은 도착적 형태(화폐의 물신숭배)에 의한 것이긴 하지만 이 표층이 생산과는 다른 독자적 차원으로 구성되어 있는 것을 파악했다고 할 수 있다.

마르크스가 『자본론』 첫머리의 가치형태론에서 보이고자 한 것이 그것이다. 고전파는 생산물과 상품을 구별하지 않는다. 다시 말하면 생산물을 상품이나 화폐로 만드는 '가치형태'를 보지 않는다. 그것은 생산물이 교환되지 않아도 노동에 의해 만들어진 만큼의 가치를 지닌다는 생각이다. 실제로는 생산물이 상품으로서 가치를 실현할 수 있는지 없는지는 교환되지 않으면 알 수 없다. 고전파는 이러한 교환에 내재한 어려움을 무시했고, 따라서 화폐를 무시했다. 그것은 또한 자본의 축적운동을 무시한 것이다. 잉여노동 또는 착취에 대해서는 리카도 좌파가 먼저 주장했으며 마르크스가 처음은 아니다. 마르크스의 독창성은 가치 또는 잉여가치의 문제를 생산과정뿐 아니라 새삼스럽게 유통과정에서도 보려고 한 데 있다.

중상주의를 최초로 부정한 사람이 고전파가 아니라 중농주의자 케네라는 점은 주목할 만하다. 그는 이윤의 원천을 토지의 자연력에서 구했다. 곧 상품형태가 형성하는 세계의 자율성을 부정하고 부의 원천을 자연의 생산력(자연의 증여)에서 찾은 것이다. 고전파는 기본적으로 케네의 노선을 따르고 있으며 단지 그것을 인간의 분업에 의한 생산력으로 바꾸어 말했을 뿐이다. 이렇게 바꾸어 말한 데는 가치를 형성하는 것이 인간의 노동뿐이라는 생각이 깔려 있다. 고전파는 중상주의와 중농주의를 '노동가치설'로 뛰어넘었다. 그러나 중상주의에 대한 비판에서 그들은 상품세계의 자율성을 무시했고, 다른 한편 중농주의에 대한 비판에서 이른바 '자연에 의한 생산'을 무시했다. 그것은 농업뿐 아니라 공업원료(화석연료도 포함), 나아가 인간의 재생산(생식)도 무시한 것이다. 결국 그것들을 인간이 생산하는 것처럼 또는 모든 것이 제작 가능한 것처럼 표상한 것이다. 그러나 산업자본은 그 자신이 제작할 수 없는 것을 필요로 한다. 그것은 바로 노동력과 자연환경이다. 결국 그것은 산업자본이 '부분적'일 뿐이라는 것을 의미한다.

자본제경제는 스스로 조직할 수 없는 '외부'가 있을 뿐 아니라 끊임없이 그것에 근거하지 않을 수 없다는 데 한계가 있다. 이를테면 우노 고조는 노동력상품을 자본 자신이 만들어 낼 수 없다는 데서 자본제경제의 한계를 발견하고 있다. 노동력상품은 단순한 상품이 아니다. 필요하기 때문에 늘릴 수도, 불필요하기 때문에 폐기할 수도 없다. 노동력의 부족은 임금상승을 초래하여 이윤율을 저하시킨다. 그러나 그것이 경기순환상 불가피하다고 해도 그것 자체가 자본주의경제의 몰락을 의미하지는 않는다. 자본우 노동력의 과부족을 '산업예비군'으로 해결한다. 국내 농업이나 중소기업, 미개발국이 그 역할을 맡고 있다. 선진국의 자본은 임금이 상승하면 해외에서 노동력을 불러들이거나 해외로 생산기지를 옮긴다. 요컨대 이 '한계'는 단지 자본축적이 공황·경기순환을 통해 이루어진다는 것을 의미할 뿐이고, 자본은 그것에 의해 영속한다.

한편 토지(자연환경)에 대해서 말하면, 산업자본주의는 거의 1세기 만에 인류가 오랜 세월에 걸쳐 형성하고 유지해 온 농업적인 자연환경의 재생산(recycle) 시스템을 해체시켜 버렸다. 그 결과 환경오염이 전지구적 규모로 발생했다. 그러나 이것을 테크놀로지 또는 근대적 '세계관'의 문제로 보는 것은 일면적인 파악밖에는 안된다. 애당초 자본주의는 '주의'가 아니다. 그것은 사람이 어떻게 생각하든 그 속에만 존재하는 관계 구조이다. 자본에 대한 근본적인 고찰 없이 상상된 모든 의식의 '혁명'은 고작해야 자본제경제의 단계적 변화를 반영할 뿐이다. 확실히 환경오염은 자본제경제의 '재생산'에 커다란 질곡이다. 개별자본은 어떤지 모르지만 국가적 총자본, 나아가 세계적 총자본은 벌써 그것을 알아차리고 있다. 따라서 세계적 총자본은 개별 자본이나 개별 국가를 규제할 것이다. 환경오염 문제는 자본제경제를 끝장내는 것은 아니다. 자본제경제는 다른 방향으로 자기 존속의 길을 바꿀 것이다. 자본에서 중요한 것은 가치 생산, 곧 차이·차이화이지 생산의 내용이 아니기 때문이다.

여기에 덧붙인다면, 마르크스는 "여기에서 산업이란 의미는 자본주의적으로 경영되는 어떤 산업부문도 포함한다"라고 기술하고 있다.(『자본론』 2권 1편 1장 4절) "하지만 생산과정의 생산물이 새로운 물질적인 생산물도 아니고 상품도 아닌 듯한 독립된 산업부문이 있다. 그 중에서도 경제적으로 중요한 것은 교통업뿐인데, 상품과 인간을 위한 고유한 의미의 운수업인 것도 있고 단지 보도·편지·전보 등의 전달도 있다. 이 장소적 운동이야말로 운송수단에 의해 이루어지는 생산과정이다."(『자본론』 2권 1편 1장 4절) 이런 의미에서 자본으로서는 잉여가치가 '물질'에서 얻어지든 '정보'에서 얻어지든 하등 관계가 없다. 산업자본의 주요한 영역이 '정보산업'으로 옮겨 가도 자본의 성질에는 아무런 변화가 없다. 위너(Norbert Wiener)에 따르면 애당초 정보란 '차이'에 불과하다.

고전파의 사고에 근거하는 한 현재의 자본제경제는 옛날과 다른 어떤 이질적인 것으로 간주될 수밖에 없다. 예를 들면 많은 노동자가 서비스 부문이나 판매부문으로 옮겨 간 것, 지적 노동이 중요해진 것 등이 '후기 자본주의'의 특징이다. 그러나 그것들은 공장노동과 똑같이 가치생산적 노동이다. 가치생산적인가 아닌가는 무엇을 생산하는가가 아니라 차이를 생산할 수 있는가 없는가에 달려 있다.

나는 『마르크스 그 가능성의 중심』에서도 현재에도 『자본론』을 그 이후의 시대 또는 현재에 있어서 어떻게 '창조적으로' 발전시킬까 하는 데 관심을 갖고 있지 않다. 제국주의, 주식회사(자본과 경영의 분리), 금융자본, 케인스주의를 포함하여 마르크스 사후에 생겨난 많은 사건은 꼭 신기한 사태만은 아니다. 그것들이 마르크스주의자에게 새로운 사태로 보였던 것은 그들이 고전파 경제학의 사고에 중독되어, 그것에 대한 마르크스의 '비판'을 간파하지 못한 까닭이다. 마르크스가 이론적으로 그러한 사태를 '예견'하고 있었던 것처럼 보이는 것은 그가 미래를 생각했기 때문이 아니라 산업자본주의가 확립되기 이전의 '형식'을 고찰했기 때문이다. 예를 들면 고전파나 신고전파의 '의식'에서 보면 공황은 정책의 실패로 발생한 사고(事故)와 같고, 대증요법(對症療法)으로 처치해야 할 병이다. 그러나 마르크스는 그것을 '무의식', 곧 자본제의 유년기로 거슬러올라가 해명하려고 했다. 그런 의미에서 그는 정신분석적이다.

자본제경제의 한계를 지적하는 것이 곧 그것을 넘어서는 것은 아니다. 또 그것이 스스로 종말을 고할 리도 없다. 그러나 이론적인 무지를 바탕으로 한 실천은 결코 변혁이 될 수 없다. 도리어 우리는 자본제경제를 지양하는 것이 얼마나 어려운지를 알아야 한다. 하지만 그 어려움을 명확히 하는 것만으로는 변혁의 가능성을 가져오지 못한다는 사실도 분명하다. 『마르크스 그 가능성의 중심』을 썼던 당시에 나는 뭔가 적극적인 전망을 발견할 수 없었고, 또 그것을 쓰는 것도 주저하고 있었다. 현

재의 시점에서 나는 구체적으로 어떻게 할 것인가와는 별도로, 어떤 이
론적인 가능성을 찾고 있다.(나는 그것을 『트랜스크리틱』에 썼다.) 여기에
서 그것을 다룰 여유는 없지만, 내가 단지 '비판'적인 입장에서 시종일
관하는 사람이 아니라는 것을 알아주시기 바란다.

1998년 11월 11일
가라타니 고진(柄谷行人)

1부

마르크스 그 가능성의 중심

인간이 부딪치는 문제는 언제나 자신이 해결할 수 있는 과제뿐이다.
— 마르크스

인간은 지식과 견문을 넓히는 것으로 자신의 모습을 발견할 수 없다.
그는 자기가 제기하는 과제 속에서 자신의 모습을 발견하는 것이다.
— 앙드레 말로

본질적인 사상가는 하나의 과제밖에 갖지 않는다.
— 하이데거

서장

1

한 사람의 사상가에 대해 논하는 것은 그 사람의 작품에 대해 논하는 것이다. 이는 자명한 것처럼 보이지만, 반드시 그런 것만은 아니다. 가령 마르크스를 알고자 하면 『자본론』을 숙독하면 된다. 그러나 사람들은 사적유물론이라든가 변증법적 유물론이라는 외재적인 이데올로기를 통해서, 단지 그것을 확인하기 위해 『자본론』을 읽는다. 그것은 읽는 행위라고 할 수 없다. '작품' 이외의 어떠한 철학이나 작자의 의도도 전제하지 않고 읽는 것, 바로 이것이 내가 말하는 작품을 읽는다는 의미이다. 『자본론—정치경제학 비판』은 경제학사에서는 이미 고전이다. 이는 두 가지 의미를 담고 있다. 하나는, 이 책에 나오는 세계나 지식이 낡았다고 해도 좋을 만큼 낡았다는 것이고, 또 하나는 에피쿠로스나 스피노자를 읽을 때와 마찬가지로 '고전'을 읽는다는 것은 그러한 외형을 무시하고 그 가능성의 중심에서 읽어야 한다는 것이다. 마르크스는 다음과 같이 말하고 있다.

병을 앓고 있는 동안 자네의 「헤라클레이토스」를 충분히 연구해 보니, 자네의 작업이 흩어져 있는 유문(遺文)에서 체계를 짜고 고치는 일을 훌륭하게 채내고 있다는 느낌을 받았고, 또 논쟁에서 보여 준 예리한 통찰에도 깊은 감동을 받았다네. ……자네가 이 작업을 하면서 극복하지 않으면 안되었을 어려움은, 나도 약 18년 전에 훨씬 접근이 쉬운 철학자 에피쿠로스에 대한 작업, 곧 단편(斷片)에서 전 체계를 서술하는 작업을 했었기 때문에 잘 이해할 수 있네. 더군다나 이 체계란 헤라클레이토스의 경우와 마찬가지로, 단지 그 자체가 에피쿠로스의 저작 속에 있을 뿐, 의식적인 체계화 속에는 존재하지 않았다고 나는 확신하고 있다네. 자기 작업에 체계적인 외형을 부여하고 있는 철학자들, 예컨대 스피노자에게서조차, 그의 체계의 참된 내적 구조는 그가 체계를 의식적으로 서술한 형식과는 전혀 다르니까.(1858년 5월 31일, 라살에게 보낸 편지)

마르크스의 통찰은 단순히 과거의 사상가에게만 해당되는 것은 아니다. 그가 『자본론』에서 쓰려고 했던 것은 바로 자본제사회의 의식적인 체계화(고전경제학)에 대한 비판이고, '자본제사회의 내적 구조'를 해명하는 것이었기 때문이다. 그렇다면 그의 이 '확신'에는, 그때까지 누구도 생각하지 못했던 어떤 성찰이 숨겨져 있다고 해도 좋을 것이다.

하지만 이것에 대해서는 나중에 서술하기로 하자. 지금 언급해야 할 것은 앞에서 한 말이 마르크스의 작품에 대해서도 적용된다는 점이다. 그가 말했듯이 어떤 사상가를 그 외형이 체계적인지 단편적인지로 구별하는 것은 별 의미가 없다. 아무리 체계적이지 못한 사상가도 대개 내적인 의미에서는 체계적이다. 만일 그렇지 않다면 그는 본질적으로 사상가라고 할 수 없다. 요컨대 그것은 그가 사물을 근원적(radical)으로 생각하지 않았음을 의미할 뿐이기 때문이다.

이를테면 몽테뉴와 같은 사상가는 반체계적인 사상가들의 대표인 것처럼 보인다. 우리는 몽테뉴가 말한 것을 완전히 정리할 수는 없다. 거기에는 에피쿠로스 학파도 있고 스토아 학파도 있고 파스칼적인 기독교도도 있다. 그렇지만 결코 혼란스럽다는 인상을 주지는 않는다. 〔몽테뉴의〕 『수상록』을 꼼꼼히 읽어 보면 그 속에는 뭔가 원리적인 또는 원리적으로 보고자 하는 정신이 꿈틀거리고 있다. 『수상록』이 늘 신선한 이유

는 그것이 비체계적이고 모순에 가득 차 있기 때문이 아니라, 어떤 모순
도 놓치지 않으려고 하는 새로운 시선이 밑바닥에 깔려 있기 때문이다.
그래서 그의 사고의 단편적 외형은, 오히려 텍스트를 넘어서 있는 듯한
의미, 투명한 의미에 대한 끝없는 저항과 동일한 것이다.

그는 이렇게 말하고 있다.

나는 내면 깊숙한 생활을 보여 드린다. 상관은 없다. 결국 그것은
마찬가지다. 도덕철학은 평민인 내 생활 속에서도, 그것보다 더 고귀
한 생활 속에서도 똑같이 도출된다. 인간은 저마다 완전한 본성을 신
체에 갖추고 있다. 세상의 저작자들은 어떤 특별한 외적인 특징으로
자신을 타인에게 알린다. 나야말로 처음으로 나의 전체를 통해, 결국 문
법학자라든가 시인이나 법률가로서가 아니라 미셸 드 몽테뉴로서 자
신을 알리는 것이다. 만약 세상 사람들이 내가 너무 지나치게 자신에
대해 지껄인다고 탄식한다면, 나는 그들이 자신에 대해서조차도 생각
하지 않는 것이 유감스러울 따름이다.

이것은 역설이다. 사실 몽테뉴는 자신의 일 따위는 쓰지도 않고 생각
하지도 않는다. 오히려 그는 세상 사람들이 지나치게 자신의 일에만 골
몰하고 있다고 말한다. '나야말로 처음으로'라고 몽테뉴가 말할 때, 그
는 '자신'이 주제가 될 수 있음을 처음으로 발견했다는 확신을 보여 주는
것이다. 이때까지의 저작자에 대해서 몽테뉴는 이렇게 말했을 것이다.
"당신들은 철학자나 시인으로서 인간과 정신에 대해 말했을지 몰라도
아직 아무 것도 말하지 않은 것과 같다. 어떤 설명도 규정도 해석도 지
긋지긋하다. 나는 '자신'이라는 흔하면서도 기괴한 것에 대해서 말한다.
그것에 대해서는 어떤 예단도 주저도 염려도 하지 않는다"고.

몽테뉴가 그려 낸 것은 '인간'에 대한 종래의 다양한 관념이 아니라

이른바 그 내적인 구조다. '인간'에 대한 어떤 관념도 몽테뉴 앞에서는 무너져 버린다. 그러나 그가 그것을 조금도 두려워하지 않았던 까닭은, 종교나 철학이 찾아낸 '인간'은 '의미를 부여받은 것'에 불과하고, 저변에는 '자신'이라는 기괴한 '의미를 부여하는 것'이 있어서 그것이 전부라고 생각하고 있었기 때문이다. 바꾸어 말하면 주체나 자기의식이 파생되어 나오는 저변에는 '자신'이 있다는 것이다. 그러나 그것은 이른바 자신이 아니라 그가 인용하는 텍스트 자체이다.

마르크스는 『자본론』에 다음과 같이 쓰고 있다.

> 상품은 얼핏 보기에는 자명하고 평범한 것처럼 보인다. 하지만 분석해 보면 그것은 형이상학적인 섬세함과 신학적인 심술궂음으로 가득 찬 매우 기괴한 것임을 알 수 있다.

그때까지의 경제학자는 눈으로 확인 가능한 범주를 정리하여 이미 경제학의 체계를 짜맞추고 있었다. 마르크스는 그런 여러 범주를 계승하여 그것을 비판적으로 재구성했다고 볼 수 있다. 그러나 너무 단순해서 무미건조한 보통의 상품에서, '형이상학적인 섬세함과 신학적인 심술궂음'을 발견한 눈이란, 어느새 경제학자의 눈은 아니다. 어떤 경제학자라도, 아니 오히려 경제학자들이야말로 이러한 상품을 자명한 것으로 여기고 그냥 지나쳐 버릴 것이다.

셰익스피어가 『아테네의 타이먼』에서 성찰한 것처럼 화폐는 무엇과도 교환할 수 있는 괴물이다. 나아가 자본이 '이자 낳는 자본'으로서 자기증식하는 괴물임은 누구라도 아는 사실이다. 하지만 마르크스는 우선 상품에서 시작한다. '자명하고 평범한 것'에서 시작하는 것이다. 그것은 단지 서술의 편의를 위해서가 아니다. 헤겔의 체계에서 직접적인 것은 추상적이고 공소(空疎)한 것에 불과하다. 그러나 『자본론』에서 이 가장 단순한 상품의 기괴함은 서술의 어떤 단계에서도 존속하며, 말하자면 모습을 바꾸어 확대해 가는 것이기에 앞의 인용문이야말로 전체를 푸는 열쇠가 된다.

　『자본론』이라는 작품이 탁월한 이유는 자본제생산의 비밀을 폭로한 데 있는 것이 아니라, 이렇게 흔하디흔한 상품의 '아주 기괴한' 성질에 대해 마르크스가 놀랐다는 데 있다. 상품은 얼핏 보기에 생산물이고 다양한 사용가치지만, 잘 들여다보면 그것은 인간의 의지를 초월하여 움직이고 인간을 구속하는 하나의 관념형태다. 여기에 모든 것이 들어 있다. 기성 경제학체계는 평범한 상품을 기괴한 것으로 보는 눈에 의해 무너진다. 마르크스는 처음으로 상품 또는 가치형태를 발견한 것이다.

2

　마르크스주의를 형성시킨 사람은 엥겔스다. 엥겔스는, 말 그대로 마르크스 텍스트의 첫번째 독자이고 해석자였다. 문제는 그가 마르크스와는 자질이 다른, 어떤 의미로는 유능한 사상가였다는 데 있다. 엥겔스가 '진짜 마르크스'를 왜곡했다는 말은 당치도 않다. 엥겔스의 천재성이 없었더라면 마르크스주의가 실제로 저만큼 신화적·종교적 힘을 지닐 수는 없었을 것이기 때문이다.

　그것은 기독교를 창시했던 바울과 흡사하다. 바울은 예수의 죽음을 재해석했던 사람이고, 결코 예수 자신은 기독교의 창시자가 될 수 없다. 마르크스주의가 현실에 미친 영향력의 대부분은 마르크스의 텍스트에 힘입었다기보다는 그 텍스트를 압도해 버린, 텍스트가 단지 그것의 일부를 표시하는 데 불과한 듯이 보이는 의미체계에서 비롯되었다. 그리고 그 의미체계는 아무리 표현이 다르다 해도 기독교와 플라톤주의라는 서양사상사의 계보에서 생겨난 것이다. 그 속에서 마르크스의 텍스트를 읽는 한, 그것에 근본적인 이의를 제기하기란 불가능하다.

　문제는, 이러저러한 교의를 비판하는 것이 아니다. 교의는 모두 '단편'일 뿐인 텍스트를 투명한 것으로 만들어 버리는, '전체'로서의 의미에 지나지 않기 때문이다. 마르크스 역시 텍스트를 읽는 일부터 시작하고 있다. 그의 독특함은 어떤 '철학'을 수립한 데 있는 것이 아니라 텍스트를 보는 그의 태도에 있고, 또 그것을 일관되게 유지한 데 있다. 『자본론』이란 고전경제학 텍스트에 대한 마르크스의 독해, 그 이상도 이하도 아니다. 결국 『자본론』 이외의 다른 곳에서 마르크스의 '사상'을 찾는 것은 잘못이다. 아니면 이렇게 말해도 좋다. 그러한 독해 방법이야말로 마르크스의 '사상'이라고.

　우리는 이미 그것을 마르크스의 학위논문 「에피쿠로스와 데모크리토스에서 자연철학의 차이」에서 발견할 수 있다. 그가 당시 헤겔 좌파의 한 사람에 불과했다는 것은 두말할 나위도 없다. 용어로 보나 의미체계로 보나 그는 확실히 헤겔 좌파에 속해 있었다. 따라서 마르크스의 사상은 헤겔 철학의 화려한 전도(轉倒)가 아니라 헤겔의 『철학사 강의』 가운데 극히 일부분에 대한 이의(異議)일지도 모른다. 하지만 『자본론』에 국한해서 볼 때 중요한 것은, 그가 전인미답의 길로 한 걸음 내딛었다는 사실이다.

　주목해야 할 것은 마르크스가 고대의 유물론자 에피쿠로스를 하나의 의미체계로서 읽지 않았다는 점이다. 또한 그는 에피쿠로스와 데모크리토스의 차이 일반을 보려고 하지도 않았다. 그의 고찰은 오로지 '에피쿠로스와 데모크리토스에서 자연철학의 차이'에 한정되고 있다.

　그 이전의 철학사적 통념으로는 그들의 물리학은 같은 것이어서, 에피쿠로스는 데모크리토스의 물리학을 빌려 왔을 뿐이며, 에피쿠로스가 가한 약간의 수정은 자의적인 개악일 뿐이라고 간주되어 왔다. 이를테면 데모크리토스가 원자(atom)의 운동이 필연적이고 결정적이라고 생각한 반면, 에피쿠로스는 거기에 우연·일탈·편차가 있다고 생각한다.

이 약간의 수정이 오늘날 불확정성의 원리를 알고 있는 우리에게는 선구적인 것으로 보이지만, 마르크스가 그것에 주목하기까지는 어리석은 수정에 불과하다고 생각했다. 물론 마르크스가 그것에 부여한 의미는 물리학자의 그것과는 다르다. 데모크리토스는 자연계를 결정론으로 명쾌하게 결론지으려고 한다. 에피쿠로스가 그것에 대한 편차를 강조했던 이유는 이 편차야말로 '자기의식', 곧 인간의 주체성이나 자유가 생겨나는 근거가 되기 때문이다. 이것이 마르크스의 견해이다.

청년 헤겔파의 '문제의식' 속에서 이루어진 이 고찰에는 그 '문제의식'을 제쳐두더라도 결정적으로 중요한 인식이 들어 있다. 그것은 인간의 '자유'나 '주체성'을 선험적으로 전제하기보다 자연의 '편차'에 입각해서 보려는 관점이다. 아마도 이 시기의 마르크스에게는 '자유'나 '주체성'을 확보하는 일이 과제였으리라. 그러나 이미 여기에서는 '자유'나 '주체성'은 자연의 '편차'에 의해 강요된 것이라는 관점을 엿볼 수 있다. 이것에 대해서는 나중에 서술하겠다.

오히려 여기에서 중요한 것은 마르크스가 에피쿠로스의 철학 전체에 대해서 말했다기보다 데모크리토스의 자연철학과의 차이에 대해서 말했다는 것이고, 나아가 동일성으로 보이는 것의 차이에 대해서 말했다는 것이다.

······데모크리토스의 자연철학과 에피쿠로스의 자연철학을 동일시하는 것은 오래 전부터 굳어져 온 편견이다. 그래서 에피쿠로스가 데모크리토스의 자연철학을 수정한 것은 자의적인 변덕에 불과하다고 간주되어 왔다. 이에 나는 세부에 대해서 현미경적 탐구처럼 보이는 작업에 들어가지 않을 수 없다. 하지만 참으로 이 편견이 철학의 역사만큼이나 오래된 까닭에, 또 차이가 현미경을 통해서만 발견할 수 있을 만큼 은폐되어 있기 때문에, 데모크리토스와 에피쿠로스의 자연철

학 속에서 그 상호의존성에도 불구하고 세부에 미치는 본질적 차이를 증명하는 것은 한층 더 중요해질 것이다. 특별히 일반적인 고찰은 그 결과가 세부에 적용될 때 타당한지 어떤지 의심스럽긴 하지만, 미세한 것에 의해 증명되는 차이는, 관계가 한층 큰 차원에서 고찰될 때 훨씬 수월하게 제시될 것이다.

마르크스가 강조한 것은 한눈에도 알아 볼 수 있듯이 그들의 철학이나 실천에서의 차이가 아니라, 거의 흡사해 보이는 자연철학의 미세한 차이이다. 결국 그는 에피쿠로스를 데모크리토스의 아류로 간주하는 '동일성'의 장(場) 자체를 해체하고자 한 것이다. 『자본론』에 대해서도 동일하게 말할 수 있다. 이 책에서 마르크스는 많은 것을 고전경제학에서부터 계승하고 있다. 그래서 비(非)마르크스주의 경제학자들은 『자본론』을 고전경제학의 한 변종으로 취급하곤 한다. 이는 어떤 의미에서는 옳다.

물론 마르크스는 그들과 다르다. 하지만 마르크스주의자가 말하는 의미에서 그런 것은 아니다. 마르크스의 이름으로 이야기되는 것은 사실상 고전경제학이나 헤겔의 그것과 다르지 않다. 예컨대 '현상과 본질'(헤겔)이나 '노동시간'(애덤 스미스)이라는 개념을 사용할 때, 마르크스는 불가피하게 그들의 사고의 틀을 받아들이고 있기 때문이다. 그런 부분에서 마르크스를 옹호하려다 보면, 그야말로 마르크스는 헤겔이나 고전경제학의 아류가 되어 버린다. 중요한 것은 마르크스의 고유성이란 그들과 명확하게 다른 부분이 아니라 거의 동일하게 보이는 부분에 숨어 있다는 사실이다.

에피쿠로스를 읽기 위해서는 '철학사만큼 오래된 편견'을 뒤집어엎지 않으면 안된다고 마르크스는 말한다. 에피쿠로스는 에피쿠로스이고 데모크리토스는 데모크리토스라는 동일성은 철학사만큼이나 오래된 것이다. 하지만 바로 그것이 '철학'의 비밀을 말해 준다. 왜냐하면 철학이란 항상 '단편'(斷片)으로서의 텍스트, 바꾸어 말하면 그것 자체가 '의미하는 것'(시니피앙)인 그러한 텍스트를 은폐하는 지점에서 성립하기 때문이다.

철학사에서 에피쿠로스란 하나의 '개념'이다. 이 개념을 부수려고 할 때 마르크스는 개념 그 자체가 성립한 현장에 입회하고 있었다.

니체는 이렇게 말한다.

이제 개념의 형성에 대해서 특별히 생각해 보자. 모든 말이 어떻게 개념으로 될까? 그것은 바로 다음과 같은 과정을 거쳐 그렇게 된다. 곧 말이라고 하는 것이, 그 발생을 떠맡고 있는 어떤 한 번의 철두철미한 개성적인 원체험에 대해서 뭔가 기억이라는 것으로서 도움이 될 만하기 때문이 아니라 무수한, 다소라도 유사한, 엄밀하게 말하면 결코 동등하지 않은, 곧 전혀 똑같지 않은 경우에도 동시에 들어맞는 것이 아니면 안된다는 점에 의해서이다. 모든 개념은 동등하지 않은 사물을 등치시킴으로써 발생한다. 하나의 나뭇잎이 다른 나뭇잎과 완전히 똑같은 경우가 결코 없는 것처럼, 나뭇잎이라는 개념이 나뭇잎의 개성적인 '차이성'을 임의로 탈락시키고, 다양한 상이점을 망각하게 하여 형성된 것임은 확실하다. 이렇게 하여 이제 그 개념은 현실의 다양한 나뭇잎 외에 자연 속의 '나뭇잎' 그 자체라고 말할 수 있는 뭔가가 존재하는 것 같은 관념을 불러일으키며, 결국 어떤 현실의 나뭇잎이 그것에 의해 구성되고 묘사되고 컴퍼스로 측량되며 꾸며지고 오그라들며 채색되는 것처럼 보이는, 뭔가 어떤 '원형'이라는 것이 존재하는 듯한 관념을 부여하는 것이다.(『철학자의 책』)

마르크스에게서 읽는다는 것은 이 같은 '원형'으로서의 에피쿠로스에 대해서 '차이성'으로서의 에피쿠로스를 발견하는 것이다. 철학적 진리가 '닳아 빠진 은유'(니체)라고 한다면 역설적으로 은유적으로 사고하는 것이야말로 사고하는 것이다. 역사적으로 누적되어 온 '엄밀함'을 조소하는 장(場)에서 철학이 뿌리째 흔들리는 것이다.

3

따라서 마르크스의 학위논문에서 주목해야 할 것은 그의 독해방법이고 또 그 자신이 이 방법을 '경제학 비판'의 작업과정에서 재확인했다는 점이다. 이를테면『자본론』서문에서는 이와 비슷한 말투를 볼 수 있다.

> 가치형태, 그 완성된 모습인 화폐형태는 별 내용도 없고 단순하다. 그럼에도 인간의 두뇌가 2천여 년 전부터 이것을 해명하고자 노력해 왔지만 완수하지 못한 반면에, 그것보다 훨씬 내용이 풍부하고 복잡한 형태의 분석에는 적어도 거의 성공하고 있다. 왜일까? 성체(成體)는 체세포보다 연구하기 쉽기 때문이다. 게다가 경제적 형태의 분석에서는 현미경도 화학적 시약(試藥)도 도움이 되지 않는다. 추상력이 그것들을 대신하지 않으면 안된다. 그리고 부르주아 사회에서는 노동생산물의 상품형태 또는 상품의 가치형태가 경제의 세포형태인 것이다. 소양이 없는 사람들에게는 이것의 분석이 쓸데없이 자세한 천착인 것처럼 보인다. 참으로 이 경우 세밀한 천착이 긴요한데, 이것은 현미경적 해부에서 그런 미세한 탐구가 긴요한 것과 다르지 않다.(1판 서문)

이것은 다음과 같이 바꾸어 말해도 좋다. 화폐 또는 가치에 대한 편견은 경제학의 역사만큼이나 오래되었다. 고전경제학은 '보다 큰 차원'에서 경제적 현상의 해명에 거의 성공해 왔지만, 미세한 부분, 곧 가치형태론에 대해서는 아무 것도 밝혀 내지 못했다. 마르크스의『자본론』

의 주요한 과제는 가치형태에 대한 현미경적 해부에 의해 경제학이나 화폐경제의 역사만큼이나 오래된 '편견'을 타도하는 데 있다. 하지만 미세한 것이란, 화폐형태의 수수께끼이고 또 거기서야말로 마르크스와 고전경제학 또는 헤겔과의 '차이'가 존재한다.

확실히 『자본론』 전체는 변증법적으로 서술되어 있는 것처럼 보인다. 그러나 꼼꼼하게 읽어보면 '가치형태론'에서 마르크스는 '변증법' 자체가 어떠한 전도에 의한 것인지를 말하고 있다. 그것은 이미 헤겔의 변증법이 물구나무 서 있으니까 발로 똑바로 딛고 서 있으면 된다는 식은 아니다.

물론 마르크스는 그것을 분명히 말하고 있는 것은 아니다. 오히려 그는 '헤겔의 제자'임을 과시하는 것같이 보일 정도다. 하지만 그런 때야말로 마르크스는 헤겔로부터 자유로웠다. 가치형태론의 서술 또는 '상품'이라는 기괴한 것에 골몰했던 마르크스의 고찰은, 단지 '헤겔을 전도한' 것만은 아니다. 분명히 가치형태론을 언뜻 보면 '화폐의 필연성'을 증명하고 있는 것처럼 보인다. 그러나 화폐의 자기실현이라는 헤겔적 전개에도 불구하고 마르크스는 화폐의 성립이 상품 또는 가치형태를 은폐하고 있음을 말하고 있다.

마르크스가 헤겔을 비판한 곳이 있다면, 그것은 그가 바로 헤겔적으로 말하고 있는 곳에서다. 요컨대 미세한 차이, 사소한 수정에서이지 '근본적인 전도'에서는 아니다. 마르크스에게 '읽는' 것이 무엇이었는지에 대해 나는 이미 말했는데, 우리가 마르크스를 '읽는' 일 역시 마찬가지다. 마르크스는 많은 곳에서 헤겔을 비판했지만 그것들은 거의 무시해도 좋다. '읽어야' 할 곳은 그가 그렇게 말하고 있지 않는 곳, 헤겔과 근접해 있는 곳이다.

하지만 그렇게 읽기 위해서는 『자본론』은 경제학책이고 『독일 이데올로기』는 철학책이라는 식으로 구별짓기를 해서는 안된다. 여러 학문이 서로 다른 분야와 구별되는 정체성은 그것이 비유적인 유추에 의해 결합되어 있음을 덮어 숨기고 있다. 그 덮개를 벗기기 위해서는 비유적으로 읽는 것, 바꿔 말하면 이미 완성되고 닳아 빠져서 고정된 관계를 다시 자의성에 입각해서 보는 일이 꼭 필요하다. 그것은 마르크스가 그랬듯이 단편으로서의 텍스트, 결코 투명한 의미체계로 환원되지 않는 텍스트를 발견하는 것이다. 두말할 나위 없이 가치형태론이 그와 같은 텍스트이다. 물론 나는 경제학자나 철학자가 그것에 논리적인 정합성을 부여하고자 했던 노력을 헛된 것이라고 말하려는 의도는 없다. 하지만 내가 거기에서 읽는 것은 오히려 '논리적인 것' 그 자체의 기원이다.

하이데거는 말한다.

> 사유하는 것이 문제인 경우에는, 이루어진 작업이 위대하면 할수록 이 작업 속에서 '사유되지 않은 것', 곧 이 작업을 통해 또 이 작업만을 개입시켜서 '아직 사유되지 않은 것'이 우리 곁에 풍부하게 도래해 있다.(『근거율』〔*Der Satz vom Grund*〕)

'가치형태론'의 풍부함은 거기에서 '아직 사유되지 않은 것'을 도래시키는 데 있다. 모든 저작자가 하나의 언어·논리 속에서 글을 쓰는 이상, 거기에는 고유한 체계가 있다. 그러나 어떤 작품의 풍부함은 저작자가 의식적으로 지배하고 있는 체계 자체에서, 뭔가 그가 '지배하고 있지 않은' 체계를 가진 데 있다. 그것이야말로 마르크스가 라살에게 보낸 편지에서 말했던 의미이다. 나에게 마르크스를 '읽는' 것은 가치형태론에서 '아직 사유되지 않은 것'을 읽는 것이다.

기본적으로 나는 마르크스를 그것 이외의 어떤 장소에서도 읽지 않을 것이다. 마르크스를 그 가능성의 중심에서 읽는다는 것은 바로 그런 것이다.

2장

1

마르크스가 상품의 기괴함에 대해서 말했지만, 우리도 거기서부터 시작하지 않으면 안된다. 상품이 무엇인지는 누구라도 알고 있다. 하지만 그 '알고 있다'는 사실을 의심하지 않는 한 상품의 기괴함은 눈에 들어오지 않는다. 예컨대 『자본론』을 휘두르는 마르크스주의자에 대해서 고바야시 히데오(小林秀雄)는 다음과 같이 말하고 있다.

> 상품이 세계를 지배한다고 마르크스주의자는 말한다. 하지만 이런 마르크스주의가 하나의 생각으로서 인간의 두뇌 속을 횡행할 때 그것은 더할 나위 없는 상품이다. 그리고 이 변모는, 상품이 세상을 지배한다는 평범한 사실을 잊게 만드는 힘을 갖는다.(『다양한 생각』〔樣々なる意匠〕)

물론 마르크스가 말한 상품이란 그러한 마력을 가진 상품이다. 상품을 하나의 외적 대상으로서 정해 놓는 순간 상품은 사라져 버린다. 거기에 있는 것은 상품형태가 아니라 단순한 물건이든지 인간의 욕망이다. 두말할 나위 없이 단순한 물건은 상품이라고 할 수 없는데, 그렇다면 욕망은 어떤 물건을 상품으로 만드는 것일까? 사실 바로 그것이 상품형태를 취하고 있기 때문에 사람들은 욕망을 갖게 되는 것이다. 이를테면 아이들은 이제껏 관심을 갖지 않았던 장난감을 다른 아이가 갖고 싶어하면 그때부터 그것을 달라고 조르기 시작한다. 아이의 욕망이 그 장난감을 가치 있게 만드는 것이 아니라 그것이 가치이기 때문에 그에게 욕망을 불러일으킨 것이다. 결국 물건을 생각하든 욕망을 생각하든 어느 경우라도 상품이 상품인 까닭을 이해할 수는 없다.

예를 들어 언어는 물리학적인 음성도 아니고 또 어떤 관념을 표현하는 것도 아니다. 역으로 언어가 있기에 비로소 그것들이 존재한다. 그렇다면 언어를 언어로 만드는 것은 무엇일까? 똑같은 물음을 상품에 대해서도 던지지 않으면 안된다. 고전경제학은 상품이란 사용가치와 교환가치라고 한다. 하지만 그것들은 바로 어떤 물건이 상품형태를 취하기 때문에 존재하는 것일 수밖에 없다. 말은 음성과 개념의 결합이라는 것도 마찬가지다. 그러한 분석에 그치는 한 상품이나 언어의 수수께끼를 풀 수 없다. 나아가 상품이 수수께끼라는 것을 '잊게 만드는 힘을 갖는' 곳에 상품형태의 수수께끼가 있다. 하지만 먼저 상품형태를 분석하는 데서 시작하자.

마르크스는 다음과 같이 말하고 있다.

상품은 사용가치 또는 상품체의 형태, 곧 철, 아마포, 밀 등으로 태어난다. 그것이 그들이 생산된 그대로의 자연형태이다. 하지만 이것들이 상품인 것은 오로지 그것들이 이중적인 것, 곧 사용대상인 동시에 가치보유자이기 때문이다. 그러므로 이것들은 이중형태, 곧 자연형태와 가치형태를 가지는 경우에만 상품으로 나타나며, 또는 상품이라는 형태를 가지게 된다.

상품들의 가치대상성은, 그 누구도 그것을 붙잡을 수 없다는 점에서 저 과부 퀵클리(Dame Quickly, 셰익스피어의 『헨리 4세』에 등장하는 인물—옮긴이)와는 다르다. 상품체의 감각적이고 거친 대상성과는 달리, 상품들의 가치대상성에는 단 한 분자의 자연소재[물질]도 들어 있지 않다. 따라서 하나하나의 상품을 어떤 식으로 만지작거려도 그것을 가치물로서 파악하는 것은 불가능하다. 하지만 상품들이 사회적으로 동일한 인간노동에 의해서만 가치대상성을 가지며, 따라서 그것들의 가치대상성은 순수하게 사회적이라는 것을 상기한다면, 가치대상성이란 상품과 상품 사이의 사회적 관계에서만 나타날 수 있다는 사실도 분명해진다.

마르크스가 말하는 상품의 물신성이란, 간단히 말하면 '자연형태', 곧 대상물이 '가치형태'를 띠고 있는 상태인 것이다. 하지만 이것은 어떤 기호(記號)에도 꼭 들어맞는다. 마르크스도 늘 그것을 언어와의 유형비교(analogy)를 통해 말해 왔다. "대상물의 가치로서의 규정은, 언어와 마찬가지로 그것들의 사회적인 생산물이다."

이 점에서는 마르크스의 사고를 『독일 이데올로기』까지 더듬어 올라갈 수 있다.

> 의식은 처음부터 '순수한' 의식으로서 있는 것이 아니다. '정신'은 물질에 '홀려' 있다는 저주를 원래 숨기고 있고, 이런 경우에 물질은 진동하는 공기층, 곧 음향, 요컨대 언어의 형태로 나타난다. 언어는 의식만큼이나 오래되었다. 언어는 실천적인 의식, 다른 인간에게도 존재하고 따라서 또 나 자신에게도 비로소 존재하는 현실적인 의식이다. 그리고 언어는 의식과 마찬가지로 다른 인간과 교통하고픈 욕망과 그 필요에서 비로소 발생한다.(『독일 이데올로기』)

마르크스는 '순수의식', 말하자면 선험적인 의미(개념)를 부정한다. 그것은 처음부터 물질에 홀려 있다. 결국 그것은 공기의 진동이라는 '자연형태'와 떨어져서는 이루어질 수 없다. 물론 마르크스는 그런 물질로 관념론(형이상학)을 비판하고 있는 것은 아니다. 공기의 진동 자체가 결코 언어는 아니기 때문이다. 그렇다면 언어를 언어이게끔 만드는 것은 무엇인가? 그것은 상품을 상품이게끔 만드는 것은 무엇인가라는 질문과 똑같다. 거기에서 비로소 '가치형태'가 문제로 된다.

2

그런데 언어를 언어이게끔 만드는 조건을 분석해 내고 그것을 언어학의 대상으로서 명확하게 하려 했던 소쉬르는, 이른바 공기의 진동을 음성학의 대상으로 분류하여 언어학의 대상에서 제외한다. 그것은 마르크스가 구체적인 상품의 고찰을 '상품학'으로 분류하여 상품의 분석대상에서 제외한 것과 같다. 그 결과 소쉬르는 언어의 본질을 '의미하는 것'(signifiant, 記標)과 '의미되는 것'(signifié, 記意)의 결합으로 보기 시작한다. 그러나 그것은 전혀 새로운 인식이 아니다. 그의 새로움은 언어를 가치로서 보려 한 데 있다. 결국 이는 언어를 '의미하는 것'의 변별적(differentiel)인 관계의 체계로서 본 것이며, 의미는 선험적으로 존재하는 것이 아니라 차이짓기의 체계 속에서, 달리 말하면 말과 말 사이에서 나타난다고 사고하는 것이다. 이것은 말을 단독으로 떼어 내서 사고하는 한 결코 나올 수 없는 관점이다. 형이상학은 '의미'를 선험적인 것으로 보지만, 그것은 의미가 차이적인 관계의 체계에만 존재한다는 내용을 망각하는 것이다.

마르크스는 고전경제학에서 말하는 사용가치와 교환가치의 구별이 상품을 고립시켜 사유하는 일이라고 말한다. 반대로 그것들의 구별은 상품이 가치형태—변별적인 관계—라는 점에서 파생한다. 그는 다음과 같이 정정하고 있다.

이 장의 첫부분에서 흔히 말하듯이, 상품은 사용가치이자 교환가치라고 말했지만, 이것은 정확히 말하면 잘못된 것이다. 상품은 사용가치, 곧 사용대상이며, 동시에 '가치'이다. 상품은 자기의 가치가 자연형태와는 다른 독자적인 현상형태, 곧 교환가치라는 현상형태를 가지게 될 때 이러한 이중성을 드러낸다. 그리고 상품을 고립적으로 고찰할 때에는 교환가치라는 형태를 취하는 일이 없고, 그와 종류가 다른 한 상품에 대한 가치관계나 교환관계에서만 이 형태를 취한다. 하지만 이것을 알고만 있다면 앞서 말한 것은 해롭지 않으며 오히려 편한 것이 된다.

그러나 이러한 표현은 항상 유해하다고 말해 두는 편이 낫다. 하나의 상품에 내재하는 가치가 있을까 하는 생각을 물리칠 때 비로소 '가치형태'가 보이기 시작하는데도, 앞의 표현은 그것 자체가 언제나 상품에 본래 내재하는 가치가 있는 것처럼 여기게 만들기 때문이다.

마르크스는 말한다. "고전경제학이 상품, 특히 상품가치의 분석에서 바로 가치를 교환가치이게끔 만드는 형태를 찾아내지 못한 이유는 이 학파의 근본적인 결함 가운데 하나이다. 애덤 스미스나 리카도와 같은, 이 학파의 가장 우수한 대표자들조차 가치형태는 그것이 무엇이든 관계없이 그냥 좋은 것으로, 또는 상품 자체의 성질과 인연이 먼 것으로 다루고 있다." 하지만 그것은 그들이 화폐를 자명한 것으로 전제해 두었기 때문이다. 화폐는 각각의 상품에 마치 화폐량으로 표시되어야 할 가치가 있는 것 같은 환영(幻影)을 부여한다. 곧 화폐형태는 가치가 가치형태, 달리 말해서 상이한 사용가치의 관계 속에 존재한다는 사실을 은폐한다.

잘 알다시피 마르크스는 『자본론』의 첫머리에서 두 개의 상이한 상품이 등가이기 위해서는 뭔가 '공통의 본질'이 있어야 하며, 그것은 상품에 대상화된 인간노동이라고 말하고 있다. 하지만 그것은 화폐를 바꾸어 말했을 뿐이고, 고전경제학을 조금이라도 뛰어넘는 것은 아니었다. 그는 등가의 비밀을 상품들의 '동일성'으로 환원한다. 그러나 그와 같은 동일성은 화폐에 의해 출현하는 것이다. 화폐형태야말로 가치형태를 은폐한다. 따라서 화폐형태의 기원을 물을 때 마르크스는 이미 '등가'나 '공통의 본질'이라는 생각을 잘라 버리고 있다. 그것들이야말로 가치형태를 은폐할 때 나타나는 것이기 때문이다.

먼저 마르크스는 '단순한, 개별적인 또는 우연적인 가치형태'를 다음과 같이 설명하고 있다.

> x량의 상품 A = y량의 상품 B, 또는 x량의 상품 A는 y량의 상품 B의 가치가 있다.(아마포 20미터 = 윗옷 한 벌 또는 아마포 20미터는 윗옷 한 벌의 가치가 있다.)

위의 예에서 "아마포가 그 가치를 윗옷으로 표시하는" 경우, 마르크스는 아마포는 상대적 가치형태이고 윗옷은 등가형태라고 말하고 있다. 결국 마르크스가 여기에서 말하는 것은 "아마포는 윗옷과 등가"라는 것이 아니라, "아마포의 가치는 윗옷의 사용가치로 표시된다"는 것이다. "한 상품의 가치는 다른 상품의 사용가치로 표시된다." 그러나 이른바 아마포의 가치라는 것이 내재적·초월론적으로 존재한다는 의미는 아니다. 여기에는 단지 아마포와 윗옷이라는 '상이한 사용가치'가 있을 뿐이므로 그 관계 속에서 '가치'가 출현하는 것이다.

이 관계가 가치형태, 곧 상대적 가치형태와 등가형태의 결합이다. "상대적 가치형태와 등가형태란 상대적으로 서로 의존하며, 서로 제약하고 있어서 분리할 수 없는 요인이지만, 동시에 상호 배제하거나 상호 대립하는 극단이다." 소쉬르처럼 말하면, 상대적 가치형태는 '의미되는 것'(시니피에), 등가형태는 '의미하는 것'(시니피앙)이고, 이들의 결합으로서의 가치형태가 기호(signe)인 것이다. 앞의 예를 빌리자면, 윗옷이라는 사용가치는 시니피앙이다.

3

다음으로 마르크스는 '확대된 가치형태'에 대해서 쓰고 있다.

$$z량의 상품 A = u량의 상품 B$$
$$'' \quad = v량의 상품 C$$
$$'' \quad = w량의 상품 D$$
$$'' \quad = x량의 상품 E$$

이것은 모든 상이한 상품의 상대적인 관계의 연쇄이고, 여기에는 중심이 없다. 그것은 이른바 '중심 없는 관계의 체계'이다. 마르크스는 그 '결함'을 다음과 같이 말하고 있다.

첫째, 상품의 상대적인 가치표현은 미완성이다. 그 서열의 표시가 언제까지라도 끝나지 않기 때문이다. 하나의 가치방정식이 다른 그것을, 그것이 또 다른 그것을 엮어 가는 사슬은 계속 이어져 늘 새로운 가치표현의 소재를 부여하는 모든 새로운 상품종으로 연장된다.

따라서 마르크스는 일반적 가치형태 또는 화폐형태, 곧 중심으로서 한 상품의 출현이 불가피하다는 것을 말한다. 그렇지만 이러한 서술은 사실 전도(轉倒)되어 있을 따름이다. '총체적 또는 확대된 가치형태'야말로 일반적 가치형태 또는 화폐형태를 비중심화할 때 겨우 발견되는 '중심 없는 관계의 체계'이기 때문이다. 언어학에서 소쉬르는 바로 이런 지점에 도달했던 것이고 레비-스트로스는 그것을 인류학에 적용했던 것이다.

이 형태가 미완성이라는 말은 물론 화폐형태를 완성태로 간주하는 목적론적 사고이다. 그것은 미완성이기는커녕 '완성된' 것 속에서 그냥 지나쳐 버린 원초적인 광경이다. 마르크스의 변증법적·목적론적 서술과는 반대로 우리는 그가 찾아낸 이 비전을 꽉 붙잡아야 한다. 왜냐하면 그것만이 본질이나 개념이라는 초월론적인 것이 전도에 불과하다는 것을 시사하기 때문이다. 그러나 마르크스는 '단순한 가치형태'로부터 '화폐형태'로의 발전을 논리적인 필연이라고 쓰고 있는 것 같다.

> 단순한 가치형태의 불충분함은 첫눈에도 알 수 있다. 이 형태는 가격형태로 성숙하기 전에 일련의 형태변화를 거쳐야 하는 맹아형태에 지나지 않는다.
> 얼마 가량의 한 상품 B에 대한 표시는 상품 A의 가치를 다만 자신의 사용가치로부터 구별할 뿐이다. 따라서 이 상품을 단지 자신과 다른 개개 상품종인 뭔가에 대한 교환관계에 놓을 뿐이며, 다른 일체의 상품과의 질적 동일성과 양적 비율을 나타내는 것은 아니다.

하지만 이 단순한 가치형태는 더욱 완성된 형태로 성숙해야 할 '불충분한' 것은 아니다. 모든 상품과 서로 관계하는 하나의 중심으로서의 상품, 곧 화폐에 의해 모든 상품은 '질적 동일성과 양적 비율'에 따라 존재하게 된다. 그것이 처음부터 있었던 것은 아니다. 그렇기 때문에 '공통의 본질'이란 잠재적인 화폐형태에 불과하다. 단순한 가치형태는 종종 물물교환과 동일시되어 물물교환의 확대가 일반적 가치형태 또는 화폐형태를 생겨나게 했다고 간주된다. 사실 2장 '교환과정'에서 마르크스는 그렇게 쓰고 있다. 말할 필요도 없지만 그러한 시각으로 보면, 가치형태론의 의의는 완전히 소멸되어 버린다. 단순한 가치형태는 가치형태 자체를 은폐하는 화폐(일반적 등가물)를 비중심화하는 경우에 발견되는 것이다.

이 '총체적 또는 확대된 가치형태'에서 상대적 가치형태(시니피에)와 등가형태(시니피앙)는 결코 고정적인 관계를 취하지 않는다. 시니피에로서의 상품도 시니피앙으로서 나타나기 때문이다. 이를테면 "아마포의 가치가 윗옷의 사용가치로 표시된다"고 할 때, 아마포와 윗옷의 위치가 바뀌어도 상관없다. 다시 말해서 '가치'라는 것은 없고 '상이한' 사용가치의 관계가, 더 정확히 말하면 '차이'의 유희가 근저에 있을 뿐이다. 여기에서 우리는 마르크스의 서술순서와는 반대로 '단순하게 우연적인 가치형태'가 내포하는 문제로 거슬러올라갈 수 있다.

물론 화폐형태를 비중심화하는 정도로는 우리의 과제를 조금도 만족시킬 수 없다. 문제는 왜 어떻게 하여 그러한 중심화가 발생했는가 하는 데 있다. 다시 말하면 한 상품의 중심화야말로 그러한 시니피앙의 관계가 야기하는 유희를 근절하고 동일성을 형성하고 초월론적인 '가치'를 부여하기 때문에, 우리는 단지 '중심 없는 관계의 체계'를 찾아냈다고 구조주의자처럼 만족해서는 안된다.

오히려 의심해야 할 것은 '체계'이고 '구조'이다. 비록 화폐를 하나의 상품으로서 비중심화한다고 해도 역시 중심은 '체계' 자체에 남아 있다. 말하자면 체계를 체계로 만드는 것이 잠재적으로 남아 있는 것이다. 랑그(langue) 체계의 경우 화폐 같은 중심은 없지만, 각각의 말에 내재적인 의미(개념)가 있다는 플라톤적인 상식에 의해 지탱되고 있는 것은 보이지 않는 중심이고, 그렇기 때문에 소쉬르는 그것을 부정해야 했으며 '중심 없는 관계의 체계'를 취했던 것이다. 그러나 소쉬르는 이 '체계' 자체가 무엇에 의해 이루어지는지 사유하려고 하지 않았다. 거기에서 구조주의자는 체계를 체계로 만드는 제로 기호를 상정(想定)한다. 하지만 그것은 하나의 초월성이며, 그들은 단지 외관상으로만 초월론적인 것을 부정한 데 불과하다.

그런 까닭에 구조주의는 시니피앙과 시니피에, 또는 문화와 자연이라는 이분법에 갇혀 있다. 그것은 아직 형이상학적이다. 마르크스 역시 사용가치와 가치라는 이분법으로 사고하고 있는 한 아직 '화폐의 형이상학'에 사로잡혀 있다. 이미 시사한 바와 같이, 근원에 존재하는 것은 사용가치(시니피앙)와 사용가치(시니피앙)의 임의적인 관계일 뿐이다. 가치형태란 이른바 형상적인 언어이다. 음성적 언어에는 이미 그것이 숨겨져 있다.

이를테면 마르크스는 동등한 노동이 포함되어 있기 때문에 이질적인 상품이 등가라는 생각에 반대하며 다음과 같이 말하고 있다.

> 따라서 사람들이 그들의 노동생산물을 가치로서 상호 연관시키는 것은 이들 물상(物象)이 그들에게 동등한 종류의, 인간적인 노동의 단순한 물상적 외피로서 의의를 지니고 있어서가 아니다. 그 반대이다. 그들은 상이한 종류의 생산물들을 교환할 때 가치로서 상호 등치시킴으로써, 그들의 상이한 노동을 인간노동으로서 상호 등치시킨다. 그들은 그것을 의식하고 있지 않지만, 그렇게 행하고 있는 것이다.
>
> 따라서 가치라는 것의 액수에는 그것이 무엇인가라는 것은 쓰여 있지 않다. 오히려 가치가 어떤 노동생산물이라도 하나의 사회적 상형문자로 전화한다. 후대에 이르러 사람들은 이 상형문자의 의미를 풀려고 하고, 그들 자신의 사회적 산물 — 생각건대 가치로서의 사용대상들에 대한 규정은 언어와 마찬가지로 그들의 사회적 산물이다 — 의 비밀을 탐구하려고 한다.
>
> 노동생산물은 그것들이 가치인 한, 그것의 생산에 지출된 인간노동의 단순한 물상적 표현이라고 하는 후대의 과학적 발견은, 인류발달사에서 획기적인 일이지만, 결코 노동의 사회적 성격이 지닌 대상적 가상(假象)을 쫓아 버리지는 못한다.

그들은 "의식하고 있지 않지만 그렇게 행하고 있다"고 할 때, 사실 마르크스는 거의 프로이트적인 의미로 '무의식'에 대해서 이야기하고 있다. 이를테면 자크 라캉(Jacques Lacan)은 무의식이 언어와 마찬가지로 구조화되어 있다고 한다. 마찬가지로 화폐형태에 의해 소거되어 버린 '가치형태'는 마르크스가 말한 것처럼 상형문자인 것이다. 우리의 '의식'에는 어느새 그것은 보이지 않고 그 결과만이 비친다. 프로이트의 말처럼 의식한다는 것은 음성언어로 되는 것이다. 우리가 의식하는 것은 화폐＝음성문자라는 모양을 취한 것일 뿐이다. 경제학은 이 '의식'에서 출발한다. 결국 그것이 암묵적으로 화폐를 전제하고 있음은 바로 이것과 크게 다르지 않다. 어떤 엄밀한 반성이나 분석도 이미 형성된 '의식' 속에서 이루어지는 한 언제나 결과를 원인으로 착각할 따름이다.

예를 들어 신경증환자가 고소공포증이 있을 때 그는 높은 곳이기 때문에 두렵다고 할 것이다. 그러나 높은 곳이 그의 공포의 '원인'은 아니다. 마찬가지로 두 개의 다른 생산물이 등치되는 것은, 거기에 공통의 인간노동이 대상화되어 있기 때문이 아니다. 그것은 이미 '의식' 안에 은폐되어 버린 결과에 불과하다.

그렇기 때문에 마르크스가 가치형태론을 인류사의 첫 시도라고 자부했던 까닭도 이 지점에서 보지 않으면 안된다. 정말 그것은 변증법적으로 서술되어 있는 것처럼 보인다. 곧 사용가치와 교환가치의 '모순'이 화폐형태에서 지양되는 듯이. 그러나 '모순'이란, 나아가 '변증법'이란 이미 생성한 것을 그 이후에 합리화할 수밖에 없다. 철학이란 일종의 신경증적인 합리화에 불과하고 그것은 화폐＝음성적 문자의 결과로서의 '의식'에 갇혀 있다.

'무의식'이라는 개념은 오로지 프로이트의 이름으로 알려져 있는데, 『꿈의 해석』이나 『히스테리 연구』에서 뚜렷이 나타나는 것처럼 프로이트의 관심은 '무의식'이 일종의 언어적인 것에 존재한다는 데 있었다. "……이것은 히스테리 증상이 언어표현을 수단으로 하는 상징화에 의해 발생하는 데 대한 결정적인 실례(實例)라고 생각한다.”(『히스테리 연구』) 라캉이 비판한 바와 같이 정신분석학파가 이러한 관점을 완전히 간과해 버렸다고 말할 수 있다면, 마르크스의 '가치형태론'에 대해서는 더욱 그렇게 말하지 않으면 안된다. 마르크스는 여기에서 비로소 화폐형태=전(前) 의식에 가려져 숨어 버린 상형문자 같은 양태를 끄집어내고 있지만, 이후 마르크스 학파는 그것을 단지 철학적인 것으로 환원해 버렸기 때문이다. 바로 여기에서 변증법을 포함하여 '철학'이 근본적으로 비판받게 되었는데도 말이다.

4

가치에 대해서 깊이 생각하다 보면 어떤 두 개의 이절적인 것이 등가라는 근거는 무엇인가 하는 물음에 맞닥뜨리지 않을 수 없다. 이것은 경제학뿐 아니라 가치 일반에 대한 문제를 포함하고 있다.

“예를 들면 '부담'(Schuld)이라는 어떤 도덕상의 중요한 개념은 '부채'(Schulden)라는 극히 물질적인 개념에서 유래하고 있다”고 니체는 말한다. 그가 정념의 여러 형태를 단편적이거나 체계적으로 고찰했던 어떤 도덕주의자(moralist)와 다른 이유는 거기에서 이른바 채권과 채무의 '관계'를 발견했기 때문이다. 내가 어떤 남자를 증오하는 이유는 그 자가 내게 친절한데도 내가 그 녀석에게 가혹한 행위를 했기 때문이라고 도스토예프스키의 작중인물은 말한다. 이것은 돈을 빌려서 갚지 않은 사람이 빌려 준 사람을 미워하는 경우와 다를 바 없다. 결국 죄의식은 채무감이고 증오는 그것의 부정(否定)이라고 하는 것이 니체의 사유이다.

그러나 정말 중요한 것은 니체가 이렇게 말한 채권·채무 관계의 밑바닥에서 완전히 이질적인 것을 등가물로 삼는 전도(轉倒)를 발견하는 일이다. 말하자면 인간은 평등하다는 사상은 다양한 이질적인 인간이 등가라는 말이다. 우리는 이것을 자명한 사실로 받아들이든가, 아니면 그것을 '자연'의 이름으로 부정한다. 니체의 고찰이 뛰어난 점은 처음부터 등가라든가 부등가라고 하지 않고, 오히려 등가란 어떠한 것인가 하는 근본적인 물음에서 출발했다는 데 있다. 그에 비하면 루소나 사드 같은 사상가는 자연과 사회를 추상적으로 대립시킨 데 지나지 않아서, 가장 중요한 문제를 놓치고 있다.

인간 역사의 극히 오랜 기간을 통하여 악행의 주모자에게 그 행위의 책임을 지우기 위해서 형벌이 가해진 것은 아니었고, 책임자만이 처벌되어야 한다는 전제 아래 형벌이 가해진 것도 아니었다. 오히려 오늘날에도 부모가 아이를 벌하는 경우에서 볼 수 있듯이 피해가 발생한 데 대한 분노로 가해자에게 형벌을 가했던 것이다. 그러나 이 분노는 모든 손해에는 어딘가에 각각 그 등가물이 있기 때문에 실제로—가해자에게 고통을 주는 수단에 의해서든—보복이 가능하다는 사상에 의해 제한되고 변용되었다. 이 아주 낡고 뿌리 깊은, 아마 오늘날에도 근절할 수 없는 사상, 곧 손해와 고통이 등가라는 사상은 어디에서 그 힘을 얻었던 것인가. 나는 그 기원이 채권자와 채무자 사이의 계약관계 속에 있음을 이미 밝힌 바 있다. 이 계약관계는 대개 '권리 주체'라는 존재만큼 오랜 역사를 지니며, 더욱이 이 '권리 주체'의 개념은 매매나 교환이나 거래나 교역이라는 갖가지 근본형식으로 환원시킬 수 있다.(『도덕의 계보』)

부모가 아이를 엄하게 꾸짖는 일은 흉폭한 분노에서 비롯되지만 부모는 그것을 가르침이나 교육을 위해서라고 생각할 것이다. 마찬가지로 형벌은 피해에 대한 분노에서 촉발되고 있는데도, 범죄자에 대한 교육적 조치라고 여긴다. 이러한 사고를 전형적으로 집약하고 있는 것이 헤겔의 『법철학』으로서, 범죄자는 자기 자신을 침해했기 때문에 형벌은 자기 회복이나 매한가지라는 것이다. 이런 사고의 근저에는 죄와 벌, 곧 손해와 고통은 등가라는 사상이 스며들어 있다.

모든 손해에는 어딘가에 각각 그 등가물이 있다는 사상, "이 극히 낡고 뿌리 깊은, 아마 오늘날에도 근절할 수 없는 사상"은 무엇에 의해 존재하는가? 말할 나위도 없이 니체는 그것을 매매나 교역의 형식 속에서 찾아낸다. 그렇다고 해도, 이 치환에 의해 문제가 조금이라도 수월하게 해결되지 않는다는 데 주의해야 한다. 또 이 치환은 문제를 경제학으로 이행시키지 않는다. 반대로 경제학(화폐를 전제한)을 근본적인 의문에 직면하게 만든다. 서로 다른 상품의 '등가형태'란 무엇인가라고 마르크스가 『자본론』의 첫머리에서 물었을 때 그는 모든 어려운 문제를 거기에 응축시킨 것이나 다름없다.

니체는 "모든 개념은 동등하지 않은 것을 등치시킴으로써 발생한다"고 했다. 말을 바꾸면 그것은 은유로 시작한다는 말이지만, 나아가 은유가 은유가 아니게 될 때 비로소 발생하는 것이다. 그래서 우리는 경제학의 개념이나 윤리학의 개념이라는 구별에 현혹되어서는 안된다. 모든 학문을 감싸고 있는 형이상학적인 것을 묻지 않으면 안된다.

5

마르크스는 가치에 대한 아리스토텔레스의 고찰에 대해 다음과 같이 말한다.

아리스토텔레스는 우선 첫째로, 상품의 화폐형태는 단순한 가치형태가 한층 발전한 모습, 다시 말해서 어떤 상품의 가치는 임의의 다른 한 상품으로 표현한 것이 한층 발전한 것에 불과하다는 것을 명백하게 지적하고 있다.

그는 '다섯 장의 이불=한 채의 집'은 '다섯 장의 이불=얼마의 화폐'라고 말하는 것과 '다름없다'고 말한다.

그는 더 나아가 이 가치표현을 포함하고 있는 가치관계는, 곧 집이 이불에 대해 질적으로 동등하다는 것, 또한 감각적으로 다른 물건들은 이러한 본질상의 동등성 내지는 측정될 수 있는 크기로서 서로 비교될 수 없으리라는 것을 통찰하고 있다. 그는 이렇게 말한다. "교환은 동등성 없이 있을 수 없고 동등성은 양적 비교의 가능성 없이는 있을 수 없다." 그러나 그는 여기서 난관에 봉착하여 더 이상의 가치형태의 분석을 포기했다. "그러나 이렇게 다종다양한 물건들이 양적으로 비교될 수 있다는 것은" 곧 질적으로 동등하다는 것은 "진실로 불가능하다"고. 이러한 등치는 물건들의 진정한 성질과는 다른 것일 수밖에 없으며, 따라서 오직 "실천적 욕망을 위한 인위적 조치"일 따름이다.

이와 같이 아리스토텔레스는 더 이상의 분석이 실패한 이유가 무엇인가를 스스로 우리에게 말해 주고 있다. 그것은 다름 아닌 가치개념의 결여이다. 이불의 가치를 표현할 때, 집이 이불을 위해 표시해 주는 동등한 것, 곧 공통의 실체란 무엇일까? 그런 것은 "진실로 실재하지 않는다"고 아리스토텔레스는 말한다. 왜인가? 집이 이불에 대해 하나의 동등한 것으로 표시된다는 것은 집이 이불과 집 양자에 있는 현실적으로 동등한 것을 대표하는 경우뿐이다. 그리고 이 동등한 것이란 인간노동이다.

그러나 상품가치의 형태에서는 모든 노동이 동등한 인간노동으로서, 따라서 동등한 질을 지니는 것으로서 표현된다는 사실을 아리스토텔레스는 간파하지 못했다. 그 까닭은 그리스 사회가 노예노동에 기초하고 있어서 인간과 인간노동력의 부등가성을 자연적 토대로 삼고 있었기 때문이다. 곧 모든 노동은 인간적인 노동 일반이기 때문에, 또 그런 경우에만 모든 노동은 동등하며 동등한 의의를 갖는다는 가치표현의 이 비밀은 인간의 동등성이라는 개념이 이미 국민의 선입관으로서 고정성을 획득하는 그때라야 해명될 수 있는 것이다. 하지만 이것은 상품형태가 노동생산물의 일반적 형태이고, 그리하여 또 상품소유자로서의 인간의 상호관계가 지배적인 사회관계로 되어 있는 그러한 사회에서만 비로소 가능하다. 아리스토텔레스의 천재성은, 바로 그가 상품의 가치표현에서 일종의 동일성의 관계를 발견했다는 점에서 빛나고 있다. 다만 그는 자신이 생존하고 있던 사회의 역사적 한계 때문에 이 동일성의 관계가 도대체 '실제로' 무엇인지를 해명할 수 없었던 것이다.(『자본론』)

얼핏 보면 마르크스는 아리스토텔레스의 '역사적 한계'를 지적하고 있는 것처럼 보인다. 말하자면 서로 다른 물건이 등가인 것은 아리스토텔레스에게는 '실천적인 욕망을 위한 인위적 조치'에 불과하고, 거기에는 그것에 의해 가늠되어야 할 '공통의 실체'가 없다. 그것에 대해 국민경제학자(스미스나 리카도)는 '공통의 실체'를 거기에 포함된 인간노동으로서 찾아낸다. 아리스토텔레스에게 그것이 보이지 않았던 것은 그가 살았던 사회가 노예노동에 기초했지 동등한 노동이라는 것에 기초하지 않았기 때문이다. 마르크스는 일견 그렇게 말하고 있는 것처럼 보인다.

그렇다면 마르크스는 왜 고전경제학을 다음과 같이 비판했던 것일까? "노동생산물은 그것들이 가치인 한 그 생산에 지출된 인간노동의 단순한 물상적 표현이라는 후대의 과학적 발견은 인류의 발달사에서 획기적인 일이지만, 그러나 결코 노동의 사회적 성격의 대상적 가상을 쫓아 버리지는 못했다."

결국 가치의 동일성을 인간과 인간노동력의 동일성에서 구하는 것은 동어반복이고, 어떤 문제의 해결도 될 수 없다. 도대체 이질적인 것이 동일한 까닭은 무엇인지 묻고 있는데도, 이질적인 것은 동일하다고만 대답하고 있기 때문이다. 뿐만 아니라 여기에는 '인간의 평등'이라는 사상이 뒤섞여 있다. 처음에 말한 것처럼 그 사상 자체가 '등가성'에 뿌리박고 있기 때문에 이질적인 것이 왜 어떻게 등가형태를 취하는가라는 중요한 문제를 간과해 버리고 동어반복을 하고 있는 데 지나지 않는다. 우리가 오늘날 '세계종교'라고 부르는 것은 고대의 도시, 다시 말하면 고대 자본주의를 배경으로 생겨난 것이다. '인간의 평등'은 화폐경제의 산물이지만 '화폐'의 수수께끼는 의문시되지 않았다. 그것을 묻는 일은 화폐라는 '유일자'(神)의 근거를 묻는 일이 될 것이다.

사회주의는 이른바 '인간의 동일성'이라는 사상에서 출발한다. 마르크스가 그런 종류의 사회주의적 이상가(idealist)를 철저하게 비판한 것은 말할 필요도 없지만, 그것은 마르크스가 '가치'에 대해 보다 깊이 있는 통찰을 하고 있었기 때문이다. 고전경제학은 두 개의 이질적인 사용가치가 등가일 수 있는 근거를 거기에 포함된 동질의 인간노동에서 구한다. 사실 이것은 화폐형태를 전제로 한 발상이며, 화폐를 각 상품 속에 내재시키는 일이다. 요컨대 화폐의 성립에 의해 비로소 각 상품은 '공통의 실체'를 지니는 것처럼 보이기 때문에, 그들은 각 상품은 원래 '공통의 실체'를 지닌다고 생각했던 것이다.

마치 기독교의 신이 한 사람 한 사람의 인간과 관계하고, 그것에 의해 그들의 동등성을 증명하는 것과 마찬가지다. 마르크스는 푸르동이 주장하는 "화폐는 필요 없지만 상품은 원하는 사회주의"(『철학의 빈곤』)를 비판한다. 이것은 니체가 "신은 필요 없지만 평등사상은 원하는 사회주의"를 비판했던 것과 궤를 같이한다. 화폐를 부정하는 것, 신을 부정하는 것, 그것은 이제 아무 것도 아니다. 그들은 화폐를 각 상품에, 신을 각 개인에 내재시킨 것과 다르지 않다. 또 자각하려고 하지 않아도 사람은 그렇게 하고 있는 것이다.

마르크스는 가치표현의 '비밀'이 "인간의 동등성이라는 개념이 이미 국민의 선입관으로서 고정성을 획득하는 그때라야 해명될 수 있다"고 말한다. 그러나 두말할 나위도 없이 마르크스가 말한 것은 '인간은 똑같다'는 사고가 선험적인 진리가 아니라 그 자체가 '상품형태가 노동생산물의 일반적인 형태인 사회'에서 비로소 가능하다는 것이다. 결국 동질의 인간노동이란 처음부터 있었던 것이 아니라 화폐경제의 확대 속에서 나타난 것이다.

아리스토텔레스의 경우 화폐경제가 단지 외적인 일부에 불과한 곳에서 살았기 때문에 이질적인 것의 동일성을 의심할 수 있었다. 상품 하나하나에 내재하는 본질적인 가치란 없다고 아리스토텔레스는 생각했음에도 불구하고, 말 하나하나의 배후에 있는 초월론적인 개념(이데아)을 조금도 의심하지 않는다. 형이상학이란, 말의 의미가 변별적인 관계에 있는 데 불과한데도 의미를 초월론적인 이데아로서 끌어낸다. 그러면 화폐형태 또는 그것에 기초한 사고는 형이상학적이고, 그 비판은 경제학에 그치지 않고 일체의 형이상학에 대한 비판으로 전화한다. 또는 형이상학의 토대에 '화폐형태'가 존재한다고 해도 좋다. 바로 그렇기 때문에 '화폐형태'의 기원에 대해 묻는 것이 곤란할 수밖에 없고, 언제나 형이상학적인 함정에 빠져 버리고 만다. 마르크스의 변증법적인 서술도 예외는 아니다.

3장

1

지금까지 화폐형태가 내포하고 있는 문제들을 검토해 왔는데, 여기에서는 왜 그것이 『자본론』 전체에서 중요한지 생각하려 한다. 물론 『자본론』 전체에 대해 말할 수는 없다. 한데 마르크스 경제학자는 가치형태론을 단지 '화폐의 필연성'을 증명하기 위한 장(章)으로 처리해 버리고 있다. 하지만 가치형태론이야말로 '자본'의 비밀을 밝혀 주며, '노동시간'이라는 가설을 취하지 않고 자본의 근거를 명확히 해준다.

상품의 가치가 노동에 기초하고 있다는 생각은 페티(William Petty) 이후 계속되어 왔다. 그러나 애덤 스미스는 그것을 '노동시간'이라는 양으로 파악했는데, 이것은 노동의 개인적 차이와 질적 차이를 해소시키는 기계적인 생산이 존재해야만 가능하다. 그러나 이 '획기적 발견'은 왜 그러한 '노동시간'이 비기계적 생산에 의한 생산물에도 적용될 수 있는지 설명하지 못한다. 다시 말하면 기계적 생산에 의한 자본제생산이 왜 모든 생산—상품생산이 아닌 것도 포함하여—을 뒤덮어서 그것을 자본제사회로 조직할 수 있는지를 분명히 밝히지 못한다.

모든 생산물은 화폐형태를 통하여 기계적 생산과 비슷한 외형을 부여받는다. 기계적 생산이 모든 생산의 일부에 지나지 않음에도 불구하고, 모든 생산이 자본제생산의 형식을 외견상 부여받는 것은 그런 이유에서이다. 그래서 자본제사회를 해명하기 위해서는 그런 등치(等置)를 가능하게 하는 화폐형태의 기원을 묻지 않으면 안되며, 또 마르크스는 고전경제학의 '노동시간'설을 취하면서도 그보다 앞선 수수께끼를 문제삼았던 것이다.

> 유통은 물물교환을 할 경우에 볼 수 있으며, 자신의 생산물의 양도와 타인의 생산물의 취득과의 직접적 동일성을 판매와 구매의 대립으로 분열시킴으로써 물물교환의 시간적·장소적·개인적인 한계들을 타파한다.

마르크스가 여기서 말하는 화폐란 바로 문자이다. 예컨대 일상적인 말에 있어서는 반드시 듣는이가 있다. 상대방이 '개'라고 말하면 어떤 개인지 확인할 수 있다. 그러나 '개'라고 쓰면 그것이 어떤 개인지 알 수 없다. 또 우리는 그것을 언제 어디서 읽어도 상관없다. '이야기하는' 것과 '듣는' 것의 '직접적 동일성'은 문자에서는 분열되어 있다.

그러나 마르크스의 서술방식에 문제가 있다면, 먼저 직접적인 교환이 있고 그 다음에 매개적인 교환이 있는 것처럼 보이는 데 있다. 아마도 순서상으로는 그러할 것이다. 우리는 먼저 말하는 것을 배우고, 그 다음에 쓰는 것을 익히기 때문이다. 그러나 의심해야 할 점은 이 순서가 마치 처음부터 '내면'(內面)이 있고 그것이 외면화되어 왔다는 순서와 동일화된다는 것이다.

도대체 우리는 왜 '쓰는' 것일까? '이야기하는' 것으로는 아무래도 뭔가 충분하지 않은 것이 있기 때문이다. 사람이 '내면'이라 부르는 것이 바로 그것이다. 이러한 '내면'을 문자를 갖지 않은 어린아이는 갖고 있지 않다. '내면' 자체가 문자의 결과인 것이다. 그럼에도 불구하고 사람들은 문자가 마치 '내면'에서 가장 소원(疏遠)한 것처럼 생각한다. 그 이유는 문자가 음성적 문자이고 단지 음성을 표기할 뿐이라고 생각하는 데 있다. 그렇기 때문에 우리는 화폐＝음성문자를 '내면', 곧 상품에 내재하는 가치에서가 아니라 마르크스가 말한 상형문자로서의 가치형태에서 사유하지 않으면 안된다. 초월론적인 의미나 가치를 표시하기 위해 문자가 발명된 것이 아니라, 오히려 문자가 그것을 초래한 것이다. 그리고 그것 자체, 화폐=음성문자 확립의 결과인 '의식'에 의해 덮여서 가려져 있다.

일반적으로 화폐에 대한 고찰은 화폐를 가치척도로 보는 데서 이미 형이상학으로 다루어지고 있다. 물론 소쉬르도 예외는 아니었다. 그러나 그가 언어를 가치형태로서, 곧 시니피앙의 차이의 관계로서 파악할 수 있었던 것은 '언어' 자체에 대한 세속적인 논의를 멀리할 수 있었기 때문이다. 하지만 언어를 화폐에서 유추하여 생각할 때 소쉬르를 지배한 것은 서양사상사에 붙어 다니는 '낡은 편견'이다.

예를 들면 소쉬르는 한자(漢字)나 그 밖의 문자를 제외하고 알파벳, 곧 표음문자에 한정한다. 하지만 그것은 문자를 음성을 표현하는 매체로 보는 것이며, 문자는 2차적인 것으로 되어 버린다. 일찍이 플라톤도 그렇게 생각했다. 화폐를 들어 말한다면, 그것은 화폐가 상품가치의 표시이자 척도라는 생각과 비슷하다. 고전경제학은 이 노동시간설에 의해 화폐를 2차적인 것으로 간주했다. 따라서 화폐가 쓸모없는 것이고 화폐야말로 모든 악의 원천이라는 생각이 거기에서 나온 것은 당연하다.

사실 고전경제학에 기초했던 프루동은 화폐의 폐지와 '노동화폐'를 제안했다. 보통 화폐를 혐오하는 이데올로그는 '직접적인 교환'을 지향한다. 플라톤이나 루소가 문자를 혐오한 것처럼 그들은 내적인, 직접적인 교환=커뮤니케이션이 있는 것처럼 생각한다. 그러나 그들이 말하는 내적인, 직접적인 교환=커뮤니케이션이야말로 화폐=음성문자의 산물이고, 이 원근법의 도착(倒錯)에 형이상학이 존재하는 것이다.

화폐형태=음성문자=의식에 있어서 이미 가치형태는 숨어 버리고 만다. 그런데 왜 이것이 중요할까? 그것은 화폐의 이러한 성질이 '화폐가 자본으로 전화'하는 근거임에도 불구하고 동시에 그것이 은폐되고 있기 때문이다. 만약 화폐가 단순히 상품의 가치를 표시하는 것에 불과하다고 한다면, G(화폐)—W(상품)—G′(G+ΔG)라는 과정은 있을 수 없을 것이다. 곧 화폐소유자가 상품을 사고 그것을 파는 일에서 ΔG(잉여가치)를 얻지 못한다면 자본도 있을 수 없다.

그러나 화폐가 있는 곳에는 반드시 상인자본이 있다. 그것은 인간에게 이윤을 얻고자 하는 성질이 있기 때문이 아니다. 교환이 이윤(잉여가치)을 창출한다는 필연적 근거가 있는 곳에서만 그와 같은 '인간성'이 발생하는 것에 불과하다. 당장 G—W 또는 W—G′ 어느 쪽을 보아도 잉여가 발생할 여지는 없다. 있다고 한다면 사기(詐欺)다. 그러나 일시적인 사기는 자본—자기증식하는 화폐—의 지속적인 근거가 될 수는 없다. 그러면 문제해결의 열쇠는 W—G와 G—W′가 시간적으로나 장소적으로 따로 떨어져 있는 것일 수밖에 없다. 결국 화폐는 가치를 표시하는 단순한 가치척도가 아니라 이른바 불투명한 텍스트인 것이다. 마르크스는 이러한 분리를 통해 공황의 일반적인 '가능성'을 보고 있지만, 공황의 '가능성'은 자본의 '가능성'과 동일한 지점에 있다.

2

상인자본은 간단히 말해서 어떤 지역에서 싸게 구입한 물건을 다른 지역에서 비싸게 판매함으로써 성립한다. 그러나 상인은 사기꾼이 아닐뿐더러 부등가교환을 하는 것도 아니다. 한 상품의 '가치'는 내재하는 것이 아니라 다른 모든 상품과의 가치관계로서 존재할 따름이다. 하지만 화폐형태를 취하게 되면 그것은 수량적으로 표시된다. 같은 상품이라도 어떤 지역에서는 싼데 다른 지역에서는 비싼 것은 각각의 지역에서 다른 상품과의 관계가 다르다는 것을 뜻할 뿐 그 이외에 아무 것도 아니다. 그런데 이 관계가 화폐형태에 의해 사라져 버리면 마치 그 상품에 독자적으로 내재하는 가치가 있는 것처럼 보인다. 곧 관계의 체계로서의 차이가 화폐에 의해 양적인 차이로 나타난다.

어떤 상품이 한 지역에서는 싸고, 다른 지역에서는 비싼 이유는 가치가 그것에 내재하기 때문이 아니라 단지 변별적인 관계의 체계에 존재하기 때문이다. 그리고 그것이 화폐형태에 의해 양적으로 변형될 때 이 체계로서의 차이는 한 상품의 가격차로서 나타난다. 상인자본은 이 가격차에 의존한다. 물론 그러기 위해서는 이 두 개의 가치체계가 서로 격리되어 있지 않으면 안된다.

그런 까닭에 상인자본은 먼 거리에 있는 서로 다른 시스템의 중간에만 존재한다. "본래적인 상업민족은 에피쿠로스의 신들이 세상의 중간에 살거나 또는 유태인이 폴란드 사회의 숨구멍에 사는 것처럼, 고대세계에서는 그 빈 틈새에서 살아간다." 물론 이것은 '본래적인 상업민족'에 국한되지 않는다. 예를 들면 사카모토 료마(坂本龍馬)는 나가사키(長岐), 시모노세키(下關), 오사카(大阪) 사이에 가격 차이가 있음을 간파하고 상선(商船)을 조직했다. 하지만 그것은 각 지역이 서로 멀리 떨어져 있고 자기 나름의 시스템을 가지고 있는 경우에 가능하다.

폴 발레리(Paul Valéry)는 이렇게 말하고 있다.

요컨대 예술작품이란 하나의 대상물(objet)이고, 어떤 개인들에게 어떤 종류의 노동을 하게 함으로써 만들어진, 인간에 의한 제작물입니다. 개개의 작품이란 때로는 언어의 물질적인 의미에서 물체(objet)이고, 때로는 무용이나 연극 같은 행위의 연쇄이고, 때로는―음악이 그러합니다만―마찬가지로 행위에 의해 산출되는 계기적 인상의 합계입니다. 이러한 대상물을 기점으로 삼는 분석에 의해 우리는 우리의 예술 개념을 명확히 하고자 노력할 수 있습니다. 이러한 대상물이야말로 우리가 탐구할 확실한 요소가 틀림없다고 볼 수 있는 것입니다. 이러한 대상물을 고찰함으로써, 그리고 한편으로는 그들 작자에게 거슬러올라가고, 다른 한편으로는 그것들이 감동작용을 미치는 인간에게 거슬러올라감으로써, 우리는 '예술'이라는 현상이 두 가지로 완전하게 구별되어 변형될 수 있다는 것을 발견하는 것입니다.(그것은 경제학에서 생산과 소비 사이에 존재하는 관계와 똑같은 관계입니다.)

매우 중요한 점은 이들 두 개의 변형작용—작자로부터 시작하여 완성된 물체로 끝나는 변형작용과, 그 물체, 곧 작품이 소비자에게 변화를 가져다 준다는 의미에서의 변형작용—이 서로 완전하게 독립되어 있다는 것입니다. 그 결과 이 두 가지 변형작용은 따로따로 고찰되어야 합니다.

여러분은 작자, 작품, 관객 또는 청중이라는 세 가지 요소를 등장시켜 명제를 세우게 됩니다. 그러나 이 세 가지 요소를 통합하는 관찰의 기회는 결코 여러분 앞에 실현되지 않을 것이라는 뜻에서, 그러한 명제는 모두 무의미한 명제입니다…….

내가 더듬어 나간 점은 이러합니다. 예술이라는 가치는(이 말을 사용하는 것은 결국 우리가 가치의 문제를 연구해 왔기 때문입니다만), 이 가치는 본질적으로 지금 펼쳐 놓은 두 가지 영역(작자와 작품, 작품과 관찰자)을 동일시하는 것이 불가능하다는, 다시 말해서 생산자와 소비자 사이에 매개항을 두지 않으면 안된다는 저 필연성에 종속되어 있다는 것입니다. 중요한 것은 생산자와 소비자 사이에 정신으로 환원할 수 없는 어떤 것이 있고, 직접 교섭이 존재하지 않는다는 것, 그리고 작품이라는 이 매개체는 그것에 감동한 인간에게 작자의 인품이나 사상에 대한 어떤 개념으로 환원될 수 있는 그 무엇도 가져다 주지 않는다는 것입니다…….

예술가와 타자(독자), 이 두 사람의 내부에 각각 무슨 일이 일어났는가, 그것을 엄밀하게 비교하기 위한 방법 따위는 절대로 존재하지 않을 것입니다. 그것뿐만이 아닙니다. 만약 어느 한쪽의 내부에서 일어난 일이 다른 쪽에게 직접 전달된다고 한다면, 예술 전체가 붕괴될 것이고 예술이 지닌 힘 전체가 소멸될 것입니다. 타자의 존재에 작용하는 새로운 불침투적인 요소의 매개가 반드시 필요한 것입니다.(『예술에 대한 고찰』)

이리하여 발레리는 작품이 지닌 가치의 궁극적인 근거를 양쪽의 과정이 서로 분리되어 있고 불투과적이라는 점에서 찾는다. 그가 직접 비판하고 있는 것은 헤겔적인 미학이다. 곧 헤겔 미학 — 마르크스주의 미학도 마찬가지다 — 은 이 양쪽의 과정이 동시에 들여다보이는 듯한 장소에 서 있고, 그래서 역사도 투과적이다.

여기에서 발레리가 말한 가치는 마르크스가 말한 잉여가치에 해당된다. 발레리의 고찰이 쓰인 작품에 대해 이루어지고 있는 것처럼, 잉여가치에 대해 고찰하기 위해서는 우리는 화폐가 (음성적) 문자임을 염두에 두지 않으면 안된다. 말하자면 소쉬르는 언어를 화폐와의 유추(類推)를 통해 사고했지만 언어론에서는 문자를 배제하고 사고한 것처럼, 화폐에 대해서도 그것을 단지 가치척도로밖에 생각하지 않았다. 결국 화폐＝문자를 2차적인 것으로 삼은 사고방식은 경제학이든 언어학이든 어떤 공통된 오류에 빠지지 않을 수 없었던 것이다.

예를 들면 상품 W—화폐 G—상품 W′라는 과정이 있을 때 소쉬르는 이른바 그것을 메시지—코드—메시지로 본 것이고, 그 경우 코드를 랑그로서 끄집어낸 것이다. 또 언어학을 경제학에 적용하고자 한 탈코트 파슨스(Talcott Parsons) 같은 학자는 화폐를 코드로 생각한다. 하지만 그것은 원래 소쉬르가 화폐가 무엇인지를 이해할 수 없었던 곳에서 시작하고 있다. 만약 유통과정이 그런 것이라고 한다면 W—G—W′라는 과정이 그 이면에서 G—W—G′(G＋ΔG)라는 과정일 수는 없다. 언어학자는 이상적인 화자-청자(ideal speaker-hearer)를 상정한다. 그러나 이 이상적인 투명한 커뮤니케이션이 문자로 매개됨으로써 불투명하게 되는 것은 아니며, 오히려 투명한 커뮤니케이션(교환)이야말로 음성적 문자=화폐가 생겨난 형이상학적인 추상일 따름이다. 야콥슨(Roman Jakobson)은 언어학이 인접 과학의 기초에 자리잡는 것을 낙관적으로 언급했지만, 사실은 언어학 자체의 기원이 의문시되지 않으면 안되는 것이다.

3

상인이 유통과정에서 이윤을 얻는 것에 대해, 종교가나 철학자는 거기에서 부등가교환 또는 도덕적 부정을 찾아내는 것이 상례였다. 하지만 등가교환이라는 사고방식은 상품에 내재하는 가치를 상정하는 형이상학이고, 그것은 철학자가 문자를 매개적·2차적인 것으로 천시하는 일과 대응한다.

아주 이른 고대부터 존재한 자본인 상인자본, 곧 G—W—G′라는 유통과정에 의해 존재하는 자본에 대해 마르크스는 거의 고찰하지 않는다. '화폐의 자본으로의 전화'에 대해 서술할 때, 그가 상인자본을 경시했던 이유는 산업자본의 비밀에 대해 말하는 것이 더 절실했고, 그러기 위해서는 상인자본이 부여하는 환상, 다시 말해서 마치 유통과정이 잉여가치를 만들어 내는 듯한 환상을 부정할 필요가 있었기 때문이다. 이 점에서 그는 중상주의 이론가를 적대시하며 등장했던 고전경제학으로부터 영향을 받고 있다.

상품이 그 가치와 괴리된 가격으로 팔리는 경우는 있을 수 있는데, 이 괴리는 상품교환법칙의 침해로 간주되어야 한다. 정상적인 상태에서의 상품교환은 등가물의 교환으로서 가치를 증식시키는 수단이 아니다.

잉여가치의 형성, 곧 화폐의 자본으로의 전화는 상품이 그 가치 이상으로 팔리는 것으로도, 그 이하로 팔리는 것으로도 설명되지 않는다.

> 일국의 자본가계급 전체가 스스로 자신을 사취(詐取)하는 것은 불가능하다. 아무리 발버둥쳐도 결과는 마찬가지다. 등가물끼리 교환된다면 잉여가치는 생기지 않고 비등가물이 교환되어도 역시 잉여가치는 생기지 않는다. 유통 또는 상품의 교환은 아무런 가치도 만들어 내지 않는 것이다.(『자본론』1권 2편 4장)

하지만 넓은 의미에서 상품교환 이외에 잉여가치를 낳는 것은 없다고 해야 한다. 생산과정도 상품소유자의 '교환'으로 생각하지 않으면 안 된다. 마르크스는 산업자본이 유통과정으로부터 잉여가치를 얻는 것이 아니라 생산과정으로부터 얻는다고 말하려는 것처럼 보인다. 그러나 생산과정 자체는 가치와 관계가 없으며, 가치나 잉여가치는 항상 교환과정에서만 주어진다. 뒤에서 이야기하겠지만 산업자본도 사실은 노동력이라는 '상품'을 구입하여 생산한 상품을 파는 과정에서 생기는 차액(잉여가치)에 의존한다. 따라서 상인자본에 대한 성찰이 자본 일반의 성질을 명확하게 해준다.

교환(매매)은 늘 두 사람의 동의 아래 성립한다. 의식적으로는 등가물의 교환이 아닌 한 교환(매매)은 성립하지 않을 것이다. 그렇기 때문에 교환은 적어도 교환자에게는 등가교환으로 보여야만 한다. 그러나 원래 등가교환과 부등가교환의 구별은 하나의 상품에 내재하는 가치를 생각할 때만 가능하다. 하나의 상품이 내재적 가치 이상이나 이하로 교환될 때 그것은 부등가교환이다.

하지만 어떤 상품의 내재적 가치라는 것은 두 개의 상이한 가치관계의 체계를 생각할 경우에만 상정된다. 하나의 시스템 속에서의 상품가치는 다만 관계들에 의해 결정되는 상대적 가치이고, 등가교환이냐 부등가교환이냐 하는 구별은 별 의미가 없다. 따라서 그 내부에서의 교환은 어떤 잉여가치도 낳지 않는다. 마르크스가 "일국의 자본가계급 전체가 스스로 자신을 사취하는 것은 불가능하다"고 말한 것은 바로 이것이다. 따라서 두 개의 다른 시스템이 매개될 경우에만 부등가교환 또는 잉여가치가 비로소 필연성을 갖고 존재한다.

4

소쉬르는 언어를 가치형태로 파악함으로써 '의미'를 파괴했다. 그러나 한편으로 그는 의미와는 다른 말의 '가치'에 대해서 말한다. 예컨대 tree라는 말은 arbre라는 말과 '의미'는 같아도 각각의 체계(랑그) 속에서 다른 말과 맺는 관계가 다르다. 이것은 가치가 다르다는 뜻이다. 그러나 소쉬르가 말하는 것은 다음과 같다. '언어' 일반은 어디에도 없다. 변별적인 관계인 하나의 랑그는 다른 랑그에 대해서 존재한다. 결국 바벨의 신화—그때까지 언어는 하나였다고 한다—를 그는 내팽개치고 있다. 분명히 그 신화는 일신교—세계화폐—의 논리적 산물이기 때문이다.

이를테면 플라톤은 어떤 개념이 그리스어와 여타 언어로는 다르게 언급되는 사실로부터 개념과 음성 관계의 자의성을 지적하고 있다. 종종 소쉬르가 말한 '자의성'도 그렇게 이해되고 있지만, 사실은 그렇지 않다. 플라톤이 말한 '개념'은 다국어간에 번역이 가능한 어떤 말이 있는데, 그것은 당시 지중해의 상업에서 통용되는 화폐와 마찬가지라는 것이다. 소쉬르가 '자의성'을 말할 때는 각국어가 처음부터 있다는 것, 그리고 이들을 뛰어넘는 '개념'이란 존재하지 않는다는 것을 강조한 것이다.

마르크스도 다음과 같이 말하고 있다.

……다른 한편으로는, 내가 이전에 썼던 것처럼 서로 다른 가족이나 종족, 공동체가 접촉하는 지점에서 생산물의 교환이 발생한다. 이것은 문화의 초기에 자립적으로 만나는 대상이 사적인 개인이 아니라 가족, 종족들이기 때문이다. 상이한 공동체는 그들의 자연환경 속에서 상이한 생산수단이나 생활수단을 찾아낸다. 그래서 그들의 생산양식, 생활양식, 생산물은 각기 다르다. 서로 다른 공동체가 접촉할 때 생산물의 상호 교환이 발생하며, 그들의 생산물을 차츰 상품으로 전화시켜 가는 것은 이 자연발생적으로 발전했던 차이이다. 교환은 생산부문의 차이를 만들어 내는 것이 아니라, 이미 달라져 있는 것을 연관시켜, 그것들을 확대된 사회의 전 생산에서 많든 적든 상호 의존하는 부문으로 전화시키는 일이다.(『자본론』 1권 4편 12장 4절)

결국 여기에는 서로 다른 체계가 있다는 것이 전제되어 있다. 이것은 체계가 타자에 대한 것이라는 말이다. 국가는 다른 국가에 대해서 국가인 것이다. 예를 들면 철학자들은 공동주관성이라는 개념을 가지고 들어온다. 문화는 하나의 공동주관성이고 따라서 지각(知覺)도 문화에 의해 달라진다는 뜻이다. 하지만 이 공동주관성이란 우리의 문맥에서 말하면, 하나의 체계이고 제도이며 또 그것은 별도의 공동주관성을 전제하여야 하므로 그것들을 뛰어넘는 공동의 '공동주관성'이란 없다. 그것이 있는 것처럼 보이는 이유는 말할 필요도 없이 '세계화폐'에 의해서이고, 또 그것이 종교적으로는 '세계종교'를 만들어 내는 것이다. '세계화폐'는 이리하여 차이성을 완전하게 은폐시킨다.

여기에서 우리는 '수(數)'에 대해서도 생각해 봐야 할 것이다. 마르크스가 말한 것처럼 일반적 가치형태나 화폐형태는 상품의 '질적 동일성과 양적 측정'을 가능케 한다. 하지만 그것이야말로 참으로 수가 존립하는 수준(level)이며 질적 차이를 추상화하여 그것들을 동일성 위에 놓을 때 수가 나타나는 것이다. 그러므로 수 역시 가치형태를 은폐한다. 차이성의 억압을 총체적으로 고찰한 니체는 물론 이것을 그냥 지나치지 않고 있다.

> 논리학은 현실세계에서 아무 것도 대응시킬 것이 없다는 전제, 다시 말하면 동등한 사물이 있다든가 하나의 사물은 다른 관점에서도 동일하다는 전제에 기초하고 있다. 수학에 대해서도 똑같이 말할 수 있다. 만약 사람이 처음부터 엄밀한 의미에서 직선도 원도 절대적인 양도 없다는 것을 알고 있다면 수학은 존재하지 않을 것이다.(『인간적인, 너무나 인간적인』)

결국 수량적인 표현은 가치형태를 은폐함으로써 성립한다.

어떤 시스템에서 한 상품의 가치는 그 시스템 속의 다른 상품과의 가치관계로서 존재할 뿐이지만, 화폐에 의해 표현된다면 그것은 양적으로, 곧 가격으로서 나타난다. 상인자본가는 그 가격으로 상품을 사서 다른 시스템으로 가져간다. 거기에서 그 상품은 다른 가치관계에 놓이기 때문에 전보다 높은 가격으로 나타난다. 따라서 $G-W-G'(G+\Delta G)$ 는 두 시스템의 가치관계 체계의 차이에 의해서만 가능하고, 한편으로는 $W-G$와 다른 한편으로는 $G'-W$(이것들은 $G-W-G'$라는 과정의 이면이다)가 각각 등가교환으로 존재함에도 불구하고 잉여가치가 발생하는 것이다.

4장

1

상품경제의 발전은 이제까지 지역적으로 격리되어 있던 가치체계의 차이를 해소시켜 한층 대규모로 세계의 생산을 '사회적'으로 연결한다. 그 결과 이때까지 격리되어 있는 동안 나름대로 자족하고 있던 지역이 어느새 세계시장의 관계 속으로 들어올 수밖에 없고, 급격히 빈곤해지고 계급적으로 분화된다. 생산은 점점 상품생산으로 전화하고, 그럼으로써 더욱 상품경제 속으로 빨려 들어간다. 그런데 이것은 차이의 해소로부터 잉여가치를 얻는 상인자본에 의해 추진된다.

산업자본은 상품경제의 확대, 세계시장의 성립 속에서만 성립한다. 그래서 자본을 고찰할 때 우리는 이러한 차이를 필연적인 조건으로 고려하지 않으면 안된다. 뿐만 아니라 자본의 입장에서는 공업적 생산에서든 아니든 잉여가치를 취할 수 있다면 어디에서든 상관이 없다.

이 점에 대해 우리는 일반적 이윤율이라는 문제를 먼저 생각해 두어야 할 것이다. 잉여가치와 이윤은 일단 동일한 것이라고 해도, 연이윤율은 매번의 투자에서 발생하는 잉여가치율과는 다르다. 잉여가치율은 낮아도 자본의 회전율이 높다면 연이윤율은 높아진다.(예컨대 한 번의 항해에서 발생하는 잉여가치율이 높다 해도 항해를 연 2회밖에 할 수 없다면, 이는 그보다 잉여가치율은 낮아도 회전이 많은 자본과 이윤율이 같게 된다.) 그 결과 다양한 종류의 자본 투하는 연이윤율을 통해 균등화되는 경향이 있다.(역으로 자본의 투하는 일반적 이윤율에 의해 규제된다.) 이렇게 해서 자본은 어떠한 과정에 의해 잉여가치를 얻든지 관심없고, 이윤율에만 관심을 갖는다. 그리고 일반적 이윤율과 관련해서 이자율이 형성된다. 마르크스가 말한 고리대자본 G—G′는 이러한 일반적 이윤율에 토대를 두는 동시에, 자본이 일체의 외적 상황과 무관하게 '자기증식하는' 그런 환상을 완성한다.

이들은 산업자본 이전에 성립했을 뿐만 아니라 자본제생산 자체가 그 속에서 촉진되어 가능하게 되었던 것이다. 따라서 기계적 생산에 의해 시작된 산업자본은 순수하게 그것만으로 존재하는 것도 아니며 또 모든 생산을 아우르는 것도 아니다. 자본 일반은 잉여가치를 획득하기 위해 (그렇지 않다면 자본일 수 없다) 특정한 생산형식을 고집할 필요는 없다.

그러므로 일반적으로 말하면 잉여가치는 늘 서로 다른 가치체계의 차액에서 생긴다. 상인자본의 경우에 이것은 의심할 바 없다. 그러나 사실 산업자본에 대해서도 마찬가지라고 말할 수 있다.

마르크스가 말하였듯이 동일한 시스템을 상정한다고 하면 유통과정 G—W—G′에 의한 잉여가치는 있을 수 없다. 산업자본이 얻는 잉여가치는 그것과 다른 교환과정, 곧 G—W……W′—G′에 의해서이다. 이것은 자본가가 생산수단, 원료, 노동력을 사들여 그것으로 만든 생산물을 파는 과정이다. 여기에서 생산수단과 원료는 단지 두 개의 상품이기 때문에 동일한 시스템 안에서는 이미 잉여가치를 낳지 않는다고 상정할 수 있다. 그러니까 열쇠는 노동력이라는 상품에 있다. 간단히 말하면 여기에서 잉여가치는 자본가가 산 노동력의 가치와 노동자가 실제로 생산한 생산물의 가치(생산수단과 원료를 제외한) 사이의 차액에 있다. 그러면 어떻게 하여 차액이 생기는 것일까?

마르크스는 잉여가치를 절대적 잉여가치와 상대적 잉여가치로 나누고 있다. 전자는 노동일을 연장함으로써 얻는 잉여가치이고, 후자는 노동일은 그대로 두고 단지 노동생산성을 높여 간접적으로 노동력의 가치를 낮춤으로써 얻는 잉여가치이다.

말하자면 노동일의 연장, 곧 노동자가 노동력의 가치, 그러니까 사회적으로 필요한 노동시간 이상 일함으로써 잉여가치가 획득된다는 설명은 얼핏 보면 지당한 것처럼 보인다. 하지만 곰곰이 생각해 보면, 이 설명은 금방 곤경에 빠진다. 이를테면 개개의 자본가가 도산할 경우 그것은 그들이 어떠한 잉여가치도 얻을 수 없었다는 것을 의미하는데, 그렇다면 그들은 노동자를 '착취'하지 않았다는 말이 된다. 이러한 궤변이 통용되는 이유는, 첫째 노동시간을 실체적으로 생각했기 때문이며, 둘째 잉여가치를 단순히 생산과정에서만 찾아내려고 했기 때문이다.

마르크스의 사유에서 노동력의 가치는 생산에 요구되는 '사회적'으로 필요한 노동시간이다. 두말할 나위 없이 이 '사회성'은 화폐형태에서 주어지며, 화폐형태를 생각하지 않고 사회적으로 필요한 노동시간을 생각할 수는 없다. 노동을 '필요노동'과 '잉여노동'으로 나누고, 노동시간을 '필요노동시간'과 '잉여노동시간'으로 나누는 것은 실제의 생산과정만 보아서는 불가능하며, 어찌됐든 가치형태 또는 가치체계를 고려에 넣지 않으면 안된다.

이러한 의미에서 마르크스가 절대적 잉여가치를 먼저 고찰하고 그에 대한 풍부한 실례를 들고 있는 것은 오해를 불러일으키기 십상이다. 잉여노동과 필요노동의 구별은 봉건적인 생산양식에서는 뚜렷하다. 자기 자신을 위해 일하는 것과 영주를 위해 일하는 것은 명료하게 분리할 수 있기 때문이다. 그러나 여기에서 유추하여 자본제생산을 보게 되면 자본제생산의 특수성을 간과하게 될 뿐 아니라 그 신비성도 해명할 수 없게 된다.

첫째로. 자본제생산을 특징짓는 것은 필요노동과 잉여노동의 구별이 불가능하다는 점에 있다. 이것은 적어도 자본제생산에서는 노동자와 자본가가 법적으로 대등하고 계약이 합의에 의해 이루어지는 이상, 노동자는 결코 외적인 강제에 의해 부당하게 일하지 않는다는 것, 곧 그들의 의식에는(또 자본가의 의식에도) 임금이 그들의 노동에 상응하여 지불되는(그렇지 않다면 임금을 올릴 수 있다) 것처럼 비치고 있음을 의미한다는 것이다. 결국 의식적으로는 여기에 '등가교환'이 있다. 만약 그렇지 않다면 자본제생산은 봉건적 체제와 마찬가지로 경제 외적인 강제에 의해 유지될 따름이다. 하지만 자본제생산의 신비성은 의식적으로는 뚜렷이 '등가교환'으로 보이면서 그렇지 않다는 데 있다. 따라서 노동자가 임금 이상으로 일하고 있다는 먹혀 들기 쉬운 설명은 마르크스와 동시대의 사회주의자에게 널리 퍼진 견해지만, 조금도 이 신비성을 풀지 못한다. 그것은 "재산이란 도둑질이다"(프루동) 같은 정치적·도덕적 슬로건에 그치고 만다.

2

바로 여기에 마르크스가 가치형태론에서 그것을 설명해 두어야 했던 이유가 있다. 왜냐하면 신비성의 근원은 상품의 가치가 관계의 체계 속에 있음에도 불구하고 따로 분리되어 존재한다고 여겨지기 때문이다. 임금은 노동력의 가치와 동일한 것처럼 보인다. 그러나 노동력의 가치는 따로 분리되어 존재하는 것이 아니라 다른 상품과의 관계에서만 존재하는 것이다.

자본제사회에서 노동력은 상품이 된다. 하지만 정확히 말하면 노동력이 상품으로 되는 것이 아니라 노동력이라는 개념(노동과는 구별된다) 그 자체가 이미 상품형태의 분석에서 나온 것이다. 따라서 노동력이 상품이라는 것은 동어반복에 불과하며, 중요한 것은 그러한 상품의 소유자가 역사적으로 등장했다는 데 있다.

마르크스는 전자본주의적인 '원시적 축적'이 다음과 같은 노동자를 만들어 냈다고 말한다.

화폐를 자본으로 전화시키기 위해서는, 화폐소유자는 상품시장에서 자유로운 노동자를 발견하지 않으면 안된다. '자유로운'이라는 말은 그가 자유로운 인격으로 자신의 노동력을 자기 자신의 상품으로 처리할 수 있다는 것, 한편 그가 남에게 파는 상품이 아니라 그 자신의 노동력을 실현시키기 위해 필요한 모든 것으로부터 자유라는(자유를 결한) 것, 이 이중의 의미에서이다.(『자본론』1권 2편 4장)

이중적 의미에서 자유로운 노동자가 출현할 때 비로소 '노동력'이라는 상품이 성립한다. 그러나 이 이중적 의미에서의 자유는 원래 모든 상품소유자에게 해당된다. 첫째, 상품소유자는 자신의 소유물을 교환을 통하지 않고는 타인에게 양도할 수 없다. 물론 생산물—상품이 아니다—을 타인에게 폭력적으로 빼앗기는 일은 있을 수 있다. 이를테면 봉건제에서는 생산물을 영주에게 빼앗겼다. 그러나 적어도 그것이 상품인 경우에는 교환을 전제로 한다. 그리고 가치가 존재하는 것은 타인의 소유물을 교환 없이 취득할 수 없다는 상호성(reciprocity)에 의해서이다. 마르크스는 "상품소유자는 서로 사유권자로서 인정받지 않으면 안된다. 이 법적 관계는 법률적으로 발달해 있든 아니든 어디까지나 계약인데, 그것은 양자의 의지관계이며 경제적 관계의 반영"이라고 말하고 있다. 따라서 어떠한 역사적 단계에서도 미개사회에서도 교환은 상호 합의와 계약에 기초하고 있다고 해야 한다.

둘째, 상품소유자는 자기에게 필요하지 않은 상품을 양도하는 경우 외에는 자신이 갖고 싶은 것을 취득할 수 없다. 따라서 상품소유자에 대해 말할 수 있는 것은 노동력이라는 상품의 소유자에 대해서도 말할 수 있다. 단적으로 말하면 프롤레타리아트는 아무 것도 가지지 않은 인간이 아니라 일종의 상품소유자로서 나타났던 것이다. 자본제사회는 상품경제가 노동력이라는 상품을 그 속에 포섭하였을 때 비로소 성립한다. 하지만 여기에 별도로 마르크스처럼 '역사적 조건'을 끼워 넣을 필요는 없다. 왜냐하면 이러한 이중적 의미에서 '자유로운 노동자'는 상품경제의 확대를 통하여, 한편으로는 부르주아적인 법사상 또는 프로테스탄티즘으로서, 다른 한편으로는 상품생산을 위한 '엔클로저'의 결과로서 탄생했기 때문이다. 결국 그것들은 기본적으로는 '상인자본'에 의해 출현했다고 할 수 있다. 마르크스는 '상인자본'을 경시했기 때문에 '역사적 조건'을 끼워 넣을 수밖에 없었던 것이다.

이 경우 프롤레타리아트가 상품소유자라는 사실은 결정적인 중요성을 갖는다. 그들이 지닌 상품의 가치는 다른 상품과의 가치관계에 있다. 이것은 노동력이 상품인 이상 이전의 고찰로부터 필연적으로 도출되는 사실에 불과하다. 그리고 마르크스는 '노동시간'이라는 용어를 사용하면서 노동력과 다른 상품을 결부시키고 있다.

마르크스의 표현으로 바꾸면, 상품의 가치는 그 생산에 필요한 사회적인 '노동시간'이고, 노동력이라는 상품의 가치도 마찬가지다. 그런데 사회적인 노동시간은 화폐형태에 의해서 비로소 주어지기 때문에, 마르크스가 여기에서 실질적으로 말하려고 하는 것은, 노동력은 다른 상품과 서로 관계하고 의존하는 가치체계 속에 있다는 것에 불과하다. 또 마르크스가 노동력의 가치에 대해 '일정한 나라 일정한 시대'마다 다르다고 할 때, 그것은 노동력의 가치가 공시(共時)적인 관계체계에서 고려되지 않으면 안된다는 것을 의미하는 것이다.

3

그렇다면 잉여가치는 어떻게 해서 생겨날까? 잉여가치는 자본가가 노동력을 사서 그 생산물을 파는 경우에 발생하는 차액일 뿐이다. 하지만 이 경우 임금이나 가격을 고려하지 않고, 이것을 공시(共時)적인 시스템에 입각해서 생각한다면, 노동력의 가치와 생산물의 가치는 대응되기 때문에 거기에서 차액이 발생할 필연성은 없다. 상인자본은 그 차액을 상이한 시스템의 중간에서 찾아내고 있지만, 이 경우에는 어디에서도 그러한 지점이 눈에 띄지 않는다. 그러면 산업자본은 상업자본이 실수를 저질렀다고 여겨지는 것 같은 사기(詐欺)에 의해 성립할 따름이다. 그러나 임금 이상으로 일을 시킨다는 식의 논리는 '자본가의 어두운 면'을 폭로하는지는 몰라도, 자본이 왜 '인간의 의지'를 넘어서 존속하는가라는 문제를 해결하지는 못한다.

마르크스는 이렇게 말하고 있다.

> 자본은 유통에서 발생해야 하는 동시에 유통에서 발생해서는 안된다. ……애벌레에서 성충으로의 그의 발전은 유통부문에서 행해지지 않으면 안되며, 한편 유통부문에서 행해져서는 안된다. 이상이 문제의 출발점이다. 여기가 로도스 섬이다. 여기에서 도약하라.

중요한 것은 자본이나 잉여가치가 유통과정과 동시에 생산과정에서 발생한다는 것이다. 그것은 이미 상인자본처럼 유통과정, 곧 두 개의 상이한 시스템 사이의 유통에서 생길 수는 없다. 그렇다면 단순한 생산과정에서 생기는 것도 아니다. 왜냐하면 하나의 시스템 속에서는 잉여가치가 결코 생기지 않기 때문이다. 그렇다면 마르크스는 여기에서 어떻게 '도약했던' 것일까?

그것은 두 개의 상이한 시스템을 만들어 내는 생산과정을 생각한 것이다. 이 문제는 절대적 잉여가치(노동일의 연장)로 풀릴 수는 없다. 확실히 마르크스는 절대적 잉여가치에 대해 먼저 쓰고, 그 다음에 상대적 잉여가치에 대해 쓰고 있다. 하지만 이것은 역사적 순서가 아니라 마르크스의 변증법적 서술의 논리적 순서에 지나지 않는다. 사실은 나중에 서술하는 바와 같이 상대적 잉여가치를 전제로 해야 비로소 노동일의 연장이 가능하고 요구된다는 관계에 있다. 산업자본을 특징짓는 잉여가치의 본질은 상대적 잉여가치에 있다.

마르크스가 말한 것처럼 상대적 잉여가치는 노동생산성의 증대에 의해서 발생한다. 사실 고전경제학은 잉여가치를 '분업과 협업'에 의한 생산성의 향상에서 찾고 있다. 마르크스도 이것을 계승하여 "다수의 힘을 하나로 융합시킴으로써 생기는 새로운 힘"이라 부르고 있다. 그러나 그는 이어서 다음과 같이 말한다.

부분노동자는 상품이라는 것을 생산하지 않는다. 그들의 공동생산물이 비로소 상품으로 전화하는 것이다.

자본가는 백 개의 자립적인 노동력의 가치는 지불하지만 백 사람의 결합노동력의 가치는 지불하지 않는다. 독립된 인격으로서 노동자들은 동일한 자본과 관계를 맺지만 상호관계는 맺지 않는 개별적인 사람이다.

노동력의 사용가치는 고작해야 그 후에 행해지는 힘의 발현에 있다. 그래서 힘의 양도(Veräußerung)와 힘의 현실적 발현(Äußerung), 곧 사용가치로서 힘의 현존재(Dasein)란 시간적으로 서로 떨어져 있다.

노동생산성의 향상은 분업이나 협업의 강화에 의한 것이든 기계의 개량에 의한 것이든 노동력의 가치를 잠재적으로 저하시킨다. 이것은 이렇게 바꾸어 말해도 좋다. 자본가는 이미 더 싸게 생산되고 있음에도 불구하고 생산물을 기존의 가치체계 속으로 들여보낸다. 결국 잠재적으로는 노동력의 가치도 생산물의 가치도 상대적으로 하락하지만, 이것은 곧바로 현재화되지 않는다. 그렇기 때문에 현존하는 체계와 잠재적인 체계가 여기에 존재한다. 따라서 우리는 산업자본도 두 개의 상이한 시스템 중간에서 잉여가치를 얻는다는 것을 발견할 수 있다.

우리는 상인자본이 이른바 공간적인 두 개의 가치체계―더욱이 거기에 속하는 인간에게는 불가시적인―의 차액에 의해 발생했음을 분명히 밝혔지만, 산업자본은 그런 의미에서 노동생산성을 높여 시간적으로 상이한 가치체계를 만들어 내는 데 기초하고 있다고 말할 수 있다.

마르크스가 말한 바와 같이 개개의 노동자는 '결합'에 의해 생겨나는 것을 그 이전부터 요구할 수 없다. 여기에는 시간적인 전후관계에서 생기는 불가피한 불투명성이 있다. 따라서 산업자본에서 발생하는 잉여가치는 폭력이나 사취에 의한 것이 아니라 이러한 불가피한 '무의식'에 의해 생기는 것이다.

노동생산성의 향상은 기존 시스템 안에 잠재적인 시스템을 만들어 낸다. 그러므로 등가교환이라는 겉모습을 취하고 있음에도 불구하고 차액이 생기는 것이다. 이 차액은 얼마 안 있어 해소되고 새로운 수준의 가치체계가 형성된다. 그래서 자본은 그 차액을 끊임없이 만들어 내지 않으면 안된다. 이것이 산업자본주의 시대에 전례없이 빠른 고도의 기술혁신을 유발하고 아울러 그 조건을 마련해 주고 있다.

고전경제학자가 그랬듯이 이데올로그는 이러한 기술혁신을 찬미하고 또 어떤 사람은 부정하고 있다. 하지만 기술혁신이 왜 일어나는지 분명히 밝힐 필요가 있다. 자본은 세계를 문명화하기 위해서가 아니라 스스로가 존속하기 위해 기술혁신을 해야 하는 운명을 타고났다. 거의 무익하다고 생각되는 기술혁신도 자본이 존속하기 위해서는 그야말로 불가결하다. 그것은 인간의 '자연스러운' 필요 때문이 아니라 '가치'에 의한 전도 때문에 일어난다.

여기서 혼란을 피하기 위해 덧붙인다면, 노동력의 가치가 낮아진다는 것은 임금이 낮아진다든지 궁핍해진다든지 하는 일과는 아무런 관계도 없다. 그것은 다만 기존의 가치체계에 대해 '상대적으로 하락할' 뿐이다. 더욱이 이 차액은 머지않아 해소된다. 새롭게 형성된 가치체계—그것은 말할 것도 없이 관계의 체계이다—에서 하락한 노동력의 가치는 하락한 생산물의 가치와 대응한다. 결과적으로 노동자의 생활조건은 개선되고 노동일도 단축된다. 이와 같은 개선과, 그럼에도 불구하고 자본이 상대적인 잉여가치를 얻는다는 사실 사이에는 어떤 모순도 없다. 가치가 항상 상대적 가치이고 잉여가치 또한 상대적 차액임을 이해한다면, 자본제생산의 핵심이 노동생산성 상승에 의한 잠재적 가치체계의 창출에 있음은 분명하다.

이상에서 서술한 것은, 자본제생산이 차이를 동일화하는 화폐 자체의 신비성을 배태하고 있다는 것이다. 그렇기 때문에 화폐를 내버려 둔 채 자본제사회를 논하는 것은 무의미하다. 자본제사회는 어디에서 왔고 어디로 가는가라는 물음에 우리는 대답할 수 없다. 왜냐하면 그 질문 자체가 틀렸기 때문이다. 자본제사회에 이르는 '발전'에는 어떤 이유도 목적도 없다. 반대로 자본제경제가 그것들을 부여한 데 불과하다. '발전'으로 보이는 것은 화폐형태라는 전도 위에 누적된 전도인데, 화폐형태 자체가 그것을 덮어 숨기고 있다. 따라서 화폐의 '기원'을 둘러싼 가치형태의 고찰은, 『자본론』의 결정적인 새로움일 뿐만 아니라 사적 유물론을 포함한 일체의 역사철학에 있는 원근법적 도착(倒錯)도 지적한다.

그런데 고전경제학은 왜 가치형태를 발견하지 못했을까? 마르크스는 왜 가치형태를 결정적인 관건으로 삼았을까? 마르크스주의 경제학자 가운데 이 물음에 대답한 사람은 없다. 이를테면 『경제학 철학 초고』에서도 고전경제학은 비판받고 있다. 그러나 그것과 『자본론』에서의 비판 사이에는 중요한 차이가 있다. 그것은 한마디로 말하면 공황이라는 현상이다. 『경제학 철학 초고』에 공황론이 빠져 있는 한 어떤 식으로 고전경제학을 비판한다 하더라도 그 틀 안에 있는 거나 다름없다. 마치 청년 헤겔파가 어떤 식으로 헤겔을 비판한다 하더라도 거기에서 벗어날 수 없듯이.

중요한 점은 경제학에서든 철학에서든 마르크스의 전환이 '공황'을 매개로 하여 이루어졌다는 것이다. 물론 이미 주기적 공황은 있었다. 그럼에도 불구하고 그것은 '지각'(知覺)되지 않았다. 고전경제학에서 공황은 다만 예외적인 비상사태에 불과하고 정책의 실패에 지나지 않았다. 마르크스의 새로움은 그것을 예외로 간주하지 않고 자본제경제의 고유한 것으로 파악했다는 데 있다. 그것은 기존의 심리학이 예외적으로 간주한 광기를 '인간'의 핵심에 두고자 한 프로이트의 새로움과 비슷하다.

공황 그 자체가 고전경제학에 대한 비판이다. 그런데 고전파 경제학은 공황을 예외적인 것으로 간주하고 있었다. 자본제경제가 '정상적'으로 기능하고 있는 한 애덤 스미스 같은 이신론(理神論)이나 이성의 지배가 성립한다. 공황은 그와 같은 18세기적인 '이성'의 질서 내부에서 발생한다. 게다가 그 공황(위기)은 그들의 담론체계에서는 불가시적이다. 실제로 존재함에도 불구하고 볼 수 없는 것이다.

'정상적'으로 기능하고 있는 한 경제는 자연스럽고 자명한 것처럼 보인다. 공황은 한순간에 모든 것이 환상 위에 성립된 것임을 훤히 내보인다. 경제가 물질적인 것이기는커녕 하나의 환상형태임을 열어 보인다. '정상적'인 측면에서가 아니라 예외적이라고 본 '이상'한 측면에서 자본제경제를 보는 관점이야말로 『자본론』에서 고전경제학에 대한 근본적인 비판을 가능하게 했기에, 그것은 철학 고유의 영역에서는 이야기되지 않았다고 해도 그때까지의 '철학사'에 대한 총체적인 비판을 내포한다고 할 수 있다.

공황이 '가치형태론'을 요구한다는 것을 말하기 전에 몇 가지 언급해 둘 것이 있다. 1850년대의 마르크스는 분명히 공황 대망(待望)론자였다. 그는 다음 공황을 몇 번이나 예측하고 또 그것이 유럽 전역에 혁명을 발생시킬 것이라고 기대했다. 그 기대가 완전히 빗나갔음은 두말할 나위도 없다. 공황은 그 자체로서 해명되어야 할 과제가 아니라 1848년 혁명이 실패하여 망명생활을 하고 있었던 당시의 마르크스에게 유일한 희망에 불과했던 것이다. 물론 이런 종류의 공황 대망론은 오늘날의 마르크스주의자들 속에도 뿌리 깊게 남아 있다. 그러나 역사적인 경험에서 말하건대, 공황은 정치적 혁명과 연관되기는커녕 언제나 반혁명(파시즘)에 유리하게 작용한다. 적어도 이러한 환영을 버리지 않는 한 공황이 지닌 문제성에 눈을 돌리기란 불가능하다.

공황은 엥겔스에 의하면 '무정부적 생산'이나 '생산의 사회적 성격과 소유의 사적 성격 사이의 모순'으로 설명된다. 그러나 이런 설명이 어떤 법칙성을 가진 주기적 공황의 수수께끼를 해명하지 못함은 말할 나위가 없다. 우노 고조는 그것을 비판하고 주기적 공황을 "노동력이 상품이다"라는 모순으로부터 설명한다. 물론 우노의 이론은 정합(整合)적이지만, 『자본론』이 왜 가치형태론을 불가결한 것으로 삼았는지를 조금도 밝혀 주지 못한다. 원래 '노동력'이란 상품 이외의 아무 것도 아니며, "노동력이 상품이 된다"는 것은 아니다. 결국 '노동력'이란 개념에는 화폐형태가 숨어 있다. 마르크스는 노동력과 노동을 구별했지만, 이 구별은 가치와 사용가치의 이중성을 바꾸어 말했을 뿐이며, 문제는 앞에서 서술했듯이 이 이중성이 화폐형태의 산물이라는 점이다. 그렇기 때문에 아무리 노동력과 노동의 구별을 주장해도 고전경제학의 틀 안에 머물러 있을 뿐이며, 또 "노동력이 상품이 된다"는 소외론에 그치고 만다. 그것은 "인간의 유적(類的) 본질이 소외된다"는 경우 '유적 본질'이야말로 무엇인가를 분명히 해야 하는데도 그것을 앞질러 전제해 버리는 형이상학과 비슷하다.

공황의 문제성을 경제학자는 조금도 파악하지 못하고 있다. 물론 추상적인 실험실에서 사고하는 신고전파 경제학 ─이른바 근대경제학─

에서는 그것을 보는 것조차 불가능하다. 공황 또는 불황을 자본제의 고유한 '병'으로 파악한 사람은 케인스인데, 그는 적극적인 치료법을 제시했다. 이것은 만년 '공황 대망론자'의 이론보다는 훌륭하다. 그러나 내가 여기에서 생각하려고 하는 것은 경제공황에 대한 이론이 아니다. 그러기 위해서는 '신용'과 '경기순환'을 포함한 포괄적인 고찰이 요구된다. 물론 그럴 용의는 있지만 여기에서 말하고 싶은 것은 공황이 왜 어떻게 발생하는가가 아니라, 왜 어떻게 공황의 문제성이 마르크스를 고전경제학과 헤겔 철학 또는 서양의 형이상학, 그 자체에 대한 비판으로 자리바꿈시켰는가 하는 점이다.

현실의 공황은 자본제의 한계를 드러내지 않는다. 공황은 19세기 경기순환의 한 형태일 뿐이고, 또 20세기 후반에 와서는 공황이 위험수위에 이르지 않을 정도로 완화시킬 수 있는 장치가 고안되고 있다. 공황을 혁명과 결부시켜 생각하는 한 공황의 문제성은 파악할 수 없다. 그것은 오늘날 정신분석 치료가 보급됨과 동시에 거꾸로 프로이트가 신경증에서 인지했던 문제성이 희박해진 것과 마찬가지다. 애초부터 고전적 히스테리 환자를 지금 발견하는 것 자체가 어렵다.

우리는 마르크스가 '공황의 가능성'이라 부른 조건이 실은 잉여가치의 조건이기도 하다는 것을 보아 왔다. 자본의 존립을 가능케 하는 조건이 공황의 조건인 것이다. 다시 말하면 '정상'(正常)을 가능케 하는 것이 '이상'(異常)을 가능케 한다. 그래서 자본제경제가 어떤 규모에 도달했을 때 공황을 초래한다. 미셸 푸코는 18세기에 '이성'에 의한 선별과 배제의 구조에서, 비로소 '광인' 자체가 존재하게 되었다고 한다. 마찬가지로, 공황은 고전경제학을 가능케 한 산업자본주의의 확립과 함께 존재하게 된 것이다. 그 경우 공황이 예외적인 것으로 간주되는 것은 당연하다. 하지만 공황을 치료해야 할 것으로 본다든가 또는 공황이 '이성'을 붕괴시킬 것이라고 대망하는 한, 공황을 존재하게 하는 것은 전혀 의심받지 않는다. 그렇게 되면 화폐형태가 보편적인 것으로서 계속 당연시된다. 공황이 없는 통제경제, 결국 '사회주의'라 불리는 국가에서 바로 '이성'에 의한 폭력적 지배가 관철될 수밖에 없었던 것은, 공황의 문제성을 단지 '경제학'적으로만 파악했던 마르크스주의에서 기인한다.

공황이란 무엇인가? 그것은 가치관계의 체계가 순식간에 해체되는 것이다. 사물의 내재적 가치가 그 순간 사라져 버린다. 다시 말해서 공황은 화폐형태가 은폐하고 있던 가치형태—상형문자—를 드러낸다. 사람들은 상품을 내버려 두고 만다. 상품이란 상품형태일 따름이며, 물건은 아닌 것이다. 그들은 물건을 눈앞에 두고서도 그것을 붙잡을 수 없다. 어떤 종류의 실어증 환자도 사물을 사물로서 지각할 수 없듯이.

공황은 화폐형태가 어떻게 해서 성립했는가를 역으로 조망한다. 마르크스는 프로이트와 마찬가지로 자본제의 '유년기'로 거슬러올라간 것이고 가치형태라는 '무의식'의 세계로 눈을 돌렸던 것이다.

5장

1

『경제학 철학 초고』가 발견된 이래 '초기 마르크스'와 '후기 마르크스'의 관계가 세계적으로 문제시되어 왔다. 이것을 단순화하면 초기 마르크스의 연장선상에서 후기를 생각할 것인가, 그렇지 않으면 초기와 후기를 '단절'된 것으로 볼 것인가 하는 쟁점으로 집약된다. 물론 이 쟁점은 단지 마르크스학(Marxology)의 문제라기보다도 더욱 현실적이고 정치적인 의미를 내포하고 있다. 우선 첫째로 초기 마르크스가 강조되는 것은 경제결정론과 생산력이론에 지나치게 경도되었던 마르크스주의에 대한 반발 때문이며, 후기 마르크스가 강조되는 것은 초기 마르크스의 소외론이 부르주아적인 인간학의 수준으로 마르크스주의를 환원시켜 버리는 데 대한 반발 때문이다. 다시 말해서 스탈린주의에 대응해서 초기 마르크스가 서 있고, 초기 마르크스의 휴머니즘에 대응해서 반인간학적인 후기 마르크스가 서 있는 것이며, 변함없이 강력한 마르크스주의와 그것에 대한 부정, 나아가 그 부정의 부정이 뒤얽힌 채 마르크스 텍스트의 독해에 대한 쟁점을 형성하고 있다.

그러나 이 쟁점은 결국 마르크스의 텍스트를 뭔가의 '의미'로 에워싸고자 하는 데 있어서만 존재한다. 쟁점 그 자체가 사람들을 더욱더 역사주의로 되돌려 놓는다. 그것은 '중세'와 '근대'에 대한 논의와 유사하다. 말하자면 어떤 관점에서 보면 유럽의 12세기는 이미 근대이고, 다른 관점에서 보면 18세기조차 중세적이다. 그러면 어디에서부터 근대가 시작되는가 하는 쟁점은 본래 중세라는 개념을 만들어 낸 시대 또는 근대 '역사학' 자체의 역사성을 묻지 않는 한 아무런 성과도 얻지 못할 것이다.

마르크스 초기와 후기의 연속성과 단절을 둘러싼 논쟁도 이와 마찬가지다. 그것 자체가 하나의 함정에 빠져 있다. 결국 텍스트를 읽기 전에 미리 마르크스의 '사상'이 상정(想定)되어 있고, 그것을 조금도 의심하지 않는다. 그러나 내가 이미 밝힌 것처럼『자본론』이라는 텍스트는 조금도 투명하지 않을 뿐더러 도리어 '불투명함'을 문제로 삼고 있다. 『자본론』을 읽지 않고 어떻게 '후기 마르크스'라는 것을 상정할 수 있을까? 또『자본론』을 읽지 않고 어떻게 '초기 마르크스'를 이해할 수 있을까?

"인간 해부는 원숭이 해부의 열쇠"(『정치경제학 비판 서설』)라고 마르크스는 말했다. 이 말은 곱씹어 볼 필요가 있다. 마르크스가 심혈을 기울인『자본론』의 해부가 그 밖의 텍스트를 해부할 열쇠이지, 그 반대는 아니다. 실제로『자본론』에서 마르크스는 이른바 원숭이에서 인간으로라는 역사주의적 서술을 취하지 않았다. 그가 첫머리에 제시한 상품은 원시시대의 것이 아니라 자본제사회의 상품이었던 것이다.

이미 마르크스의 학위논문「에피쿠로스와 데모크리토스에서 자연철학의 차이」를 문제삼았을 때, 나는 그것을『자본론』을 '읽는' 일로서 읽고 있었다. 내가 거부했던 것은 학위논문에서『자본론』으로 마르크스가 사상적으로 발전했다는 역사주의적 허구이다. 도대체『자본론』이 아니라면 누가 마르크스의 학위논문까지 읽을 것인가. 초기 마르크스란『자본론』의 원인이기보다는 결과이다. 또 이 학위논문의 독자성조차 그것이 쓰인 시대에 지녔던 의미에서가 아니라『자본론』을 읽는 일에서 비로소 훤히 드러난다.『자본론』이라는 텍스트가 중요한 이유는, 사실 거기에 텍스트 자체가 문제시된다는 데 있다. 그에게 상품(상품형태)이란 단지 텍스트일 뿐이었다.

그에게 학문의 '시작'은 에피쿠로스와 데모크리토스의 단편(斷片)적

텍스트를 읽는 데 있었다. 그것은 당시 그의 머릿속을 온통 채우고 있었던 어떤 '사상'보다도 중요했고, 또 마르크스 자신이 훨씬 나중에 그것을 확인했다. 결국 단편으로서의 텍스트, 의식적인 체계와 '내적인' 체계라는 문제의식(problématique)이야말로 마르크스의 '새로움'인 것이다. 우리는 그것을 연대기적으로 말할 필요는 없으며, 말할 수도 없다. 그와 같은 시도는 마르크스로부터 후퇴하는 일임에 틀림없다.

2

작자가 어떤 생각이나 감각을 작품에 나타내면 독자가 그것을 받아들인다. 보통은 그렇게 보이고 그렇다고 여겨지는데, 이 문제의 신비적 성격을 명확하게 한 사람이 발레리다. 그는 작품이 작자로부터 자립해 있을 뿐 아니라 '작자'라는 것을 만들어 낸다고 생각한다. 작품의 사상은 작자가 생각하고 있는 것과 다를 뿐만 아니라 오히려 그러한 사상을 가진 '작자'를 끊임없이 만들어 낸다. 예를 들면 나쓰메 소세키(夏目漱石)라는 작가는 몇 번이나 반복해서 읽혀지고 있다. 비록 본인이나 그의 지인들이 뭐라고 하든지, 작품으로부터 거슬러올라간 '작가'가 존재하며, 실은 그것밖에 존재하지 않는다. 객관적인 소세키 상(像)이란 이제까지 읽은 사람들이 조작한 지배적인 이미지에 불과하다. 마르크스 상(像)에 대해서도 같은 말을 할 수 있다. '진짜 마르크스' 따위란 있을 수 없다.

읽는 일은 작자를 변형시킨다. 여기에서 '올바른 이해'란 있을 수 없기 때문에 만약 그것이 있을 수 있다면 이른바 역사 자체가 완결되어 버린다. 헤겔 미학이 그의 역사철학과 마찬가지로 '올바른 이해'에 의해 완결되어 버린 것은 그런 연유에서이다. 그것은 작품이라는 텍스트가 극복할 수도 없고 환원할 수도 없는 불투명함을 지니고 자립한다는 사실을 작자와 독자 모두 의식하지 못했기 때문이다.

마르크스는 그의 학위논문에서 에피쿠로스의 사상(Epicureanism)

으로부터 출발하지 않는다. 데모크리토스와 거의 대동소이하게 보이는 자연철학의 텍스트로부터 출발한다. 바로 그때, 그때까지 자의적이었던 양자의 차이가 이번에는 역으로 그때까지 전혀 관련 없이 존재하고 있던 그들의 '사상'을 연관짓고 변형시킨다. 결국 마르크스는 텍스트로부터 독립해 있는 에피큐리어니즘을 해체함으로써 에피쿠로스라는 작자를 만들어 낸 것이다. 하지만 이와 같은 '변형적 독해'(메를로 퐁티) 이외의 '독해'는 있을 수 없다.

이를테면 학위논문에서 마르크스는 양자의 차이를 이른바 '하부구조'로부터 설명하지는 않는다. 하지만 그것이 마르크스주의적 겉모습을 띠지 않기 때문에 역으로 그의 방법의 독자성을 보여 주고 있다. 이 학위논문에서 마르크스는 '하부구조'를 문제로 삼았는데, 그것은 다만 경제적인 것이 아니었을 뿐이다. 그러나 『독일 이데올로기』에서 마르크스가 경제적 하부구조를 강조했을 때, 그것 역시 텍스트의 독해로서 이루어진 것이었음을 잊어서는 안된다.

이미 말한 것처럼 마르크스는 학위논문에서 에피쿠로스와 데모크리토스의 자연철학적 '차이'를 덮어 숨기고 있는 동일성의 장(場)—철학사만큼이나 오래된—을 해체하려고 했다. 그런 의미에서 철학이란 이데올로기이며, 『독일 이데올로기』는 철학이 은폐하고 있는 차이성을 발견한 것이다.

예를 들면 그는 역사를 움직이는 이념, 신의 섭리, '인간', 시대정신을 역사라는 텍스트의 배후에 상정된 '상상적 주체'(작자)에 불과하다고 말한다. 이 작자 또는 텍스트 밖에 있는 초월론적인 의미(signifié)를 부정할 때 비로소 경제적인 '하부구조'가 발견되었던 것이며, 이것은 역사주의적인 경제사와는 근본적으로 다른 것이다. 그리고 중요한 것은 철학사로 이야기해 버린 역사가 늘 보편적인 진리 아래 차이성을 덮어 숨긴다는 그의 인식이다. 말할 나위도 없이 그것은 '계급'인데, 마르크스는 계급을 프랑스 혁명 이후의 '계급투쟁'과는 다르다고 생각했으며, 또한 그것과 대립하는 형태로 보았던 것이다.

그런데 지금 역사적인 경과를 파악하는 경우에, 지배계급의 사상을 지배계급으로부터 떼어내 독립시키고, 하나의 시대에 이러저러한 사상이 지배했다는 데까지만 생각하고, 이들 사상이 생산된 조건과 생산자에 대한 사항은 신경쓰지 않기로 하자. 따라서 사상의 기초가 되고 있는 개인이나 사회적 상황을 없애기로 하자. 그렇게 하면, 예컨대 귀족이 지배한 시대에는 명예, 충성 따위의 개념이 지배하고, 부르주아지가 지배한 때에는 자유, 평등 따위의 개념이 지배했다는 말을 할 수 있다. 지배계급은 대개 이와 같이 상상한다. 특히 18세기 이후 모든 역사가들이 공통적으로 가진 이 역사관은, 반드시 점점 추상적인 사상, 곧 점점 일반성의 형태를 취하는 사상이 지배하는 것처럼 되어 가는 현상에 맞닥뜨릴 것이다. 다시 말해서 자신보다 먼저 지배하고 있던 계급을 대신하여 등장한 새로운 계급은 이미 자신의 목적을 관철하기 위해서 자신의 이해를 모든 사회성원의 공동의 이해로서 내걸지 않으면 안된다. 관념적인 말로 표현하자면 자신의 사상에 일반성의 형태를 부여하고, 그것을 유일하게 합리적이고 일반적으로 통용되는 사상으로 내세우지 않으면 안된다.

바꾸어 말해서 자유·평등이라는 이미 누구든지 자명하게 여기는 관념은 계급적인 차이성을 은폐하는 곳에 존재한다. 마르크스는 생산력과 생산관계로 역사를 설명하는 것이 아니라 '역사'에 감추어져 있던 생산력과 생산관계를 발견했던 것이다. 이것을 간과했던 지점에 사적유물론—마르크스는 한번도 이런 말을 쓰지 않고 있다—이라는 것이 성립한다. 결국 그것은 마르크스의 텍스트와 관계없이 존재하게 되었던

'의미'이며, 엥겔스의 '철학'인 것이다.

3

마르크스는 파리에 망명했을 때 『경제학 철학 초고』를 썼다. 잘 알다시피 그것은 포이어바흐의 소외론을 국가론과 경제학으로 확대시킨 체계적인 고찰인데, 이듬해 그는 브뤼셀로 쫓겨나 거기에서 『포이어바흐에 대한 테제』와 『독일 이데올로기』를 썼다. 1844년(26세)부터 이듬해에 걸쳐 일어난, '지적 쿠데타'(발레리)라고 해야 할 이 전환은 단순히 포이어바흐에 대한 경도에서 그에 대한 비판에 이르는 것으로 끝나지 않는다. 말하자면 루이 알튀세르는 거기에서 '인식론적 단절'을 찾아내고 히로마쓰 와타루(廣松涉)는 거기에서 엥겔스의 영향을 인지할 정도였다. 그들의 공통점은 소외론 붐에 반발하여, 『독일 이데올로기』 속에서 헤겔주의와 참된 의미에서 절연했던 사적 유물론의 기초를 보려고 한 것이다.

그러나 마르크스는 학위논문을 청년 헤겔파인 바우어의 지도 아래 썼고, 아직 포이어바흐에게는 접근하지 않았지만 이미 '철학사'를 비판할 만한 독특한 시각을 갖고 있었으며, 그것은 헤겔적 관념론의 유물론적 전도보다 확실히 '새로운' 시각이었다. 그렇다고 한다면 마르크스가 헤겔＝포이어바흐적인 것과 '단절'한 일을 연대기적으로 확증하려는 시도는 참으로 자의적이지 않을 수 없다. 사실 어떤 의미에서 마르크스는 일생 동안 헤겔적인 사고를 계속 갖고 있었지만, 달리 말하면 이미 학위논문에서부터 헤겔파하고는 이질적이었다. 만약 '소외' 개념과 같은 '일반적인 것'에서 보면 그는 청년 헤겔파의 한 사람일 따름이다. 그러나 '미세한 것'에 집착하는 방법을 취한다면 '마르크스와 청년 헤겔파의 차이'는 뚜렷하다. 그리고 또 이와 같은 차이에서만 '마르크스'는 존재하며, 어딘가에 "이것이 마르크스의 진짜 사상이다" 같은 순수한 것 따위는 있을 리 없다.

오히려 마르크스의 '사상'은 텍스트를 읽는 그의 방법에 있다. 『독일 이데올로기』에서 마르크스의 전환은 어떤 새로운 철학을 제시함으로써가 아니라 '철학'이라는 이데올로기를 해독함으로써 이루어진다. 이 전환은 '전도'라기보다는 '이동'이다. 마르크스는, 말하자면 『경제학 철학 초고』에 있는 인식을 방기하지도 전도하지도 않았다. 다만 그는 몸을 이동시켰을 뿐이다. 구체적으로 그것은 어떤 것이었을까?

『독일 이데올로기』는 다음과 같은 장소에서 쓰이고 있다.

> 이 철학적인 관심을 끄는 선전—본래 그것은 뛰어난 독일 시민의 가슴에 자비로운 애국심을 불러일으킬 수 있는데—을 올바르게 평가하기 위해서는, 또 이러한 모든 청년 헤겔파의 운동의 무가치함과 주변적인 편협함을, 곧 이들 영웅의 무리가 실제로 하고 있는 것과 하고 있는 것에 대한 환상과 미화가 이루는 희비극적인 대조를 두 눈으로 똑똑히 보기 위해서는, 가장 먼저 독일 바깥에서 이 요란한 소동의 전체를 조망할 필요가 있다.

이것은 이미 독일에서 망명하여 이국의 현실과 접한 지 제법 시간이 지난 뒤의 마르크스의 눈이다. 엥겔스라면 또 모르겠지만, 마르크스가 위의 인용문에서 생각한 것에는 단순한 조소라고만 볼 수 없는 뭔가가 있다. 도피하기 1년 전에 그 자신이 청년 헤겔파의 '요란한 소동' 와중에 있었기 때문이다. 이제 그는 포이어바흐의 연장선상에서 『경제학 철학 초고』를 조목조목 써 내려갈 따름이다. 그러한 그가 갑자기 포이어바흐를 비판하기에 이른 데는 엥겔스와의 만남만으로는 해명되지 않는 내면의 과정이 있어야 한다. 결국 위의 공격적인 문장에는 마르크스 자신이 짊어진 '상처'가 숨어 있다.

이를테면 마르크스와 루게가 독일 철학과 프랑스의 정치운동을 결합시키려고 계획한 『독불연보』 발간 시도는 프랑스측으로부터 냉담하게 묵살당했다. 현실의 경험에서 직관을 길러 온 프랑스의 사회주의자가 철학에서 연역한 이론을 받아들일 리 없었다. 단지 민족적인 대항의식 때문이 아니라 실제적인 경험이 그것을 허락하지 않았던 것이다. 자신만만한 26세의 청년 마르크스는, 독일 철학이 전혀 통하지 않을 뿐 아니라 원래 그런 종류의 이론과는 동떨어진 곳에서 움직이고 있는 현실을 뼈저리게 통감하지 않을 수 없었다.

이런 철학자들 누구 한 사람도 독일 철학과 독일 현실의 관계, 그들 자신의 물질적 환경과의 관계에 대해 문제제기를 하려 들지 않았다.

마르크스 역시 생각하지 못했던 것이다. 그리고 이것은 독일 철학(상부구조)이 물질적(material) 환경에 의해 규정되고 있다는 평범한 인식과 언뜻 보아 비슷하지만 다른 것이다. 그렇게 읽으면 이것은 분명히 '사적 유물론'의 맹아임에 틀림없지만, 마르크스에게는 그럴 수 없었다. 그것은 환영을 깨뜨리고 현실에서 자신이 무엇이며, 자신이 무엇에 불과한지를 통감한 인간이 얻은 자기인식일 따름이다.

시간적인 격차를 둔 오늘날에는 마르크스를 중심으로 당시의 세계를 보게 마련이다. 그러나 두말할 나위도 없이 마르크스는 중심이기는커녕 만년에도 『자본론』 1권의 저자로서 이름을 남긴 그렇고 그런 존재에 지나지 않았다. 오히려 사실에 가깝게 이야기한다면, 이 세계에서 아무런 존재도 아니라는 것을 공공연하게 맛본 것이 독일을 떠난 마르크스의 마음에 각인된 자기인식이었다고 해야 할 것이다.

사회적 편성과 국가는 언제나 특정 개인들의 생활과정이 초래하는 것이다. 그러나 이러한 개인이라는 것은 자신이나 타인의 표상 속에 등장하는 개인이 아니라 현실 그대로의 모습, 곧 노동하고 물질적으로 생산하는 개인, 따라서 일정 정도 물질적인, 그리고 생각한 대로는 되지 않는 여러 제한·전제·조건 아래에서 활동하는 모습을 지닌 개인이다.

이 세계는 완결된 이념으로 덧씌울 수 있는 것이 아니다. 어디에도 이념을 전개하는 데 꼭 맞는 현실은 없다. 인간은 유적 본질의 힘으로부터 소외되어 있고 그것을 자신이 회복해야 한다는 소외론은 여기에서는 통용되지 않는다. 마르크스가 발견한 것은 인간이 움직이고, 인간을 움직이는 '생각한 대로 되지 않는' 중층적인 구조를 가진 세계이다. '유적 본질'이란 존재하지 않는다. "'인간'이란 사회적 관계의 총체이다." 바꾸어 말하면 마르크스의 눈에는 이념의 필터가 벗겨져 나가 자신을 억지로 끌어넣고 자신의 의지와는 상관없이 움직이는 현실이나 사회적 관계가 비쳤던 것이다. 그가 발견한 것은 객관적인(objective) 세계 같은 것이 아니다. 그것은 의도 따위와는 상관없이 존재하고 어떤 해석을 하든지 그러한 것을 거부하면서 움직이고 있는 세계라는 오브젝트, 그 자체이다.

이미 마르크스는 파리에서 다음과 같이 쓰고 있다.

선생(Fleur de Marie)은 인간이 외계와 격리되면 어떠한 상태에 떨어지는지 정확히 묘사하고 있다. 감성적 세계가 단순한 관념이 되는 사람에게는 반대로 단순한 관념이 감성적 존재로 변하는 것이다. 그의 두뇌가 만들어 낸 것이 구체적인 형태를 취한다. 그의 정신의 내부에서 손에 잡힐 듯한 환영의 세계가 만들어진다. 그것이 모든 경건한 환각의 비밀이고 동시에 정신착란의 일반적 형태이다.(『신성가족』)

　의식에서 '생각한다'는 것은 '존재한다'는 것이다. 그래서 사람이 실제로 어떻게 '존재하는가'가 보이지 않을 때, 곧 외계 상실에 빠졌을 때, 그는 '생각한다'는 것이 그대로 '존재한다'고 여기는 정신착란자와 다를 것이 없게 된다. 민코프스키(Hermann Minkowski)는 외계가 소원해지는 감각을 분열증의 첫번째 특징이라고 했는데, 위에 인용한 마르크스의 말은 그것에 해당한다.

　물론 그들 개개인이 정신착란자라는 뜻은 아니다. 그들을 '외계로부터 격리'하는 것은 무엇일까? 그것은 국경이 아니다. 또한 그것은 그들이 외계에 관심을 갖지 않는다는 뜻도 아니다. 그들 대부분은 리베르탱(libertin, 자유인)으로서 마르크스보다 훨씬 급진적이고 파괴적이었다. 실제로 마르크스가 『라인 신문』의 편집장으로 추천받은 이유는 후원자인 부르주아지가 그를 온건한 인물로 지목했기 때문이다. 그리고 그는 리베르탱이나 프랑스에서 받아들였던 공산주의를 비판하는 데 적어도 언뜻 보아 보수적이었음에는 틀림없다.

　마르크스가 말하고 있는 것은 그들이 얼마나 급진적이든 현실적·객관적이든 관계없이 그것 자체가 자기해석의 꿈속에 존재한다는 것이다. 외계에 대한 관심이 너무 많으면, 그로 인해 거기에 치명적인 외계 상실이 있게 된다. 마르크스도 그런 사람 가운데 하나였음을 잊어서는 안된다. 중요한 것은 뒤에서 서술하는 것처럼, 그들을 '외계와 격리'시키고 있는 것은 국경도 아니고 심리적인 병도 아니고 그들의 언어체계 자체였다는 사실이다.

4

　독일 철학을 '바깥쪽에서' 본 이후, 마르크스에게 철학적 담론은 병리학적인 징후가 되었다. 이 당시 그에게 일어난 일은, 이른바 관념론에서 유물론으로라고 하는 '철학적'인 전도가 아니다. 관념론이든 유물론이든 철학적 담론 자체가 징후가 되었다. 하지만 그는 다만 '바깥쪽에서' 본다. 객관적인 장소에 선 것이 아니다. 후설이 말한 것처럼 근대물리학이 가져다 준 '객관성'은 수학이라는 초월론적인 공동주관성에 근거하고 있다. '바깥쪽'이란 객관적으로 사물을 보는 장소가 아니라 객관성 자체가 지역적인 공동주관성에 지나지 않음을 아는 장소이다. 그의 입장은 이른바 모든 '입장'을 항상 불안하게 하고 공중에 매달리게 하는 것 같은 것이 되어야 한다. 철학을 위험에 빠뜨리는 것은 이미 부정도 전도도 아니고 이러한 이동인 것이다. 맹세코 말하지만, 그것은 마르크스주의라는 입장에 있을 수 없다. 반대로 그것은 마르크스주의가 이 '세계'에 하나의 입장으로서 나타날 때 그 담론이 실제로 무엇을 의미하는지를 해독하는 입장이다.

"철학자들은 이제까지 세계를 다양하게 해석해 온 데 불과하며, 중요한 것은 세계를 변화시키는 것이다."(『포이어바흐에 대한 테제』) 마르크스가 말하는 것은, 철학적 담론은 '해석'일 따름이라는 것이다. 이것을 '이론에서 실천으로' '도서실에서 거리로'라는 식으로 잘못 읽어서는 곤란하다. 마르크스가 끊임없이 비판했던 것은 세계를 변화시키고자 하는 사람들을 지배하고 있는 '해석'이다. 다시 말해 마르크스의 과업은 '해석'으로서의 철학 자체를 거듭 해석하는 것이다. 철학의 중심성·보편성·초월성 자체가 징후이고, 거기에 은폐된 차이성·관계성을 해독하는 것이 마르크스의 과업을 특징짓고 있다.

물론 그것은 경우에 따라서는 이데올로기론이라 불릴 것이다. 그러나 이데올로기를 이른바 '허위의식'이라 불러서는 안된다. 이데올로기를 마치 머릿속에 쌓여 있는 망상과 같은 것으로 여기는 일은 이데올로기가 무엇인지를 이해하지 못하는 소치다. 이데올로기란 '참된 의식' 또는 '진리'다. 또는 이데올로기는 '객관성'으로서만 존재한다. 그런 까닭에 이데올로기란 오히려 물(物)이다. 이것이 마르크스가 『자본론』에서 상품이라는 것의 기괴함을 설파한 이유이며, 또한『자본론』도 일종의 이데올로기론인 것이다. 거꾸로『자본론』으로부터 보지 않으면 이데올로기가 무엇인지 이해할 수 없다. '이데올로기의 종언'과 같은 말이 '객관적'인 과학자들에 의해 언급될 때, 그들의 객관성 자체가 이미 물상화 위에 서 있다는 것, 그것이야말로 마르크스가 말하는 의미에서 이데올로기임을 알아야 한다. 토머스 쿤이 과학사의 영역에서 분명히 했던 것처럼 진리는 객관적인 데이터에 의해 확립되는 것이 아니라, 반대로 그것을 진리로 삼는 인식론적 패러다임이 데이터를 발견한다.

따라서 이데올로기란 '진리의식'이다. "우리는 여기에 진리가 있으니, 여기에 무릎을 꿇어라 하고 말하는 것은 아니다. 우리가 무엇이고 궁극적으로 무엇을 하도록 되어 있는지 분명히 할 뿐이다"(루게에게 보낸 편지)라고 마르크스는 이미 쓰고 있다. 그러나『독일 이데올로기』에서 마르크스는 오히려 '진리에 대한 의지' 자체를 '해석'하려고 한다. 그가 문제삼은 것은 철학보다도 철학자라는 존재이다. 왜 철학자가 문제일까? '진리에 대한 의지'는 철학자라는 존재(계급)와 떨어져서는 성립할 수 없기 때문이다. 니체가 말한 것처럼 어떤 담론에서 "무엇이 말해지고 있는가"가 아니라 "누가 말하고 있는가"가 문제인 것이다. 그것은 말할 필요도 없이 철학자가 말하고 있다. 그러나 이때까지 '철학자'라는 존재는 누구도 문제삼지 않았다. 그도 그럴 것이 철학자는 진리나 본질 속에 몸을 숨기고 있었기 때문이다.

헤겔은『역사철학』끝 부분에서 자신은 '개념의 진행만을 고찰하고' 역사 속에서 '진정한 신의론(神義論)'을 서술하였다고 쓰고 있다. 그렇다고 하면 이번에는 또 '개념'의 생산자인 이론가·이데올로그·철학자들의 경우로 되돌아갈 수 있고, 뒤이어 철학자로서의 철학자, 사상가로서의 사상가가 예로부터 역사를 지배해 왔다는 결론에 이르게 된다.(『독일 이데올로기』)

이것은 철학이 전도시킨 '해석'을 철학자가 전도시킨 권력의지에서 찾아내는 일이며, 나중에 니체가 그것을 강조했지만, 마르크스가 이미 이러한 관점을 갖고 있었음은 간과되고 있다. 그러나 '철학자'의 왜곡된 권력의지는 특정한 철학자에게 있는 것이 아니라 오히려 '철학'에 고유한 것이다. 어떤 철학, 예를 들면 관념론은 전도되어 있지만 유물론은 그렇지 않다고 말해서는 안된다. 철학 자체가 가치 전도로서 나타나기 때문이다. 마르크스는 그 기원을 '분업'에서 찾고 있다.

> 분업은 물질적 노동과 정신적 노동이 나누어지기 시작한 때부터 비로소 현실화된다.(이데올로그의 최초의 형태인 승려들이 이것과 때를 같이한다—마르크스의 방주.) 이 순간부터 의식은 현존하는 실천의식과는 뭔가 다른 것이 되는 것처럼, 또 현실적인 어떤 것도 나타나지 않는데도 현실적으로 뭔가를 표상하고 있는 것처럼 현실적으로 스스로 믿어 버리는 일이 가능하며, 이 순간부터 의식은 세계로부터 해방되어 '순수' 이론, 신학, 철학, 도덕 등을 형성해 나갈 수 있게 된다.(『독일 이데올로기』)

이것은 니체식으로 말하면, 승려계급에 의한 삶의 전도(부정)이고 존재하지도 않는 것을 현실적으로 존재하게끔 우월하게 만드는 '가치'의 창출이다. 왜 철학이 아니라 철학자를 문제삼아야 하는가는 명료해진다. 그것은 진리 또는 세계의 본질(무엇인가)이라는 것에 어떤 계급의 전도된 의지가 은폐되어 있기 때문이다. 철학자(승려)는 진리라는 가치 속에 몸을 숨긴다. 어쩌면 이 가치 자체가 그들을 가치 있게 만든다. 철학의 '기원'은 기원 자체에 숨겨진다. 철학이 은폐하는 '의미하는 것'

(signifiant)이란 철학자 자신인 것이다. 따라서 철학자라는 존재를 보는 것이 철학의 비밀을 폭로하는 것이다. 마르크스가 말한 것처럼 개념, 이데아, 보편성……이라 불리는 것은 분업으로서의 '정신적 생산'이 자립하고 스스로를 초월화시키는 곳에서 비롯되고 있다. 학문의 '중심'으로서 철학은 화폐와 마찬가지로 중심화에 의해 생겨난 것이다. 『독일 이데올로기』 이후 마르크스의 시도는 철학의 비중심화였다고 해도 좋다. 물론 경제학이 그 자리를 대신할 수 없음은 당연하다.

이미 말한 바와 같이 중요한 것은 마르크스가 보편적인 '진리'로서의 담론이 한창일 때 '계급투쟁'을 간파해 냈다는 점이다. 이것은 마르크스 이전부터 있었던 계급투쟁 사관(史觀)과는 질적으로 다르다. 계급이 있다는 것과 '계급투쟁'이 있다는 것은 전혀 별개다. 말하자면 『독일 이데올로기』에서 마르크스는 '봉건적 또는 신분적 소유'에 대하여 서술한다. 그러나 계급투쟁은 결코 귀족(영주)과 농노 사이에 있었던 것이 아니라 귀족, 교회와 국왕, 시민 사이에 있었다. 그렇기 때문에 절대주의적 왕권의 확립은 부르주아 계급의 승리이고, 그런 의미에서 홉스 같은 사상가는 부르주아 이데올로그인 것이다. 물론 영주와 농민 사이에 '투쟁'이 없었다는 뜻은 아니다. 그 경우에도 종교개혁이라는 형태를 취한 시민적 이데올로기로 매개되어 있다.

계급투쟁은 언제나 보편성·일반성으로서 담론 속에서 독해되어야 한다. 마르크스가 '지배적인 사상은 지배계급의 사상'이라고 한 것도 그런 연유에서다. 지배적인 사상, 곧 우리에게 자명해 보이는 사상—자유·평등·휴머니즘—은 부르주아 계급의 사상이다. 따라서 그들의 근본적인 전제들을 의심하는 경우에만 '계급투쟁'이 존재한다고 해야 한다.

5

독일 이데올로그를 상대로 할 때 마르크스에게는 철학이 문제가 된다. 그러나 프랑스 이데올로그를 상대로 할 때는 이야기가 달라진다. 그들은 정치적 당파로서 출현했으므로 사변적이 아니라 실천적이다. 그러나 예컨대 『브뤼메르 18일』에서 마르크스가 확실히 해명할 수 있었던 것은, 이 기괴한 정치적 과정을 담론이나 이데올로그의 위상을 도입함으로써 분석하려 했기 때문이다.

1848년 2월 24일부터 1851년 12월 2일까지라는 날짜가 적힌 이 실제 사건은 당사자에게도 방관자에게도 이해할 수 없는 기괴한 '꿈'으로 비친다. 그러나 이 '이해할 수 없음'은 의미의 결여에서가 아니라 의미의 과잉에서 비롯된다. 이 사건의 특징은 '무대'에 나타난 인물들이 제1차 프랑스 혁명의 언어나 의미를 잘못 알고 있었고, 뿐만 아니라 사건이 이미 완료된 의미(signifié) 쪽에서 수습되고 있었다는 점이다. 보나파르트의 승리로 귀결된 이 사건을 해독하기 위해서는 '하부구조'를 지적하는 것만으로는 불충분하다는 것이 명백하다. 반대로 정치과정이 무엇보다도 담론의 장(場)임을 직시해야 할 것이다.

마르크스는 첫머리에서 다음과 같이 쓴다.

인간은 자기 자신의 역사를 만든다. 하지만 생각한 대로 되지는 않는다. 스스로 선택한 환경 아래서가 아니라 곧 눈앞에 닥칠, 주어지고 밀려오는 환경 아래서 만드는 것이다. 모든 죽은 세대의 전통이 악몽처럼 산 자의 머리를 짓누르고 있다. 또 그것 때문에 인간이 일견 목숨을 걸고 자기를 변혁하고 현상을 바꾸고 이제까지 일찍이 없었던 것을 만들어 내려는 것처럼 보이는 그때, 바로 그러한 혁명이 최고조에 달한 시기에 인간은 자신을 쓸모 있게 만들고자 조심스럽게 과거의 망령을 불러 내 그들로부터 이름과 슬로건과 의상을 빌리고, 이 유서 깊은 분장과 차용한 대사로 세계사의 새로운 장면을 연출하고자 하는 것이다. 이리하여 루터는 사도 바울로 가장했고, 1789년부터 1814년까지의 혁명은 로마 공화국과 로마 제국의 의상을 차례차례 몸에 감았으며, 1848년의 혁명은 어떤 때는 1789년을 흉내내고, 어떤 때는 1793년부터 1795년에 이르는 혁명전통을 모방하는 정도 밖에는 할 수 없었다…….

그러나 부르주아 사회가 비영웅적이라고는 해도, 역시 그것을 세상에 내보내기 위해서는 영웅주의와 희생과 테러와 내란과 국민들간의 숱한 전투가 필요했다. 그리고 부르주아 사회의 검투사들은 로마 공화국의 고전적인 위엄을 갖춘 전통 속에서 이상과 양식(樣式)을, 곧 자기들의 싸움이 지닌 부르주아적으로 제한된 내용을 스스로 눈가림하여 자신의 정열을 위대한 역사적 비극의 내용으로 보존하는 데 필요한 자기기만을 발견했다. 마찬가지로 발달단계는 다르지만 1세기 전에 크롬웰과 영국 인민은 그들의 부르주아 혁명을 위하여 구약성서에서 언어와 정열과 환상을 빌려 왔다. 그리고 실제 목적이 달성되어 영국 사회가 부르주아적으로 완전히 바뀌어 버리자, 곧바로 로크가 하박국(구약성서의 「하박국서」를 쓴 예언자—옮긴이)을 밀어냈다.

이와 같이 혁명에서 죽은 자를 되살리는 일은 새로운 싸움에 영광을 부여하는 데 유용한 것이지, 옛 싸움을 흉내내는 것이 아니었다. 눈앞에 닥친 과제를 공상 속에서 과장하는 데 소용 있는 것이지, 현실 속에서 그 해결을 앞에 두고 주춤거리고 도망치려는 것은 아니었다. 혁명의 정신을 다시 발견하는 데 쓸모 있는 것이지, 혁명의 망령을 다시 배회하게 하는 것은 아니었다.

그런데 1848~1851년에는 또다시 옛 혁명의 망령만이 배회하고 있었다.

이 시기의 당파들을 지배하고 있던 것은 과거의 망령이고 관념이었다. 그들은 지금 하고 있는 행위를 그들의 말로 이해하고 있었다. 다시 말해 말이 그들을 지배하고 있었던 것이다. 독일의 철학자들에게도 똑같이 말할 수 있다. 그들은 헤겔이 제시한 '문제'를 만지작거리고, 어떤 부분은 확대하여 헤겔을 비판하곤 했는데, 결과는 헤겔 철학의 왜소화된 재현인 소극(笑劇, farce)에 불과하다. 적어도 헤겔 자신은 뛰어난 성과를 올렸지만 그것을 반복한 청년 헤겔파는 겉치레만 장대하고, 공허하고 알맹이 없는 논의로 일관하고 있다. 바꾸어 말하면 독일 철학자에게는 헤겔 체계라는 '죽은 전통'이 '악몽처럼 산 자의 머리를 짓누르고' 있었다고 할 수 있다. 뿐만 아니라 『브뤼메르 18일』은 헤겔의 『역사철학』에 대한 교묘한 풍자였다. 왜냐하면 1848년부터 1851년에 이르는 과정에서 헤겔이 말한 세계사적 개인 나폴레옹의 조카가 정말로 세계사적 개인이라는 환영에 올라 타 권력을 획득했고, 더구나 실현해야 할 과제나 이념을 하나도 가지고 있지 않았기 때문이다. 헤겔이 생각한 '역사의 간계'는 여기서는 한낱 소극에 불과하다.

사건은 바로 그들의 '언어'에서 생기고, 또 그 의미 속에 갇혀 있다. 마르크스의 해독(解讀)이 무엇보다도 그 사건으로부터 시작하고 있다는 점에 주목해야 한다.

1848년 2월 24일, 곧 헌법제정 국민의회로부터 사건은 기술된다. 결국 2월혁명이 의회로 이행했을 때부터 시작하는데, 이 대의제에서 비로소 '대표하는 것'과 '대표되는 것'의 관계가 분명해진다. '대표하는 것', 곧 담론의 장은 왕당파, 오를레앙파, 공화주의자, 산악당(사회민주당), 보나파르트파 등으로 분절화되고, '대표되는 것'은 생산관계로서 금융 부르주아지, 산업 부르주아지, 프롤레타리아트, 도시 프티부르주아, 분할지 농민, 관료, 룸펜 프롤레다리아트 등으로 분절화된다.

그런데 마르크스가 강조한 것은 '대표하는 것'이 '대표되는 것'의 이해와 직접 결부되지 않는다는 점이다.

……다만 이 경우 편협한 사고방식에 젖어 프티부르주아가 주의(主義)로서 자신의 이기적인 계급적 이해를 관철하려 한다고 생각하면 안된다. 오히려 프티부르주아는 스스로를 해방하는 특수한 조건이야말로 일반적인 조건, 곧 현대사회를 구원하고 계급투쟁을 회피할 수 있는 유일한 조건으로 믿고 있다. 또 마찬가지로 민주파의 대표자라고 하면 모두 상점주인이라든가 민족주의의 신봉자라고 생각하면 안된다. 그들은 교양과 개인적 지위만으로 보아도 상점주인들과 하늘과 땅만큼 차이가 날지도 모른다. 그들을 프티부르주아의 대표자로 삼는 이유는 상점주인이 생활 속에서 결코 넘어서지 못하는 한계를 그들이 머릿속에서 결코 뛰어넘지 못한다는 사실과, 상점주인이 물질적 이해와 사회적 입장으로 인해 실천상 내몰리고 있는 과제와 해결책에 대해서 그들도 똑같이 이론상 내몰리고 있다는 사실 때문이다. 어떤 계급의 정치적·문필적 대표자가, 그들이 대표하는 계급과 맺는 관계란 일반적으로 이와 같다.

더욱 중요한 것은 '대표하는 것'과 '대표되는 것'의 결합관계는 결코 고정적이지도 필연적이지도 않다는 점이다.

이 의회 정당은 내부의 양대 분파로 해체되고 분파들 각각이 다시 그 내부에서 해체되었던 것만은 아니다. 의회 안의 질서당은 의회 밖의 질서당과도 사이가 틀어졌던 것이다. 부르주아지의 입인 학자와 펜인 학자, 부르주아지의 연단과 신문, 요컨대 부르주아지의 이데올로기 대변자와 부르주아지 자신이, 대표하는 것과 대표되는 것이 확실히 등을 돌리고 이미 서로를 이해하지 못했다.

'대표하는 것'과 '대표되는 것'의 관계는 본래 자의적이기 때문에, 산업 부르주아지나 다른 계급도 원래 '대표하는 것'을 버리고, 보나파르트를 선출한 것이다.

1848년 2월 24일에 당파들은 '대표하는 것', 곧 담론의 장에서 차이를 나타낸다. 그런데 3년 뒤에 보나파르트가 모두를 대표하는 것으로서 권력을 잡는다. 마르크스는 이것을 보나파르트의 관념·정략·인격으로 귀결짓기를 거부한다. 그런 견해들로는 1848년 2월 4일에 아무 것도 아니었던 보나파르트가 권력을 장악한 비밀을 이해할 수 없다.

모두를 대표하는 것으로 등장한 보나파르트는 당파나 계급의 '대립'을 '지양'한 것으로 보인다. 하지만 마르크스는 이 변증법을 부정한다. 사실 그러한 '대립'은 애당초 없으며 단지 차이가 있을 뿐이다. 우선 '대립'은 공화주의·왕당파·오를레앙파와 프롤레타리아트 사이에서 발생하지만, 그 대립은 차이의 동일화에 의해 생긴다. 다음에 공화당에 대한 질서당(왕당파와 오를레앙파)의 대립, 다시 질서당에 대한 보나파르트파의 대립과 같이 '대립'은 끝없이 지각 변동을 일으키고, 마침내 보나파르트파가 승리한다. 이 과정은 '변증법'(플라톤에서 시작하여 헤겔에 이르러 체계화된다) 자체의 비밀을 밝혀 줄 것이다.

보나파르트의 권력은 차이를 없앰으로써 출현했다. 처음에 그는 당파들 가운데 하나로서 '대표하는 것'이었지만 마지막에는 왕이 된다. 『자본론』에서 마르크스는 말한다. 화폐가 하나의 상품임을 알아차리기는 쉽지만 하나의 상품이 왜 어떻게 하여 화폐로 되는지를 깨닫는 것은 어렵다고. 게다가 마르크스는 화폐와 상품의 관계를 다음과 같이 말하고 있다.

어떤 인간이 왕이라는 것은 다만 다른 인간이 신하로서 그를 상대해 주기 때문이다. 심지어 그들은 그가 왕이기 때문에 자기들이 신하가 아니면 안된다고 믿고 있다. (『자본론』)

왕(화폐)은 초월론적이기 때문에 왕(화폐)으로 보이지만, 반대로 초월성은 당파(상품)의 차이(관계)를 없앰으로써 가능하다. '가치형태론'에서 난해한 논점은 보나파르트라는 한 당파가 왕위에 오른 비밀에 이미 제시되어 있다.

하지만 이러한 전도는 마르크스에 의해 다시 한번 해독된다. 보나파르트는 모든 당파, 계급의 요구를 충족시키는 결절점으로 나타나지만, 그럼에도 불구하고 그는 분할지 농민이라는 한 계급을 대표하고 있다고 마르크스는 말한다.

분할지 농민은 방대한 대중을 이루어 같은 정황 속에서 살고 있지만, 그렇다고 해서 서로 *끈끈한* 관계를 맺고 있는 것은 아니다. 그들의 생산방법은 그들을 서로 연결시키는 대신 서로 고립시킨다. 이 고립은 프랑스의 열악한 교통수단과 농민의 빈곤에 의해 더욱더 강화되고 있다…….

수백만 가족이 동일한 경제적 조건 아래에서 생활하고, 이를 통해 그들의 생활양식과 이해득실과 교양은 다른 계급의 그것과 구별되며, 다른 계급과 반목하는 경우에 한해서 분할지 농민은 하나의 계급을 이루고 있다. 그들 사이에는 단지 지역적인 연계밖에 없으며, 이해관계의 동일성은 있어도 그것이 그들 사이에 어떤 공동체도 어떤 전국적 결합도 정치조직도 만들어 내지 않는 한, 그들은 계급을 이루고 있는 것은 아니다. 따라서 그들은 의회를 통하든 국민공회를 통하든 자신의 이해를 자신의 이름으로 주장하는 능력을 갖지 못한다. 그들은 자신을 대표하는 것이 불가능하고, (누군가에 의해) 대표되지 않으면 안된다. 그들의 대표자는 그들의 대표자인 동시에 그들의 주인이며, 그들 위에 선 권위로서 나타나지 않으면 안된다. 결국 그들을 다른 계급으로부터 보호하고 위에서 그들에게 비와 햇빛을 하사하는 무제한적인 통치권력으로 나타나지 않으면 안된다.(『브뤼메르 18일』)

  분할지 농민은 계급인 동시에 계급이 아니다. 여기에 마르크스의 '계급'에 대한 독특한 성찰이 있다. 계급은 단지 경제적인 공통점만으로는 성립하지 않는다. 계급이 계급으로 나타나는 것은 바로 당파나 담론을 통해서다. 계급의식이란 이런 의미에서 '의식', 곧 담론에서만 현재화(顯在化)하는 '계급무의식'(케네스 버크, 『동기〔動機〕의 문법』)일 따름이다. 이는 루카치가 말한 계급의식의 개념과는 달리 언표되고 있는 당파들의 '의식'을 마르크스가 '무의식'의 구조에서 보려 했다는 것을 말한다.

  이때 분할지 농민이 직접 어떠한 당파를 형성하지 않았음에도 불구하고, 그들이 이 정치과정을 '꿈'처럼 기괴하게 만드는 역할을 수행했다는 것을 우리는 간파할 수 있다. 의식한다는 것이란 언어화한다는 것이다. 분할지 농민의 '욕망'은 결코 언어화되지 않았기 때문에 '의식', 곧 정치적 담론의 장에 등장할 때 도착된 형태로 나타났을 따름이다. 보나파르트는 그들을 '대표하는 것'이 아니라 그들의 주인이었다.

  마르크스는 이 사건을 해독하면서 보나파르트라는 초월성을 '징후'로 보고, 그리고 언어화되지 않은 '계급무의식'의 압축과 전위(轉位)로 보고 있다. 『브뤼메르 18일』에서 마르크스가 보여 준 분석의 면밀함은 이른바 상부구조와 하부구조에 대한 조잡한 규정과는 관련이 없다.

6장

1

나는 마르크스가 독일 철학, 프랑스의 정치사상, 영국의 경제학과 같이 대상을 옮겨 가면서 끊임없이 그때마다 '언어'를 문제삼아 왔음을 앞에서 이야기했다. 그것에 대응하여 마르크스의 주안점도 이동하고 있다. 전혀 변하지 않는 것은 해석자라는 그의 입장이다. 사람들은 거기에서 마르크스의 철학·정치학·경제학을 도출하고 있다. 하지만 그는 철학자나 경제학자도 아니고 새로운 철학이나 경제학을 확립한 사람도 아니다. 그것들은 단지 '세계에 대한 해석'으로서의 담론—철학·정치사상·경제학—을 해독하려고 한 마르크스의 의도가 남긴 그림자일 따름이다.

이를테면 『독일 이데올로기』에서 마르크스는 경제적 하부구조를 강조한다. 그것은 프로이트식으로 말하면 독일의 철학자 속에는 물질적인 것이 억압되어 있었기 때문이다. 포이어바흐와 같은 유물론자에 대해 마르크스는 이렇게 말한다. "그는 기독교의 본질 가운데 이론적인 태도만을 참으로 인간적인 것으로 여기면서 실천은 추접스러운 유태교적인 현상형태라고만 파악한다."

독일의 철학자는 신학자 출신이어서인지 물질적인 것을 비하하여 추접스러운 것으로 여기고 있다. 철학자가 그러한 경제적 이해를 초월한 존재인 것처럼 보이는 동안은 물질적인 것들이 천시해야 할 사항에 속하는 것이라는 생각은 당연하다. 그러나 프랑스에서는 그렇지 않았다. 거기에는 계급투쟁이 공공연하게 이야기되고 있었기 때문이다. 마르크스가 『브뤼메르 18일』에서 말하고자 한 것은 그와 같은 정치적 담론이 생산'관계'를 은폐하고 있다는 것인데, 그럴 경우 하부구조는 여전히 경제적이다.

그러나 영국에서 그것은 좀처럼 문제시되지 않는다. 경제는 노골적으로 존재하고 있다. 마르크스가 관심을 돌린 곳은 경제학적 담론이다. 잘 알다시피 그는 『자본론』과 함께 『잉여가치학설사』를 썼다. 『잉여가치학설사』는 학설의 역사적 발전이나 그 영향관계의 역사주의적 연구가 아니라 어떤 학설(예컨대 중농학파의 잉여가치론)이 다른 학설(애덤 스미스)로 옮겨 갈 때의 구조적 변형과 그 존재조건을 조명한 것이다. 마르크스는 이제 '이데올로기 비판'을 입에 올리지 않지만 경제학설을 그 '언어' 자체로 비판한다.

마르크스가 영국의 이데올로그를 2류 철학자나 정치사상가가 아니라 고전경제학자로 집약시킨 것 자체가, 이데올로기를 무엇이라 의미하려 했는지 잘 보여 준다. 이데올로기란 어느새 종교적 관념이 아니라 자연적인 자명함을 가진 사실인 것이며, 자기충족적이고 투명한 개념(의미)이 된다. 그래서 비로소 고전경제학에서 초월론적인 '가치' 개념이 다시 의문시된다. 또는 그것을 자명하게 하는 화폐=음성적 문자의 우위가 의심받는 것이다.

여기에서는 이제 경제적 구조가 '하부'에 감추어져 있지 않다. 문제는 오히려 '은폐' 자체의 비밀을 파헤치는 일이다. 그러므로 우리는 무엇보다도 가치형태론을 주의 깊게 읽지 않으면 안된다. 그의 '의도를 거스르며' 읽어야 한다. 그때 비로소 그 이전에 집필한 저작의 문제점이 부각되는 것이다.

이를테면 『브뤼메르 18일』에서 마르크스가 감춰져 있는 구조를 지적했을 때 그것은 현실의 정치과정이 그것의 그림자라는 것을 의미했던 것은 아니다. 마르크스나 프로이트의 출현 이후 우리는 사물을 언제나 이면에서 들여다볼 수 있게 되었다. 그 결과 모든 사물의 심층구조가 우리 눈에 무엇이든지 명확한 것처럼 보이고 있다. 그러나 그것에 의해 사물이 잘 보이게 되었다는 뜻은 아니므로, 단지 또 하나의 의미체계에서 현실을 구성하고 있는 데 불과하다. 역으로 우리가 잃은 것은 '표면'을 보는 능력이다.

『브뤼메르 18일』은 마르크스의 생생한 직관을 보여 준다. 그는 막 발생했을 뿐인 정치과정, 뒤얽히고 여러 가지 이데올로기나 역사적 분장으로 뒤덮인 유동적인 과정의 밑바닥에, 그것과는 완전히 별개인 '내적 구조'를 거의 조작하지 않고 밝혀 낸다. 이러한 것은 교조적인 머리로는 불가능하며, 또 똑같은 수법이 두 번 통용되는 법이 없다. 레비-스트로스는 "나는 어떤 사회학이나 민족학의 문제와 마주칠 때 거의 언제나 미리 『브뤼메르 18일』이나 『정치경제학 비판』 몇 쪽을 읽고서 나의 사고에 활기를 불어넣은 다음 문제 해명에 착수한다"(『슬픈 열대』)고 말한다. 이처럼 레비-스트로스에게 필요했던 것은 마르크스의 이론이나 방법이 아니라 "사고에 활기를 불어넣는" 그 무엇이다.

많은 구조주의자들은 레비-스트로스의 통찰을 거의 교조적으로 받아들이고 있다. 이를테면 그들은 마르크스나 프로이트를 '구조주의의 아버지'라고 여긴다. 확실히 마르크스가 개개인의 '의식'과는 별개로 존재하는 시스템을 보고 있었던 것은 틀림없다. 하지만 그가 무엇보다 이것에 주목했던 이유는 인간의 행위가 인간 자신에게 항상 불투과적일 수밖에 없는 조건 때문이지, 특별히 '내적 구조'라든가 시스템을 주체로 간주했기 때문은 아니다. 레비-스트로스가 말한 '활기'는 언뜻 보고도 실재하지 않는 것 같은 실재를 직관하는 마르크스의 생기 넘치는 눈과 문체에서 나온 것이다.

거듭 말하지만 우리는 마르크스의 텍스트를 단순한 이론의 표시로서 읽어서는 안되며 텍스트 자체가 시사하는 '이론'으로 읽어야 한다. 마르크스는 말하고 있다.

> 본질적 관계—이것이 현상한다—인 노동력의 가치나 가격을 구
> 별하는, '노동의 가치나 가격' 또는 '노임'이라는 현상형태에 대해서는,
> 모든 현상형태와 그 숨은 배경에 대해서 말할 수 있는 것과 똑같이 말
> 할 수 있다. 현상형태는 흔한 사유형태로서 직접적·자연발생적으로 나
> 타나지만 그 숨은 배경은 과학에 의해 발견되지 않으면 안된다. 고전
> 경제학은 진정한 사태에 거의 도달해 있지만 의식적으로 그것을 정식
> 화(定式化)하지 못했다. 그것은 부르주아적 외피를 걸치고 있는 한 그
> 렇게 할 수 없기 때문이다.(『자본론』)

이와 같이 쓸 당시 마르크스는 헤겔적인 또는 플라톤 이래의 형이상
학에 고유한 '현상과 본질'의 이분법에 끌리고 있다. 그러나 그가 '여기
에 본질이 있다, 진리가 있다'는 식으로 말한 것은 아니다. 반대로 '현상
과 본질'의 이분법이야말로 파생적이며 화폐의 산물이라는 것이다. 형
이상학적인 말을 사용함에도 불구하고 마르크스가 가치형태론에서 말
하려고 하는 것은 '현상과 본질'이라는 사유형태에서는 이미 근원적인
'관계'(차이)가 보이지 않게 된다는 것이다. '흔한 사유형태'란 형이상학
인 것이다. 그것은 이른바 화폐형태가 자명하다든가 자연스럽다는 의식
이며, 그 때문에 화폐를 자명 또는 암묵의 전제로 삼는 경제학—단적
으로 '부르주아적 외피'를 걸친—은 근본적인 맹목성을 강요받고 있다.
그래서 은폐된 근원적인 차이를 발견하는 것, 또 어떻게 해서 그것이 은
폐되는지를 해명하는 것이 『자본론』의 과제이다.
　'자본제사회'의 '내적 구조'는 마르크스가 말한 그런 '본질'을 가지고
있지 않다. 요컨대 '현상'의 배후·내부·심층에 가려져 있는 것이 아니
다. 반대로 그것들을 만들어 내는 것이야말로 화폐형태라는 중심화이

다. 상품은 각각 내면적인 '가치'를 지닌 것처럼 보이지만, 이미 그것들은 화폐형태가 부여한 형이상학일 뿐이다. 상품의 근저에 가치가 있는 것이 아니다. 근저 자체가 부재하며, 거기에 있는 것은 시니피앙의 유희이다.

2

이렇게 보면 포이어바흐의 영향을 받은 『경제학 철학 초고』가 '본질'과 '현상'의 이원론을 전제하고 있음은 분명하다. 마르크스는 나중에, 유적 인간의 본질이란 있을 수 없으며, 그것은 '사회적 관계들의 총체'에 불과하다고 말한다. 이 말은 '인간'이라는 개념이 '관계'를 은폐한다는 것이다. 그렇지만 큰 사고의 틀 안에서가 아니라 '미세한' 차이에서 읽고자 한다면, 『경제학 철학 초고』에서도 마르크스의 독자성은 명확히 존재한다. 물론 그것은 '소외론'에 있는 것은 아니다. 그것은 마르크스가 강조한 '수고성(受苦性)-정열성(情熱性)'이라는 개념에 있다.

> 감성적이라는 것, 곧 현실적이라는 것은 감각의 대상, 감성적인 대상이고, 따라서 자신의 외부에 감성적인 대상들을 갖는 것, 자신의 감성의 대상들을 갖는 것이다. 감성적이라는 것은 수고적이라는 것이다.
> 그 때문에 대상적이고 감성적인 존재로서 인간은 하나의 '수고적'(leidend)인 존재이고 자신의 고뇌(Leiden)를 감수하는 존재이기 때문에 하나의 '정열적인'(leidenschaftlich) 존재이다. 정열과 격정은 자신의 대상을 향하여 정열적으로 노력을 기울이는 인간의 본질적인 힘이다.(『경제학 철학 초고』)

물론 이것은 포이어바흐의 견해와 비슷하지만, 그럼에도 마르크스가 독특한 것은 인간이 수고적이라는 것, 결국 결여를 지닌 존재임을 더욱 구체적으로 사고했다는 데 있다. '수고성'이란 무엇인가? 동물 역시 결여를 가졌으며, 대상에 대해 정열적으로 작용하기 때문에 마르크스가 말한 '수고성'은 동물의 그것과 질적으로 달라야 한다. 나중에 마르크스는 이렇게 쓰고 있다.

> 배고픔은 배고픔이지만, 요리된 고기를 포크와 나이프로 먹어 치우는 배고픔은, 손이나 손톱, 이빨을 사용해서 날고기를 게걸스럽게 먹어 치우는 배고픔과는 다르다.(『정치경제학 비판 서설』)

인간의 '배고픔'은 이미 의미(가치)로 가려져 있다. 레비-스트로스가 『날 것과 요리한 것』에 대해서 쓴 것처럼 요리한다는 것은 이미 문화적 차원에 속한다. 그렇기 때문에 문제는 동물의 배고픔과 같은 결여가 아니라 의미 자체가 생겨나는 결여이다. 그런 의미에서 수고적이라는 것은 의식·문화·역사의 근원으로 간주되어야 하는 것이다.

이렇게 수고적이기 때문에 정열적이고, 어쩌면 수동적이기 때문에 주체적·능동적이라는 마르크스의 존재론적 파악을 일관되게 추구해 온 사람은 다나카 기치로쿠(田中吉六)이다. 인간이 지닌 결여나 욕구가 인간적이고 문화적인 것으로 되는 까닭은 어디에 있는가? 다나카 기치로쿠가 주목했던 것은 마르크스가 그것을 인간의 '신체조직'에서 찾고 있다는 점이다.(『마르크스, 재출발』)

> 모든 인간사의 첫번째 전제는 물론 살아 있는 인간 개체의 생존이다. 따라서 확인되는 첫번째 사태는 이들 개인의 신체조직과 이 신체조직에 의해 주어지는 그 밖의 자연에 대한 그들의 관계이다. 우리는 물론 여기에서 인간의 육체적 특성이나 인간이 직면한 자연조건, 지질학적, 자연적, 풍토적 관계들에 서 있는 것은 불가능하다. 모든 역사기술은 이

러한 자연적 기초들과 그 기초들을 역사과정에서 이루어지는 인간의 행위로 변형시킨 것에서 출발하지 않으면 안된다.

사람들은 동물과 인간을 의식, 종교, 기타 욕구에 의해 구별할 수 있다. 인간 자신은 그들이 생활수단을 생산하기 시작하자마자, 곧 그들의 신체조직에 의해 의무지워진 일을 감당하여 치르기 시작하자마자 스스로를 동물과 구별짓기 시작한다. 인간은 그들의 생활수단을 생산함으로써 간접적으로 그들의 물질적 생활 자체를 생산한다.(『독일 이데올로기』)

다나카 기치로쿠는 이를테면 털이 없다는 '신체조직'의 조건을 지적하고 있다. 그러나 그것을 구체적으로 말하려고 한다면 '털 없는 원숭이'(데스먼드 모리스)로서 인간의 조건을 일반적으로 검토하지 않으면 안될 것이다.

결국 일반적으로 말하면 인간의 신체조직의 특징은 본능적이지 않다는 것, 곧 외적 환경에 자동적으로 적응할 수 있는 메커니즘을 지니지 않는다는 것이리라. 인간에게 특수한 수고성이란 하나의 지연화(遲延化)에 의해서 초래된다. 그것을 생물학적으로 말하면, 인간은 다른 동물에 비해 이상할 정도로 긴 유년기를 거치지 않으면 안된다는 것이다. 프로이트는 바로 거기에서 세대(부모와 자식의 관계)가 제도(비자연)로서 생겨난 이유를 찾아냈다. 그렇기 때문에 그는 본능과 충동을 구별한다. 충동이란 '결여'에서 오는 것이며, 그것은 이미 표상이고 '의미하는 것'이다. 의미작용의 근원은 '충동'에 있다. 물론 우리는 마르크스가 말한 '정열적 존재'를 이런 의미에서 '충동'이라고 이해해도 좋다.

마르크스가 "신체조직과 이 신체조직에 의해 주어진 자연과의 관계"를 역사의 첫번째 전제로 삼을 때, 주목해야 할 것은 이 '관계'라는 개념이다. 결국 '인간과 자연의 관계'는 어떤 결여＝지연화에 의해 생겨나는

'관계'인 것이고, 실은 그것만이 '관계'인 것이다. 마르크스는 언어에 대해서 서술한 후 다음과 같이 말하고 있다.

> 하나의 관계가 존재하는 경우에 그것은 나에게 존재한다. 동물은 어떤 것에도 '관계하는' 일이 없고 또 일반적으로 관계하지 않는다. 동물에게는 다른 것에 대한 관계가 관계로서 존재하지 않는다. 따라서 의식은 처음부터 이미 하나의 사회적인 산물이고 일반적으로 인간이 존재하는 한 그러할 뿐이다.(『독일 이데올로기』)

흔히 말하는 식으로 하면 동물도 대상을 가지고 대상과 관계한다. 하지만 그들이 자신들을 둘러싸고 있는 환경과 일체인 이상 대상도 관계도 있을 수 없다. 대상이나 관계는 지연화(차이화) 속에서 비로소 존재하게 된다. 결국 대상물은 결여-표상(의미 작용) 속에서 형성된다.

예를 들면 수잔 랭거(Susanne Langer)는 동물과 인간을 구별하는 요소를 각각의 전달형식의 차이에서 찾아낸다. 동물은 1대 1의 응답관계, 곧 사인(sign)밖에 가지지 않는 데 반해 인간은 다양한 응답관계, 곧 상징(symbol)을 가진다. 하지만 마르크스가 말했듯이 '1대 1의 응답관계'는 '관계'가 아니다. '관계'는 다중적인 것이다. 상징은 지연화된 '신체조직'에서부터 고찰해야 한다.

3

마르크스, 니체, 프로이트는 모두 '신체조직'에서의 결여, 무력성(無力性)에서 출발하여 표상·욕망·언어의 발생을 발견한다는 점에서 서로 일치하고 있다. 하지만 그 같은 발생론적 관점이 아니라 거꾸로 현상학적인 역행을 통해서도 우리는 똑같은 지점에 도달할 것이다. 소쉬르가 말한 것처럼 언어란 변별적인 체계다. 결국 의미는 말(시니피앙)과 말(시니피앙) '사이'에서 생긴다. 근원적인 의미작용은 이런 '공(空)＝간(間)'에서 생겨난다. 이는 자크 데리다의 표현을 빌리면 '변별화'(difference, 지연화·차이화)일 따름이다. 시간과 공간은 거기에서 생겨난다.

마르크스가 인간의 '신체조직'으로 기술했던 것, '신체조직'에 의해 역사가 발생했다고 한 것은 더욱 엄밀히 검토하면 이러한 인식을 내포하고 있다.

하지만 무엇이 그와 같은 차이화·지연화를 초래하는지 물을 수는 없다. 만약 묻는다면, 신 또는 자연이 '주체'로서 '원인'으로서 표상될 것이다. 그러나 그것들은 '의미'이고 근원적인 의미작용의 원인이 아니라 결과이다. 중요한 것은 그러한 '기원'에 대한 물음—그것 자체가 형이상학으로 이끈다—이 아니라, 마르크스가 여기에서 인간의 의식 또는 '의미'가 선험적으로 존재하지 않고 감성적인 수고성(수동성)에서 비로소 존재한다고 한 생각을 관통하는 어떤 것이다.

우리는 여기에서 마르크스가 에피쿠로스의 자연철학에 대해서, 원자운동의 우연성, 편차에서 '자기의식'의 근거를 찾았던 것을 상기해도 좋다. 다시 말하면 인간의 자유나 주체성은 원인이 아니라 결과이다. 근저에 있는 것은 자연 자체의 '편차'나 차이화이다. 어떻게 보면 시니피앙의 관계에서 비롯된 유희이다. '의미'는 그 '사이'(間)에서 생겨난다. 하지만 이 자의성을 억압하는 곳에 금기·제도·체계가 있으며, 그 이후에는 '의미' 또는 '의식'이 마치 자기원인이고 초월론적인 것처럼 간주된다. 아마도 이 '자연사'적 인식이야말로 마르크스가 평생 손을 놓을 수 없었던 것이리라.

혹시나 오해를 받을지도 모르기 때문에 한마디 해두려고 한다. 나는 자본가나 지주의 모습을 결코 장미빛으로 그리지는 않을 것이다. 그리고 여기에서 개인들이 문제가 되는 것은 오직 그들이 경제적 범주의 인격화, 일정한 계급관계와 이해관계의 담당자인 한에서이다. 경제적 사회구성의 발전을 자연사적 과정으로 파악하는 나는 다른 입장과 달리 개인이 관계들에 대해 책임이 있다고 생각하지 않는다. 개인은 주관적으로는 아무리 이러한 관계들을 초월하려고 해도, 사회적으로는 여전히 이런 관계들의 산물인 것이다.(『자본론』서문)

여기서 마르크스가 '자연사적 입장'이라 말한 것은 비코(Giambattista Vico)가 '자연사'와 '인간사'를 구별했던 것과는 다르다. 자연 자체의 '편차성'이 인간을 역사적으로 존재하게 하는 동시에 목적적·정열적으로 존재하게 한다는 것이다. 마르크스는 인간이 주체라고 했을 뿐이지 자연이 주체라고 말하지는 않는다. '편차'로서의 유희를 근저에서 발견했다기보다는 근저의 부재를 발견한 것이다.

이러한 마르크스의 관점은 언뜻 보면 구조주의적이고, 구조주의자들 역시 그렇게 생각한다. 그러나 마르크스의 인식은 인간적 주체를 '장소'에서 또는 중심이 없는 관계의 체계에서 해체해 버리는 것으로 끝나지 않는다. 오히려 문제는 관계의 체계가 아니라 그 체계의 체계성이고 '전(前)의식'(프로이트)으로서 존재하는 제도성(制度性)이다. 따라서 가치형태론이 쓰여지지 않으면 안된다.

4

물론 마르크스가 '오해'를 두려워했듯이 마르크스주의는 인간의 목적의식이나 주체성을 으뜸으로 친다. 하지만 마르크스에게 '목적'이란 결여를 만회하는 것이고 게다가 '과잉'으로 만회하는 것이다. 그러므로 '목적'이란 항상 지연성의 역전일 따름이다. 말하자면 눈은 보기 위해 있다고 할 때, 그것은 하나의 목적론적 사고이다. 이 '흔한 사유형태'가 형이상학과 연관되어 있다. 니체는 그것을 인식에서 원근법(perspective)

의 도착(倒錯)이라고 불렀는데, 목적론 일반이 거기에서 성립한다.

마르크스는 인간의 노동에 대하여 다음과 같이 말하고 있다.

> ……우리가 전제하는 노동은 인간에게만 속하는 형태의 노동이다. 거미는 방적공의 작업과 비슷한 일을 하며, 꿀벌의 벌집 구조는 많은 인간 목수를 무색하게 만든다. 하지만 원래 최하급의 목수라도 최상급의 꿀벌보다 뛰어난데, 그 까닭은 목수는 벌집을 밀랍으로 만들기 전에 먼저 머릿속에 그것을 만들기 때문이다. 노동과정의 시초에 이미 노동자의 머릿속에 관념적으로 존재하고 있던 것이 노동과정의 끝에 결과로서 나오는 것이다.
>
> 노동자는 자연을 변형시키는 데 그치지 않는다. 동시에 자연 속에서 자신의 목적을 실현한다. 그 목적은 그가 알고 있는 것이고 그의 행동을 규율하며, 더욱이 그의 의식을 종속시키지 않으면 안되는 것이다. 게다가 의지를 종속시키는 것만으로 끝나지 않는다. 노동하는 기관의 긴장 외에도 주의력으로 나타나는 합목적적 의지가 노동이 계속되는 전 기간에 걸쳐서 필요하다.(『자본론』)

확실히 마르크스는 인간의 생애가 늘 목적지향적이고 표상에 의해 이루어지고 있음을 강조하는 것처럼 보인다. 하지만 인간이 그러한 '능력'을 지닌다는 것은, 바꾸어 말해서 거미나 꿀벌 같은 능력을 갖지 못한 결과이다. "인간에게 역사가 있는 것은 그들이 그들의 생활을 생산하지 않으면 안되며, 더욱이 일정한 양식 속에서 그렇게 하지 않으면 안되기 때문이다. 이것은 그들의 신체조직에 의해서 부여받을 수밖에 없다."(『독일 이데올로기』) '표상'이나 '목적'은 인간에게 선험적인 것은 아니다. 그것들은 결여나 지연에 의해 존재하는 것이다.

그러나 마르크스주의에서는 이 목적의식성이 강조된다. 레닌에 따르면 사회주의란 자본제경제의 무정부성을 지양하고 "사회가 하나의 공장이 된다"는 식으로 의식적인 통제 아래 놓이는 체제이다. 이것은 한 공장 내부에서 나타나는 자본가적 태도의 연장이나 다를 바 없다. 말할 필요도 없이 자본제사회를 존립시키는 불투과성은 무정부성 같은 것이 아니다. 마르크스가 상대적 잉여가치의 근거를 다음과 같은 점에서 찾고 있음을 상기해야 한다. "노동력의 사용가치는 고작 얼마 후에 행해지는 힘의 발현에 있다. 그러므로 힘의 양도(Veräußerung)와 힘의 현실적 발현(Äußerung), 곧 사용가치로서 힘의 현존재란 시간적으로 떨어져 있다." 한 사람 한 사람의 노동자는 그들이 '노동력'을 판 후 '분업과 협동'에 의해 생산된 부분에 대해서는 지불을 요구할 수 없다. 그들은 개별적으로 계약했던 것이며, '그들'이란 그 시점에서는 존재하지 않았기 때문이다.

결국 상대적 잉여가치를 가능케 하는 것은 그러한 시간적인 엇갈림이며, 이것을 목적의식을 통해 지배할 수는 없다. 하지만 마르크스주의는 거기서 성립하는 것이다. 예컨대 엥겔스는 이렇게 말하고 있다.

사회에 의한 생산수단의 점유와 함께 상품생산은 제거되고, 그와 동시에 생산자에 대한 생산물의 지배도 제거된다. 사회적 생산 내부에서 무정부 상태는 계획적·의식적인 조직에 의해 치환될 수 있다. 개별적 생존투쟁은 끝난다. 이와 함께 인간은 비로소 어떤 의미에서 궁극적으로 동물계와 분리되고 동물적 생존조건에서 빠져 나와 참으로 인간적인 생존조건으로 들어선다. 인간을 지금까지 지배해 온, 인간을 둘러싼 생활조건의 광대한 영역이 이제야 인간의 지배와 통제 아래 들어오며, 인간은 처음으로 그들이 자기 자신의 사회화의 주인이 됨으로써 자연의 의식적·현실적인 주인이 된다. 지금까지 그들에 대해 소원(疏遠)했던, 그들을 지배하는 자연법칙과 대립하고 있었던, 그들 자신의 사회적 행위의 법칙들은 완전한 지식에 기초해서 인간에 의해 적용되며 지배된다. 이제까지 자연과 역사의 강요로 인간과 대립하고 있었던 인간 자신의 사회화는 이제 그들 자신의 자유로운 행위가 된다. 지금까지 역사를 지배해 온 객관적이고 소원한 힘들은 인간 자신의 통제 아래 들어온다. 이리하여 처음으로 인간은 그들의 역사를 완전히 의식적으로 직접 만들게 될 것이며, 바야흐로 그들에 의해 운동에 던져졌던 사회적 원인들이 대개 언제나 고조되어 가는 정도에 따라 그들이 바라는 결과를 얻게 될 것이다. 그것은 필연의 왕국에서 자유의 왕국으로 가는 인류의 비약이다.(『반듀링론』)

마르크스는 이것에 대해 이렇게 말한다. "……하지만 이것은 여전히 필연의 왕국이다. 필연의 왕국의 피안에서 자기 목적으로서의 인간적 힘들의 발전이, 참된 자유의 왕국이 시작되지만, 그것은 단지 그 기초인 필연의 왕국 위에서만 꽃피울 수 있다."(『자본론』) 물론 양자의 차이는 명료한데, 마르크스가 이렇게 말할 때는 인간 존재의 '수고성'이 강조되고 있는 것이다.

스탈린주의에 대해 마르크스의 휴머니즘을 대치시키는 사고만큼 어리석은 것은 없다. 스탈린주의의 폭력성·비인간성은 인간의 주체성을 부인하는 데서 비롯된 것이 아니라, 반대로 그것을 절대화한 데서 기인한다. 그것은 마르크스주의 자체에 기원을 둠과 동시에, 이미 플라톤의 『국가』가 그런 것처럼 초월론적인 '의식'이나 '의미'에서 출발하는 한 불가피하다. 마르크스주의의 권력주의는 바로 서양의 형이상학, 곧 종교에서 유래하며 마르크스의 텍스트는 필연적으로 스탈린주의를 야기한다. 그러나 마르크스가 늘 강조한 것은 인간의 '목적성'이나 '주체성'에 있는 원근법적 도착임을 새겨 두어야 할 것이다.

이러저러한 프롤레타리아 또는 모든 프롤레타리아 자체가 한동안 어떤 목적을 마음속에 그리고 있는지가 문제는 아니다. 문제는 프롤레타리아가 무엇인가, 또 그의 존재에 상응하여 역사적으로 무엇을 하도록 되어 있는가 하는 점이다.(『신성가족』)

공산주의란 우리가 성취해야 할 어떤 상태, 현실이 지향해야 할 어떤 이상이 아니다. 우리는 현상을 지양하는 현실의 운동을 공산주의라고 명명한다. 이 운동의 조건들은 지금 현실에 존재하는 전제로부터 생겨난다.(『독일 이데올로기』)

따라서 사람들이 그들의 노동 생산물을 가치로서 상호 연관시키는 것은 이들의 물상(物象)이 그들에게 동등한 종류의, 인간적인 노동의 단순한 물상적 외피로서 의식을 갖기 때문은 아니다. 그 반대이다. 그들은 그들의 상이한 종류의 생산물을 교환을 통해 가치로서 상호 등치시킴으로써, 그들의 상이한 노동을 인간노동으로서 상호 등치시킨다. 그들은 그것을 의식하지 않지만 그렇게 행하고 있는 것이다.(『자본론』)

노동자 계급은 코뮌에서 기적을 기대하지 않았다. 그들은 인민의 명령에 따라 시작해야 했고, 어떤 기성품 같은 유토피아도 가지고 있지 않았다. ……그들은 붕괴되려는 낡은 부르주아 사회 그 자체가 안고 있는 새로운 사회의 요소들을 해방하는 것 외에는 실현해야 할 아무런 이상도 갖고 있지 않았다.(『프랑스에서의 내전』)

마르크스는 '문제'를 자발적으로 제기하는 일이 근본적으로는 수동적인 것이라고 강조한다. "인간은 해결 가능한 문제만을 제기한다." 그러나 그것은 구조주의자처럼 인간이 어떤 구조에 의해 강제되고 있음을 강조하는 것이 아니다. 왜냐하면 '구조'란 집의 구조이든 언어의 구조이든 그 자체가 목적론적으로만 파악되는 것이며, 우리는 지금 그것을 문제 삼고 있기 때문이다. 거기에는 미묘한 차이가 있다.

목적의식성 자체가 지연화에 기초한 수고성에서 비롯된다. 인간의 '의식'은 자발성·주체성으로 존재할 때는 그것을 깨닫지 못한다. 그러나 인간은 "의식하지 않는데 그렇게 행하"며, '생각하고 있는' 것과는 다른 일을 해버린다. 혁명이란 새로운 것을 창출하는 것이 아니다. 그것은 이미 일어나고 있는 '변화'를 따라잡는 것이다. 인간이 목적을 갖고 이에 맞선다면, 그것은 '더딤'을 과잉으로 만회하려는 것과 같다.

그러나 이 수고성을 결코 기독교적인 개념으로 잘못 이해해서는 안 된다. 오히려 그것은 그리스 비극적인 개념이다. '고통'이란 제거되어야 할 것도 아니며 원죄도 아니다. 왜냐하면 그것은 근원적인 '편차'이고 '유희' 이외의 아무 것도 아니기 때문이다.

종장

1

『독일 이데올로기』에서 마르크스는 '바깥쪽'에서 독일 철학을 보았다. 그러나 이 '바깥쪽'이 단지 독일의 바깥쪽일 리는 없다.

예컨대 마르크스는 다음과 같이 말하고 있다.

> 독일적 비판은 최근에 이르기까지 철학의 지반을 떠나지 않았다. 일반적·철학적인 전제들을 검토하기보다는 바로 모든 문제가 일정한 철학체계, 곧 헤겔 체계의 지반 위에서 성장했던 것이다. 다만 그 해답뿐만 아니라 이미 '문제' 자체 안에 하나의 신비화가 숨어 있었다. 헤겔에 대한 이러한 의존이야말로 최근의 비판자들이, 모두 헤겔을 초월하고 있다고 주장하면서도 아무도 헤겔 체계를 포괄적으로 비판하려는 시도조차 하지 못한 원인이다. 헤겔에 대한 그들의 논쟁과 그들 상호간의 논쟁은 각자가 헤겔 체계의 한 측면을 골라 내서, 이것을 전 체계와 다른 사람들이 골라 낸 측면들에 들이대는 데 그치고 있다. 게다가 처음에는 실체나 자기의식 같은 순수한 위조품이 아닌 헤겔적 범주가 선택되었지만, 나중에는 이들 범주도 유(類), 유일자, 인간 등과 같은 한층 유명한 이름에 의해 세속화되기에 이르렀다.

마르크스가 이것을 자각한 것은 두말할 나위도 없이 독일 철학이 통용되지 않는 이질적인 언어체계에서이다. 말하자면 마르크스는 "철학자들이 이해하기 쉬운 말로 하자면 소외란……"이라고 쓰고 있다. 철학자들이란 물론 독일 철학자들이다. 결국 그는 벌써 '소외'라는 말이 통용되지 않는 장소에서 사물을 생각하고 있다.

마르크스의 문체가 현저하게 변한 시기는 『독일 이데올로기』 이후이다. 사상가가 변한다는 것은 그의 문체가 변한다는 것을 의미한다. 이론적 내용이 변하여도 문체가 변하지 않는다면 사상가는 조금도 변한 것이 아니다. 헤겔과 절연하는 것은 무엇보다 헤겔적 용어와 절연하는 것이다. 마르크스가 파리에서 친교를 맺었던 하이네는 그러한 의미에서 청년 헤겔파와는 관계없는 지점에서 『독일 고전철학의 본질』을 생각하게 하는 문체를 갖고 있었다. 파리에 오래 머물렀던 '유럽인' 하이네에게는 독일식 철학언어가 거의 익살로 보였다. 마르크스도 마찬가지였다. 그러나 그것은 프랑스적 사고가 우월하다는 것을 의미하는 것은 아니다.

중요한 것은 마르크스가 헤겔 철학으로부터 이탈한 시점이 헤겔적 용어를 방기한 것과 동시였다는 사실이다. 예컨대 소외라는 말 자체가 헤겔의 '문제' 안에 있는 것이므로 그것을 포이어바흐식으로 전도시켜도 여전히 헤겔의 틀 안에 머물고 만다. 우리는 오늘날에도 경솔하게 『경제학 철학 초고』를 추종하던 사람이 불가피하게 헤겔적 사고에 휘말리고 만 예를 얼마든지 볼 수 있다. 경계해야 할 것은 언어이다. 우리가 사유하는 것이 아니라 언어가 사유하게 한다는 것, 그것이 『독일 이데올로기』에 담겨 있는 마르크스의 인식이다. 그러나 이 인식은 더 철저해지지 않으면 안된다.

이국에 체류한다는 사실 자체에 무언가가 있다. 네덜란드에 살면서 사유했던 데카르트에 대해 발레리는 다음과 같이 말하고 있다. "철학자라는 직업에 있어서 이해하지 못한다는 것은 본질적이다. 그는 어느 별에서 뚝 떨어진 존재여야 하며 영원한 이방인이 되지 않으면 안된다. 그들은 지극히 평범한 사항에도 깜짝 놀라도록 애쓰지 않으면 안된다."

(『네덜란드에서의 귀로』) 그러나 발레리가 간과하고 있는 것은 첫째로 네덜란드(암스테르담)가 당시 가장 발달한 상업도시였다는 사실이다. 바꾸어 말하면 데카르트는 실질적인 계서제를 가진 중세적 세계상에 대해서, 그것을 단지 '연장'(延長)으로 보는 듯한 시점을 가능케 했던 것이 무엇인지에 대해 놀라지 않았다. 말할 나위도 없이 그것은 상업적인 시민사회였다. 그리고 그것은 상품이라는 '지극히 평범한 사항'에 놀란 또 한 사람의 '영원한 이방인'에 의해 비로소 근본적으로 파헤쳐진다.

둘째로 발레리가 보지 못한 것은 데카르트의 코기토(cogito, "나는 생각한다"라는 뜻의 라틴어—옮긴이)가 결국 인도 유럽어에서 '주어'일 따름이라는 점이다. 니체가 다음과 같이 말할 때 그는 서구 철학 전체에 침투해 있는 경향성을 그 문법체계에서 발견하고 있다.

개개의 철학적 개념은 결코 임의로 그 자체에서만 생기는 것이 아니라 상호 관계와 연관 속에서 성장한다. 또 그것은 얼핏 보아 아무리 당돌하게 자의적으로 사고의 역사 속에 나타나고 있을지라도 사실 하나의 체계에 속하는 것으로, 마치 어떤 대륙에 서식하는 모든 생물이 하나의 계통에 속하는 것과 같다. 이상의 사실은 전혀 다른 철학자들도 결국은 어떤 생각해야 할 근본방식을 항상 반복하고, 더구나 확실하게 충족시키고 있다는 사실에 의해서도 숙지될 것이다. 그들은 눈에 보이지 않는 주술의 힘이 미치는 영역 안에 있으며 같은 궤도를 항상 다시 돌아다닌다. 그들은 비판적이거나 체계적인 의지를 갖고 서로 독립해 있는 것처럼 느낄 것이다. 더구나 그들 안의 뭔가가 늘 그들을 이끌고 있다. 곧 그의 본유 개념의 체계와 유연(類緣)이 그들을 일정한 순서에 따라서 잇달아 몰아세워 간다.

사실 그들의 사고는 발견이 아니라 오히려 재인식, 회상이며 그들의 개념이 일찍이 그것에서 생겨나온바, 먼 옛날의 영혼의 공유재(公

114

有財)로의 복귀이며 귀향이다. 이런 한에서 철학을 한다는 것은 일종의 최고급 격세유전이다. 인도, 그리스, 독일의 모든 철학적 사고를 관통하는 놀랄 만한 혈연적 유사성은 간단히 설명된다. 여기에는 언어와의 연관성(類緣)이 있다. 그렇다면 문법이 공통되는 철학에 의해(다시 말해 똑같은 문법적 기능에 의한 무의식의 지배와 지도에 의해) 처음부터 철학체계가 동질적인 전개와 순열을 이루어야 할 규칙을 가지는 것은 피하기 어렵다. 동시에 세계해석의 다른 가능성으로 가는 길이 막히는 것도 어쩔 수 없다. 우랄 알타이어에서는 주어의 개념이 아주 발달해 있지는 않지만, 이 언어권 내의 철학자들이 인도 게르만족이나 이슬람 교도와는 다른 눈으로 '세계를 응시하고', 다른 길을 걷고 있는 것은 더러 있을 법한 일이다. 어떤 문법적 기능이 주술의 힘으로 꼼짝 못하게 되는 것은 궁극적으로 생리적인 가치판단과 인종조건이 주술의 힘으로 꼼짝 못하게 되는 것과 같다. 이상은 관념의 기원에 대한 로크의 천박함을 경계하기 위하여 기술한 것이다.(『선악의 피안』)

니체가 말한 '우랄 알타이어'에 속하는 일본인은, 주어에서 탈출하고자 하는 서양인의 노력이 얼마나 고달픈지 상상할 수 있다. 물론 그 반대로 주어(주체)를 확립하고자 노력해 왔던 근대 일본의 경험에서 보자면 그렇다는 말이다. '주어'가 언제나 폭력적인 규제력을 가진 서양 문법에서 주어라는 장소의 부재를 주창하는 것 자체가 어려운 일이다. 거기에는 주어(의미되는 것)가 언제나 술어(의미하는 것)보다 우위에 선다는 구조가 따라다니고 있다.

다시 말하면 be 동사는 논리학과 존재론을 자연스럽고 자명한 것으로 삼는다. 예컨대 "The dog runs"는 "The dog is running"으로 변형이 가능하지만, 그 결과 모든 사건이나 활동에 '존재'가 개재하게 되고, 또 'is'는 계사(繫詞)로서 "The dog is an animal"과 같은 논리적

판단이 되어 버린다. 논리학과 존재론은 이른바 문법적인 습성으로서 서양의 형이상학을 불가피한 것으로 만들어 왔다고 해도 좋을 것이다. 그러나 '화폐의 형이상학'이라는 관점에서 보게 되면 이것은 결코 서양만의 고유한 것일 수는 없다.

이를테면 고전경제학은 "상품 A의 가치는 이것 이것이다"라고 생각한다. 그 때문에 가치는 본질(이라는 것)이다. 이것에 대하여 마르크스는 상품 A의 가치는 B의 사용가치에 의해 의미된다고 바꾸어 말한다. 여기에서 '존재'는 '관계'로 변형되고, 의미하는 것으로서의 사용가치가 가치에 비해 우월하다. 내가 '화폐의 형이상학'이라 부른 것은 화폐형태가 '관계'를 '존재'로 만들어 버리기 때문이다. 그러므로 마르크스가 하려고 한 것은 주어와 술어의 전도와는 다르다.

마르크스는 『자본론』 서문에서 다음과 같이 말한다.

나의 변증법적 방법은 근본적으로 헤겔의 그것과 다를 뿐만 아니라 오히려 그것과 정반대다. 헤겔에게 있어서는 그가 이념이라는 이름 아래 독립적인 주체로까지 전환시키고 있는 사유과정이야말로 현실세계의 창조자이고, 현실세계는 이 창조자의 외적 현상에 불과하다. 내 경우는 반대로 이념적인 것은 인간의 두뇌에 반영되어 거기에서 사고의 형태로 변형된 물질적인 것 이외에 아무 것도 아니다.

나는 약 30년 전 헤겔 변증법이 아직 유행하고 있던 당시에 헤겔 변증법의 신비화된 측면을 비판했다. 그런데 내가 『자본론』 1권을 마무리하던 바로 그 무렵 독일의 지식인들 사이에서 활개치던 말 많고 거만하고 무능한 아류들이 헤겔을, 마치 레싱 시대에 용감한 모제스 멘델스존이 스피노자를 취급한 것처럼, '죽은 개'로 취급하면서 득의만만해 하기 시작했다. 그래서 나는 스스로 이 위대한 사상가의 제자임을 공개적으로 인정하고, 나아가 가치론에 대한 장(章) 여기저기에서 헤겔 특유의 표현방식을 흉내내기까지 했다. 변증법이 헤겔에게서 신비화되었다고는 해도, 그러나 변증법의 일반적인 운동형태를 처음으로 포괄적이고 의식적으로 서술했던 사람이 다름 아닌 헤겔이었다는 사실에는 조금도 변함이 없다. 헤겔에게 변증법은 물구나무 서 있다. 신비한 베일 속에서 합리적인 핵심을 발견하려면 그것을 바로 세워야 한다.

그러나 단지 주어와 술어를 뒤바꾸는 것만으로는 헤겔의 논리학(존재론)을 뛰어넘을 수 없다. 헤겔에 대한 비판이 매우 어려운 까닭은 바로 헤겔 논리학이 플라톤에서 시작한 서구 형이상학의 대표로서 존재하기 때문이다. 분명히 마르크스는 헤겔을 바로 세웠다. 하지만 어려움은 바로 거기에서 시작된다. 말할 필요도 없이 변증법은 주어와 술어에 의해 성립하는 논리학인데, 술어가 주어로 되는 정도로는 아무 것도 되지 않는다. 처음부터 의심하지 않으면 안되는 것은 주어와 술어, 의미되는 것과 의미하는 것이라는 이분법 자체이다.

예를 들면 마르크스가 "상품 A의 '가치'는 B의 사용가치에 의해 의미된다"고 할 때, 이미 있지도 않은 '가치'가 문법적으로 출현하고 있다. 그렇기 때문에 이 표현은 그 스스로 의미되는 것으로서의 가치를 미리 전제해 버린다. 마르크스의 가치형태론이 헤겔 변증법의 진정한 해체가 되기 위해서는, 단지 주어와 술어를 뒤바꾸는 것뿐만 아니라 '주어와 술어'의 구조 자체를 파생시킨 기원에 대한 문제를 읽어 내야 한다. "아직 생각되고 있지 않은 것"(하이데거)을 읽어 내야 한다.

하이데거는 니체에 대해서 이렇게 말하고 있다.

니체의 철학은 그 자신이 증언한 바와 같이 하나의 전도된 플라톤주의다. 그래서 우리는 묻는다. 플라톤주의에 고유한 미와 진리의 관계는 도대체 어떤 것이기에 전도를 통해 다른 관계로 되는 것일까?

이 물음은, 만약 플라톤주의의 '전도'라는 것이 플라톤의 명제들을 단지 반대로 만드는 정도의 조작과 동일시해도 좋다면, 단순한 환치로도 쉽게 대답할 수 있을 것이다. 확실히 니체 자신이 사태를 종종 그러한 상태로 표현하고 있다. 더욱이 그것은 대략적인 방식으로 일을 간단하게 처리하기 위해서뿐 아니라, 그 자신이 때로는 뭔가 다른 것을 찾고 있으면서도 실제로는 그런 방식으로 사유하고 있다는 데 기인하고 있다.

후기, 그것도 그의 사색가로서의 과업이 파국에 이르기 직전에야 비로소 니체는 이 플라톤주의의 전도를 갖고 자신이 어디로 떠밀려 왔는지를, 그리고 그것이 미치는 의미의 구석구석을 명확히 통찰한다. 게다가 이 전도의 필연성, 곧 그것이 니힐리즘의 극복이라는 과제에 의해 요구된 것이라는 사실을 파악할 때, 니체에게 이것은 더욱 명료해진다. 그러므로 우리는 플라톤주의의 전도를 명확히 하기 위해서는 우선 그 구조형태로부터 출발하지 않으면 안된다. 플라톤에게는 초감성적인 것이 참된 세계이다. 참된 세계가 규범적인 것으로서 상위에 두어진다. 감성적인 것은 외관의 세계로서 하위에 자리가 정해진다. 상위의 것이 선행적인 동시에 유일하게 규범적인 것이며 따라서 희구되는 것이다. 전도를 거친 뒤에는—이것은 공식적으로 수월하게 답을 낼 수 있다—감성적인 것, 외관의 세계가 상위에, 그리고 초감성적인 것, 참된 세계가 하위에 오게 된다. 이미 서술한 것을 되돌아보고 확인할 수 있듯이 니체가 기술하고 있는 '참된 세계'와 '외관의 세계'는 이미 플라톤의 말 속에는 없다.

하지만 감성적인 것이 상위에 있다는 것은 도대체 무엇을 의미할까? 그것은 곧 감성적인 것이 참된 것이고 본래적인 존재자라는 뜻이다. 만약 전도가 단지 이와 같은 방식으로만 이해된다면 그것은 이른바 상위와 하위라는 공허한 위치짓기를 고집하다가, 다른 것이 그 위치를 점하는 결과를 낳을 뿐이다. 그리고 이 상위, 하위라는 위치짓기가 플라톤주의의 구조형태를 규정하는 한, 위치짓기의 보존은 플라톤주의를 본질적으로 존속시킨다. 이러한 전도는, 니힐리즘을 극복하기 위해 그것이 본래 수행해야 할 플라톤주의를 근저에서부터 극복하는 일을 결코 이루지 못한다. 상위라는 위치짓기 자체가 배제되고 하나의 참된 것, 희구해야 할 것을 미리 단정짓지 않을 때, 요컨대 이상적인 의미에서 참된 세계 자체가 제거될 때 비로소 그러한 시도는 성공한다. 참된 세계가 제거될 때 무슨 일이 일어날 것인가? 그때도 여전히 외관의 세계는 존속할 것인가? 아니다. 외관의 세계가 외관의 세계일 수 있는 것은, 단지 참된 세계와 대립할 때뿐이다. 참된 세계가 무너지면 외관의 세계도 무너져야 한다. 그때 비로소 플라톤주의는 극복된다. 다시 말해서 철학적 사유가 플라톤주의로부터 전환탈출(herausdrehen)하는 형태로 전도되는 것이다. 그러나 그때 과연 어떤 지경에 이르게 될까?

니체에게 플라톤주의의 전도가 플라톤주의로부터의 전환탈출이 되었을 때, 광기가 그를 엄습했다. 이 전도가 대체로 니체가 성취했던 궁극적인 발자취였고, 니체의 창조적 마지막 해(1888)에 처음으로 명확하게 이루어졌다는 것이 지금까지 인식되지 않았다.(『니체』)

우리는 '숨은 구조' '하부구조' '심층구조'라는 생각에 플라톤주의가 살아남아 있다는 것을 인식해야 한다. 그렇다면 하이데거가 지적한 이 어려움은 그의 존재론적 물음에 의해 타개된 것일까? 니체는 '존재'라는 개념을 추방했음에도 불구하고 하이데거는 니체가 말한 것을 존재론적으로 고쳐서 재해석하고 있다. 바꾸어 말하면 하이데거는 니체가 말한 '문법'으로 되돌아가 버리고 있다. 바로 그것이 '어려움'이라는 것이다.

마르크스가 시도한 헤겔 철학의 전도는 처음부터 끝까지 헤겔의 용어 속에서 이루어졌을 따름이다. 그러나 다른 어떤 책의 헤겔 비판보다도『자본론』의 이러한 헤겔적인 충실함이야말로 헤겔 철학을 부정하고 있는 것이 아닐까?『자본론』을 읽는 것은 그 어려움 속에 몸을 던지는 것이다.

2부

역사에 대하여—다케다 다이준

다케다 다이준(武田泰淳)의 부음을 들은 것은 11월 중순이다. 그 일이 있기 얼마 전에 나는 근친의 죽음을 접했다. 두 경우 모두 웬일인지 나와는 거리가 먼 일처럼 생각되었다. 사실 나는 멀리 떨어져 살고 있었다. 하지만 꼭 그 때문만은 아니다. 부재(不在)라는 것과 죽음은 어떻게 다른 것일까 하는 생각이 어렴풋이 머리를 떠나지 않았다.

다이준은 이른바 죽음의 전문가였다. 본디 살아 있는 사람이 죽음의 전문가가 될 수는 없다. 죽음은 개인에게 관념의 문제이다. 극락이나 지옥도 죽음이 오로지 관념의 문제인 까닭에 근거를 가지고 있다. 그래서 다이준은 오히려 관념의 전문가였다고 해야 할지도 모른다. 다케다 다이준의 '극한지향'(極限志向)이란 바로 그런 것이다. 왜냐하면 극한이란 사고 안에서만 존재하고 애초부터 관념의 문제이기 때문이다. 따라서 관념다운 관념은 극한상황, 곧 죽음으로부터 출발하고, 또 그런 관념에 충실하게 살고자 한다면 죽은 것과 다름 없이 된다.

그러나 다이준을 '죽음의 전문가'라고 부른 것은 관념의 전문가라는 의미에서가 아니라 좀더 구체적으로 장례식의 전문가라는 의미에서다. 그는 승려의 아들로서 자신도 승려가 되었다. 그래서 그는 죽음에 대한 장대한 관념체계나 의학적인 관찰보다도 죽음의 사회적 양상에 일찍부터 정통했던 것이다.

우리의 의식에서는 타인의 죽음만이 존재한다고 하이데거는 말했지만, 나는 그러한 현상학적 관점도 문제가 있다고 생각한다. 누군가가 부재한다는 것과 죽었다는 것의 차이가 우리의 의식 속에서는 엄밀히 구별되지 않기 때문이다. 미개인은 무엇보다 죽은 자를 두려워한다. 그것은 죽은 자가 아직 살아 있다라는 것인데 우리의 장례식도 역시 그런 관념에 머물고 있다. 원래 불교처럼 근본적인(radical) 개인주의적 종교는 장례와는 관련이 없지만, 그것을 허용하지 않고서는 사회적으로 존속할 수 없었다.

타인의 죽음이 부재가 아니라 확실히 죽음이기 위해서는 뭔가 다른 조건이 필요하다. 따라서 죽음은 단지 물리적인 문제도 아니고 관념의 문제도 아니다. 죽음은 이른바 제도의 문제이다. 장례제도를 갖고 있지 않은 사회는 존재하지 않는다(비코)는 사실이 그것을 입증한다. 어떤 인간의 죽음은 그가 일정하게 차지하고 있던 관계에 공백이 생기는 일이며, 살아남은 자는 그것을 메우고, 그를 배제하고서 관계를 새롭게 재편성하지 않으면 안된다. 그렇게 하지 않은 동안은 죽은 자는 아직 살아 있는 것이다.

나의 적잖은 경험을 비춰 볼 때 장례식에는 잔혹한 면이 있다. 나는 그것이 장례식이 형해화되어 온 이유라고 생각했는데, 사실은 그렇지 않았다. 죽은 자를 애도한다든가 슬퍼한다든가 하는, 인류사에서 비교적 근대에 속하는 관념의 저 밑바닥에 장례식의 본질이 숨겨져 있다. 그것은 죽은 자를 정말로 죽여 버리는 것, 말하자면 죽은 자를 살아 있는 자의 세계에서 추방하는 것이다. 그렇기 때문에 죽음은 물리적으로 생각되는 순간의 사실도 아니고 살아남은 자의 비애나 상실이라는 의식적 사실도 아니며, 일정한 폭을 가진 공시(共時)적인 사건이다. 그것은 하나의 관계의 체계가 다른 체계로 변형되는 과정 전체를 가리킨다. 사람이 죽고 그 뒤에 장례가 있는 것이 아니라, 장례도 죽음의 일부인 것이다. 우리는 시간이 갈수록 슬픔을 잊고 그 사람의 부재에 익숙해져 간다. 하지만 그때에야 비로소 '죽음'이 완료된다. 죽은 자는 이제 부재자와 다르게 되고 살아 있는 자가 재편성한 관계의 체계 속으로 들어갈 여지가 없게 된다.

나는 작년(1976) 가을부터 예일 대학에서 일본문학을 가르치고 있고, '전후 문학'이라는 강좌에서 학생들에게 다케다 다이준의 초기 단편 몇 작품을 읽게 했던 적이 있다. 그것은 도무지 마음이 내키지 않았다. 나는 소설가로서보다도 '외국' 문학가로서 다이준, 나아가 상하이(上海)에서 패전을 경험했던 다이준을 의식했다. 그것은 다분히 내가 외국에 있었던 탓이기도 하지만, 그보다는 중국인 학자들과 만날 기회가 많았기 때문이다. 마오쩌둥의 죽음과 뒤이은 정치적 혼란이 화제가 될 무렵, 나는 다이준의 『사마천(司馬遷)—사기(史記)의 세계』를 떠올리고 있었다. 사실 중국인들도 암묵적으로는 그 과정을 『사기』의 이미지로 파악하고 있었다. 이데올로기적 외피에도 불구하고 2천 년 전의 사건이 재현되고 있는 것 같아 나는 내심 당혹스러웠다. 『사기』는 근대정치학이나 마르크스주의 용어로는 이해할 수 없는 것을 우리에게 시사해 준다. 그러나 사실은 반대로 그러한 때에만 『사기』라는 텍스트가 의미를 갖기 시작한다. 다이준의 책은 『사기』의 역사학적 해명이 아니다. 『사기』라는 텍스트는 이미 무엇으로도 환원할 수 없는 '의미하는 것'으로서 존재하기 시작한다. 다케다 다이준이 발견했던 것은 그러한 『사기』였으리라. 다이준의 독해가 다른 누구와도 다른 점은 현대로 『사기』를 보거나 『사기』로 현대를 보는 것이 아니라, 바로 『사기』의 구조를 읽으면서 그 비밀을 밝히고자 한 데 있다.

이를테면 진(秦)의 시황제는 순유선(巡遊先)에서 죽을 때 장자를 후계자로 삼으라는 조서(詔書)를 환관 조고(趙高)에게 주었다. 조고는 장자가 제위를 계승하는 것이 두려워 천자의 서거를 비밀에 부치고 공표하지 않은 채, 시황제의 조서를 받았다고 거짓말하면서 막내인 호해(胡亥)를 옹립하고 급히 궁정으로 귀환한다. "날씨가 더워서 황제의 시신을 실은 수레에서 냄새가 나자 하인에게 명하여 각 수레에 소금에 절인 생선을 한 섬씩 싣게 해서 시체의 냄새를 감추었다."(『사기』)

그러나 두려운 것은 그들의 행위가 아니라 시황제의 죽음으로 생겨난 한순간의 진공이다. 오히려 그들이야말로 이 진공상태에 겁을 먹고 공포에 사로잡혀 궁정으로 급히 돌아간 것이다. 시황제의 죽음을 장자(長子) 진영이 알게 되면 사태는 역전된다. 시황제는 아직 죽은 것이 아니다! 그가 죽는 것은 누군가가 시황제를 대신하는 관계의 질서를 형성할 때이다.

다케다 다이준은 쓰고 있다.

더더구나 시황제의 임종 정경은 생전의 엄연한 모습이 상세(詳細)한 만큼 앗 하고 기겁할 정도로 사람을 놀라게 하는 바가 있다. 절대자의 죽음, '세계 중심'의 죽음, 세계 통일자의 죽음이라 부를 정도로 사람의 눈을 끄는 역사적 사건이다. 특히 「본기」(本紀) 속에서 그것을 다루려고 한다면 문제는 더욱 커진다. 그러나 사마천은 전혀 아무렇지도 않게 시종 간단명료하게 써 내려가고 있다. "시황제는 죽음을 말하기를 싫어했다"고 쓰고 있다. "시황, 죽음을 말하는 것을 싫어하다." 지상의 절대자가 죽음에 직면하여 여전히 생명에 집착하고, 황제의 자리에서 집념의 불길에 휩싸이는 정경을, 이 단 한 구절로 끝맺고 있다.

그러나 시황제가 단지 생명에만 집착하고 있었다고 보는 것은 정확하지 않을 것이다. 그는 '죽음'이 무엇인지 알고 있었다. 그것은 실제로 그 뒤에 일어난 사건이다. 이와 같이 명확하게 '죽음'의 본질이 만천하에 드러날 때 죽음의 관념은 아무 것도 아니게 된다. 오히려 죽음의 관념은 언제나 죽음이 어떤 것인지를 은폐하고 있다. 『사기』의 어디에도 쓰여 있지 않지만 그 구조를 지탱하고 있는 것은 이 죽음 또는 이 진공에 대한 공포라고 생각한다. 특별히 흉악한 인간이나 교활한 인간이 있는 것이 아니다. 그들은 오히려 진공을 두려워하거나 또는 진공에 매료

당하여 행동한 데 불과하다. 『사기』는 중심의 부재 또는 그것이 갑자기 열어 보이는 근원적 혼돈 — 그것은 쓰여 있지 않다 — 에 의해 성립한다고 볼 수 있다.

하지만 우리는 이와 같은 진공을 상상하는 데 그렇게 큰 무대가 필요한 것은 아니다. 예컨대 언어라는 체계를 생각해 보는 것으로 충분하다. 소쉬르가 언어를 차이짓기의 체계로서 파악한 것은 잘 알려져 있다. 그것은 음성과 의미(관념)의 결합은 자의적이고 의미(시니피에)는 단지 음성(시니피앙)의 차이에 의해서, 다시 말하면 상이한 음성의 '사이'에서 생겨난다는 것이다. 의미는 선행하여 존재하는 것이 아니라 이른바 일종의 '진공'에서 생겨난다. 그것은 무(無)가 아니다. '존재와 무'(사르트르)는 거기에서 파생한 데 지나지 않는다.

물론 이 자의성이란 사람이 임의로 바꿀 수 있음을 의미하는 것은 아니다. "자의성이라는 말은 시니피앙의 선택이 전적으로 화자에게 맡겨져 있음을 의미하지는 않는다. 일단 그것이 언어공동체에서 확립되면 화자는 그것을 바꿀 수 있는 힘을 갖지 못한다"(소쉬르). 그렇다기보다 언어가 언어로서 존재할 때는 이미 '진공'은 있을 수 없는 것이다. 이미 세계는 의미로 가득 차 있기 때문이다. 이를테면 개(犬)라는 개념은 각 국어마다 음성이 다르기 때문에 개(犬)와 이누(イヌ)의 관계는 자의적이라고만 해서는 불충분하다. 그러면 개(犬)라는 개념이 원래 있다고 생각되기 때문이다. 그런 것이 아니라 개(犬)라는 개념 자체가 차이에서 생겨난 것이고, 그래서 그것이 개념이 되자마자 '진공'을 닫아 버리는 것이다.

그것은 새로운 말이 형성되는 경우를 보면 확실해진다. 예를 들어 '쫄깃쫄깃'이라는 음성이 나타났을 때, 누구든지 그 의미는 알고 있어도 그것이 무엇인지 설명하기는 어렵다. 그 음성 자체에는 의미가 없기 때문이다. 그러나 이 말이 일단 정착되면 그 음성이 의미를 지닐 뿐 아니라 그 의미가 음성으로 표시되는 것처럼 보일 것이다. 모든 말이 그런 내력을 갖고 있다.

또 하나의 예를 들어보자. 스마트(smart)라는 말은 영어로는 대체로 머리가 좋다는 의미지만, 일본어에서는 다르다. 그렇다고 해서 일본인이 영어를 엉터리로 사용하고 있다고 해서는 안된다. 영어로 smart의 의미는 clever, bright, brilliant, wise 등의 말과 관련되어 있다. 본시 그것을 정확히 번역하는 일은 불가능하다. 역으로 스마트가 일본어의 체계 속에 정착할 때는 호리호리한, 세련된, 멋있는 등의 말과 관련이 있고, 게다가 다른 어떤 말로도 옮겨 놓을 수 없는 의미를 지닌다. 덧붙일 필요도 없이 스마트라는 말이 정착하기까지 그 말에 그런 의미는 없었다. 결국 어떤 의미가 스마트라는 말로 표현된 것이 아니라 스마트라는 음성과 다른 음성과의 차이에서 스마트라는 의미가 생겨 나온 것이다. 일단 그것이 정착하면 그것이 없었을 때와는 다른 언어체계가 형성되며 다른 말의 의미도 변형된다.

물론 누구도 이 과정을 의식할 수는 없다. 의식에는 언제나 형성된 의미가 반영될 뿐이다. 그럼에도 불구하고 '언어의 변화'라는 무심한 사태에는 늘 폭력적인 광경이 숨어 있다. 하나의 체계에서 또 하나의 체계로의 '변화'에는 죽음과 살해가 숨어 있다. 누구도 이것을 의식적으로 행하지는 않는다. 그러나 '언어를 중요하게' 여기든 그렇지 않든 우리는 죽이고 있는 것이고, 역설적으로 아무리 의식적으로 죽이려고 해도 죽일 수 없는 것이다. 우리의 의식은 이미 의미로 가득 차 있고 저 '진공'으로부터 격리되어 있다.

다케다 다이준이 『사기』에서 독해한 것은 그러한 진공이었다고 해도 좋다. 그는 『사기』 전체를 뒤덮는 듯한 의미가 있다고는 보지 않는다. 이를테면 다이준은 사마천이 노자(老子)적인 철학을 중시했다는 것을 시사하고 있다. 그러나 그 철학이 『사기』를 뒤덮고 있지는 않다. 확실히

『사기』에서는 유교가 상대화되어 있지만 다른 관념에 의해 상대화되고 있는 것은 아니다. 공자를 관계의 체계 속에 놓음으로써 초월론적 관념을 해체해 버리는 것이다. 아마 노자도 그것이 철학으로 존재하는 한 역시 해체되어 버릴 것이다. 그럼에도 『사기』의 방법은 다이준이 말한 것처럼 노장(老莊)적이라고 해도 좋다.

다케다 다이준은 「태사공자서」(太史公自序)에서 사마천의 아버지 사마담(司馬談)의 도가에 대한 이론을 인용하고 나서 다음과 같이 말하고 있다.

망막하여 파악하기 어려운 문장이다. 매끈거리는 것이 손에서 빠져나가듯 의미를 판명할 수 없다. 그러나 현실의 모습, 역사의 형태를 어렴풋이 상징하는 데는 뛰어난 말이다. "무형(無形)의 도(道)와 조화를 이루고 만물을 흡족시킨다" "음양가가 주장하는 자연의 도리에 순응한다" "만물의 실체(情)를 통찰한다" "만물의 주인이 된다" "혼혼명명(混混冥冥, 우주의 원기가 뒤섞여 헤아릴 수 없는 상태─옮긴이)한 대도(大道)와 하나가 되면 천하를 비출 수 있고, (태초의 형체가) 구분이 없었던 무명(無名)의 상태로 돌아갈 수 있다"는 것은 역사가의 숙원이 아닐까? 굳이 말하라면 이것들은 너무나도 거대한 업(業)이라고 할 수 있을 것이다. 그 때문이라도 그 업은 고난이다. 한없이 지독한 것이다. "완성된 세(勢)도 없고, 일정한 형(形)도 없다." 의지해야 할 흔해 빠진 역사이론은 가장 먼저 버리지 않으면 안된다. 유가의 법칙, 묵가의 법칙, 모든 형식적 법칙은 무시하지 않으면 안된다. "법칙은 있어도 법칙이 없는 것 같고" "규준은 있어도 규준이 없는 것 같은" 세계이다. 이 세계를 대상으로 이제 그는 세계사를 쓰는 것이다. 그는 육파(六派)의 어디에도 안주할 수 없다. 그는 오로지 홀로 역사적 현실 앞에 서 있다. 그는 무엇을 하면 좋다는 것일까? 그런 그의 귀에는 단 하나의 작지만 믿음직한 소리가 들려온다. '도가' '황로(黃老)의 도(道)' '노장(老莊)적 사고방식'은 위대하다. 그것은 '무위자연'(無爲自然)이라고.

여기에서 우리는 모든 형(形, 체계)의 근저에 있는 '혼혼명명한' '무명의 상태'에 대한 전망을 발견할 수 있다. 물론『사기』에 있는 것은 이러한 철학이 아니다. 오히려 '혼혼명명'은 행간에만 존재한다. 노장사상과는 반대로 사마천의 관심은 바로 '형'(形)에 있었다. 게다가 그것은 '무형'에서 보아야만 파악할 수 있는 것이다.

어쩌면 이 역설은 다케다 다이준의 불교에도 들어맞는다.

용수(龍樹)의 '공관'(空觀)이라는 것은 당시의 자연과학에 의해 달성된 가장 확고한 체계이다. 그것은 냉정하기 그지없는 자연변증법으로서 선남선녀는 한발짝도 접근하기 어려운데, 하물며 무상(無常)을 간판삼아 유혹하고 애잔함을 자아내려고 하는 것 같은 짜임새로는 가능할 리 없다. 일본에서는 만세일계(萬世一系, 영원히 동일한 계통이 이어지는 것. 주로 일본 황실의 정통성을 강조할 때 쓰는 말이다―옮긴이)라든가 종적인 대인관계, 시간의 변화에 마음을 빼앗기는 습관이 있지만 불교는 원래 우주를 공간적으로 파악하고 물리 화학적으로 확인하는, 한쪽으로 기운 도그마를 배격하고자 출발한 것이기 때문에,『헤이케 이야기』(平家物語, 13세기 전반에 쓰인 산문체의 서사시로,『겐지 이야기』〔源氏物語〕와 함께 일본 고전문학을 대표하는 작품이다―옮긴이)적인 영탄(永嘆) 따위는 대단히 마음 약한, 속 좁은 사람들의 쓸데없는 걱정에 불과하다.(『끊임없는 윤회』〔生々流轉〕해설)

결국 불교란 그에게 종교적 관념이 아니라 방법이다. 그는 그런 식으로『사기』의 구조를 보려 한 것이다. 그는『사기』또는『사기』의 작자를 현대 역사학의 관점에서 보려고 하지 않는다. 그는 단지 『사기』라는 텍스트의 구조에 초점을 맞춘다. 그가 문제삼은 것은 '세계 전체'가 아니라 『사기』라는 텍스트 전체이다. 사마천이 취한 구성(그것을 기전체〔紀傳體〕라고 한다─옮긴이)은 사실상 그가 창안한 것이 아니라 전통적으로 내려온 것이지만, 다이준은 그것마저도 무시한다. 『사기』라는 텍스트의 구조만을 문제삼은 것이다. 그는 어쩌면 사마천이 의도하지도 않았을 문제를 거기에서 발견했다. 하지만 나 역시 『사마천』이라는 비평작품에서 다케다 다이준이 의식하지 않았을 문제를 발견한다.

다케다 다이준은 사마천이 '인간의 역사'를 쓴 것, '개인'을 쓴 것을 강조하고 있는 듯이 보인다. 그리고 그것은 현대의 역사가가 쓴 작품에는 '인간'이 빠져 있다는 일반적인 비판과 연관이 있는 것처럼 보인다. 그런 의미에서 역사소설가란 '인간'을 묘사할 수 있다고 믿고 있다. 하지만 '인간의 역사'를 쓴다는 것이 개개인의 결단, 어리석음, 불안, 슬픔, 비열함에 대해 쓰는 것을 의미할까? 『사기』에 대한 인상은 어떤 역사소설과도 다케다 다이준의 역사소설과도 다르다. 『사기』가 보여 주는 독특한 리얼리티는 도저히 현대의 역사가나 소설가가 재현할 수 있는 것이 아니다. 『사기』가 '인간의 역사'임이 틀림없다고 한다면 그 말은 근본적으로 '인간'이라는 관념 자체가 다르다는 것을 의미할 따름이다. 다이준은 사마천이 개인을 썼다고 말한다. 하지만 그가 어떤 비평가와도 다른 점은 그것을 곧바로 다음과 같이 역전시켜 버린다는 점이다.

「본기」(本紀)는 항우(項羽) 개인에게만 중점을 둔 것은 아니다. 고조(高祖, 곧 유방〔劉邦〕)에게만 비중을 두고 있는 것도 아니다. 항우와 고조라는 대립하는 요소의 운동에 핵심이 있다. 항우가 없다면 「고조본기」(高祖本紀)도 없다. 서로 대립하지 않는 개인은 가치가 없어져 버린다. 여기서 문제가 되는 것은 왕과 신하의 관계가 아니다. 세계의 중심과 그 주위의 정치적 인물과의 관계이다. 근본적으로 대립하는 두 개인의 관계이다. 그리고 그 관계를 탐구하는 것이 어느새 「본기」의 내용을 깊이 있게 만든다. ……개인의 운명이 아니라 중심을 만들어낸 인간의 연관이 문제가 된다. '세계의 중심'을 입체적으로 조망하고 그 운동의 법칙을 다룸으로써 개인의 성격이 역사적으로 얼마나 중요한지가 확실히 드러나게 되는 것이다. '분노'나 '웃음'이나 '용기'나 '초조'나 '지혜', 그러한 개인적인 감정, 윤리, 능력 하나하나가 역사의 그림이 되어 선명하게 떠올라 오는 것은 바로 이때다.

그들은 분노하기도 하고 웃기도 한다. 하지만 『사기』에서는 "'웃음'도 '분노'도 세계를 움직인다"는 것이다. 말할 필요도 없이 세계를 움직이는 것은 그들의 분노나 웃음이 아니다. 다만 그들의 분노나 웃음이 그들의 성격이나 사실이라는 데 그치지 않고 어떤 구조적인 변화를 '의미하는 것'으로서 존재하기 때문에 그런 말을 하는 것이다. 개인적인 감정이 역사에서 중요하다는 것도 아니며 중요하지 않다는 것도 아니다. 다이준은 단지 『사기』의 표현상의 특질을 논하고 있을 뿐이다. 거기에는 개인의 분노나 웃음은 별도로 존재하는 의미와 떨어져 있는 것이 아니라 그것 자체가 의미하는 것인 것이다.

「열전」(列傳)은 단순한 개인의 역사는 아니다. 이제 여기에 든 두 「열전」에서도 알 수 있듯이 하나하나가 상징이고 문제이다. 칠십 열전 하나하나의 얼굴은 단순한 얼굴이 아니라 상징적인 얼굴이다. 노멘(能面, 일본의 고전 연극인 노[能]를 할 때 쓰는 가면—옮긴이)처럼 이 세계의 다양한 주연, 조연, 주연의 상대역을 대표하는 '인간 가면'이다. 이 가면은 저 가면과 함께 나타나고, 하나의 가면은 다른 가면의 다음으로 이어지며, 서로 병존하고 계기를 삼음으로써 의미를 지니는, 어쩔 수 없는 '역사극(能)'의 가면이다.

여기에서 한층 앞선 생각이 솟아나온다. 개인은 홀로 존재하는 한 '가치가 없어져 버린다.' 또 개인은 병립하는 관계와 관계의 체계에서만 '의미를 지닌다.' 더 정확하게 말하면 개인은 개인인 동시에 '가면', 이른바 기호로서 나타나고, 그 기호의 '의미'는 기호의 관계체계 속에서만 부여된다. 그리고 그 체계에는 '중심이 없다.' 잘 알다시피 이 생각은 소쉬르의 언어학과 기본적으로 유사하다. 그리고 다이준이 이렇게 생각하기 위해서는 소쉬르가 역사적 언어학에 대해서 그러했듯이, 단선적인 역사주의—다이준이 아는 마르크스주의는 그 중 하나에 불과하다— 대신 역사를 공간적으로, 바꾸어 말하면 공시(共時)적으로 볼 필요가 있었다. 다이준은 『사기』에 대하여 그가 말한 과학적·물리적인 불교적 인식으로 철저하게 일관한다. 그렇게 해서 얻은 '사기의 세계'는 바로 기호론적 세계였던 것이다.

『사기』의 표현에는 의심할 여지 없이 현대 역사학에도 소설에도 없는 특수한 풍부함이 있다. 그것은 '개인'이 다루어지고 있어서도 특별히 문장이 뛰어나서도 아니다. 그 비밀은 다케다 다이준이 발견한 『사기』의 구조에 스며 있다. 『사기』에서 '인간'의 분류표는 어디까지나 구체적인 것과 분리되어 있지 않은 동시에, 리얼리즘과는 다르게 상호 관계, 차이와 동일성에 의해 긴밀하게 조직된 기호체계이다.

다케다 다이준의 『사마천』이 획기적인 새로움을 지니는 것은 결코 그가 그것을 '문학적으로' 또는 자기의 체험을 중첩시켜서 쓰지 않았다는 데 있다. 이를테면 "사마천은 살아서 치욕을 당했던 남자"라는 유명한 서두는, 그가 굴욕 때문에 쓴 것이 아니라 10년 전부터 쓰고 있던 것을 완성하기 위해 사형 대신 궁형(宮刑, 고대 중국에서 행해졌던 남자의 성기를 잘라 버리는 형벌—옮긴이)을 택했다는 것, 그리고 실제로는 약 3년

후에 완성했다는 것을 막연하게 표현한다. 사람은 '분노'나 '수치' 때문에 '세계의 기록'을 완성하려고 할까? 오히려 '세계의 기록'을 완성하려는 사람에게는 언제나 '분노'나 '수치'가 따라다닌다. 사마천의 '분노'는 아버지나 자신의 굴욕적 체험이기 이전에 그들이 바로 '역사가'라는 사실에 따라붙는 것이다.

중국의 역사가는 세계사적으로 보기 드문 존재이다. 아마도 그것은 중국에서는 영원성이라는 관념이 '하늘'이 아닌 '역사' 위에 쓰인다는 것, '이름'을 남기는 데 있다는 사실과 결부되어 있을 것이다. 이 잠재적인 종교가 역사가를 이른바 잠재적인 성직자로 만든다. 따라서 그들을 현대의 역사가와 동일시하기보다는 세습승려와 동일시하는 편이 낫다.

그런 의미에서 역사가의 권력은 '사후의 세계'를 지배하는 권력이다. 승려의 권력은 삶의 무력함을 피안에서 전도시키는 의지에 있다. 하지만 다이준에게는 그것이 거듭 역전되고 있다.

"선생이 지옥에?"

"그렇습니다. 저는 무서웠습니다. 그러나 제 운명이 그러니까 어쩔 수 없지요."

"그렇습니까?"

"그래요" 하고 그는 생기발랄하게 말했다. "저는 정말 죄악의 길을 걷고 있기 때문이지요, 당신은 알 수 없을 테지만. 정말 무서운 일이에요, 이건. 그러나 사실인걸요."

"그런 일은 없을 겁니다. 지옥이라니요?"

"아니 지옥입니다"라고 그는 나의 침울한 동정(同情)을 떨쳐 버리듯이 히쭉 회심의 미소를 지었다. 나는 그렇지만 조금도 동정 따위는 없었다. 그를 지옥 같은 곳에, 그렇게 편안히 보내고 싶지 않다는 악의에 찬 마음, 오히려 예언자 같은 자신감을 갖고 그렇게 했던 것이다.

"선생은 극락에 갈 겁니다."

"극락?" 하고 학자는 언짢은 기색을 역력히 드러내며 미간을 찌푸렸다.

"선생이 뭐라고 말하든 선생은 극락에 가십니다."

"어째서 그렇지요?"

"왜냐하면 인간은 모두 극락에 가도록 돼 있으니까요."

그는 한순간 호흡을 멈추었다.(「기이한 사람」〔異形の者〕)

모든 사람이 극락에 간다고 하면 극락 따위는 있으나마나다. 다이준에게 '악의'가 있다면 지상의 차이와 동일성을 애매한 것으로 만들어 버린 데 있고, 안정된 질서를 '혼돈'으로 바꿔 버린 데 있다. 거기에서 도덕과는 관계가 없는 '힘'이 출현한다.

그렇다면 다이준이 말한 '역사가'란 어떤 척도에 따라 재단하는 사람이 아니며 '객관적'인 기록자도 아니다. 역사가는 자신의 무력함과 원한 때문에 그것을 역전시키기 위해 역사를 쓰는 것이 아니다. 오히려 그 반대이다. '쓰는' 일에만 역사가 존재한다.

'쓰는' 일은 단지 사건을 기록하는 것이 아니다. 문자가 등장하기 전 사회에서는 사건은 단지 기억만 되면 충분했다. 그것은 그들의 기억력이 좋아서도 사건이 적어서도 아니고, 사건이 끊임없이 신화적 구조로 환원되어 버렸기 때문이다. 사건이 사건으로서, 오로지 구조에 흡수되는 것으로서 생겨날 때 비로소 '역사'적 사회가 된다. 하지만 그것은 사건 자체가 달라서가 아니라 그것을 경험하는 자가 구조적인 분열을 의식하고 있기 때문이다. '쓰는' 일은 사건을 기록하기 위하여 발생하는 것이 아니라 쓰는 일에 의해서만 이 분열을 통합할 수 있다는 위기에서 생겨난다. 『고사기』(古事記, 일본에서 가장 오래된 역사책. 712년에 완성되었다—옮긴이)는 신화가 아니라 역사지만, 그것은 '역사적 사실'이 쓰여 있다는 의미는 아니다. 도리어 구송(口誦)에 의해서는 통합할 수 없는 분열이 그들에게 '쓰도록' 재촉했던 것이다. 문자는 소리를 그대로 옮기는 것이 아니며, '쓰는' 일은 늘 배후에 그와 같은 구조적인 분열을 가지고 있다.

중요한 것은 역사는 사실의 기억도 기록도 아니라는 것, 그것은 쓰는 일 자체를 통하여 만들어진다는 것이다. 따라서 '쓰는' 일에는 처음부터 잔혹한 것이 숨어 있다.

기록이라고 하면 매우 간단하게 생각하는 사람이 있지만, 나는 기록이 정말 두렵다고 생각한다. 기록이 커지게 되면 세계의 기록이 되고, 세계의 기록을 이루는 것은 자연, 곧 세계를 다시 보고 다시 생각하는 것이 되기 때문이다.

기억은 단지 베끼는 것이 아니다. 사마천의 경우는 오로지 사료에 근거하고 있기 때문에 더욱 그러하다. 기록은 쓰는 것말고는 해결할 방법이 없는 위기적(critical)인 것으로서 존재하기 때문에 비평적(critical)일 수밖에 없다. 사마천의 위기감은 사적인 것일 수는 없다. 아마도 그것은 한(漢) 제국에 내재하는 것이고 '쓰는' 일에 의해서만 파악될 수 있을 것이다.

잘 알다시피 다케다 다이준은 상하이에서 대일본제국의 '멸망'을 경험하고, 그곳에서 소설가로 등장했다. 『사마천』에서 이미 썼던 어떤 진공상태를 그는 실제로 경험했던 것이다. 그를 소설가로 만들었던 것은 현실의 '혼돈'이다.

"살아가는 것은 뜻밖에 어렵지 않을지도 모른다."
나는 빨래 말리는 곳의 콘크리트 위에 베개를 놓고 그것에 허리를 받치고 햇빛을 쬐고 있었다. 햇빛이 비치지 않는 뒷방에서 나와 매일 아침 거기에서 일광욕을 했다. 닭 두 마리가 언제나 말라빠진 채소나 반찬 찌꺼기를 한쪽 구석에서 쪼아먹고 있었다. 아래 도로에는 일본 물건을 사러 다니는 중국인의 소리가 욕을 하는 것처럼 들렸다. 파는 사람인 일본인의 소리는 낮고 가냘프게 잦아들고 있었다. 그 때문에 사는 사람의 소리가 더욱 사납게 위협하는 것처럼 들렸다. 놀고 있는 일본인 아이들의 소리만 즐거움으로 원기왕성했다. 그것이 부모들을 도리어 안달복달 불안하게 했던 것이다.

"하여간 모두 이렇게 살고 있는 이상은" 나는 회원리(會元里) 집들의 지붕 너머로, 하얗게 칠해진 영화관의 벽을 시력이 약해진 눈으로 계속 바라보고 있었다. 벽은 반짝반짝 빛나고 겨울 창공 가운데 솟아 올라 있다.

"전쟁에서 패하든 나라가 없어지든 살아가는 것은 틀림없겠구나."

일본인 상점의 진열창에도 어느새 청천백일기(靑天白日旗)나 장(蔣) 주석 부부의 사진이 걸리기 시작했다.(『살무사의 자손』)

일본이라는 '중심'이 무너진 뒤에 남아 있는 것은 이른바 무질서한 질서이다. 그러나 그것은 결코 오래 계속되지는 않았다. 이미 『풍매화』를 쓸 무렵 다이준은 이 새로운 혼돈과 멀리 떨어져 있었다. 남은 것은 다만 소설 속에서 '혼돈'을 만들어 낸 장치이다. 『숲과 호수의 축제』로부터 『후지』(富士)에 이르기까지 그는 우선 '세계'를 만들어 내고, 그것을 아류적 혼돈에 밀어넣는 일을 반복하고 있다. 하지만 '역사'나 '세계 전체'라고 말하면 할수록 다이준은 거기에서 멀리 떨어져 있었던 것이다. 일본제국의 붕괴로부터 재건에 이르기까지 틈새로 엿보았던 '죽음'을 다케다 다이준만큼 예리하게 파악한 작가는 없지만, 이미 그의 마음에 '위기감'은 죽어 버린 것이나 다름없다. 그의 마음속에 '역사'는 이미 관념일 뿐이었다. 거기에는 체계 그 자체가 변형되는 것 같은 '죽음', 쓰는 일을 통해서만 파악할 수 있는 '역사'는 두 번 다시 있을 수 없었던 것이다.

예컨대 야스오카 쇼타로(安岡章太郎)의 『해변의 광경』에는 그것이 있다. 물론 이 소설은 역사나 정치 문제를 다루고 있지 않고, 단지 부모 자식간의 관계가 묘사되어 있을 뿐이다. 미친 어머니가 해변의 정신병원에서 죽었을 때 자식은 다음과 같은 광경을 목격한다.

> ……그때 어느새 해변을 돌담을 따라서 걷고 있던 신타로(信太郎)는 눈앞에 펼쳐진 광경에 어떤 충격을 받아 멈춰 섰다. 곶에 둘러싸여, 동화 속에서처럼 두둥실 섬을 띄워 올린 그 풍경은 이미 낯익은 것이었다. 하지만 지금 그가 멈춰 선 이유는 물결 하나 없이 호수처럼 고요한 해면에, 새까맣게 세워져 있는 수백개일지도 모르는 말뚝이 온통 눈에 들어왔기 때문이다. ……한순간 모든 풍물은 움직임을 멈추었다. 머리 위로 밝게 비치고 있던 해는 황색 반점의 얼룩을 여기저기에 흩뜨리고 있을 뿐이었다. 바람은 잦아들고 바닷물의 향기는 사라져 없어지고, 모든 것이 지금 바다 밑에서 떠오른 기이한 광경 앞에서 일거에 바짝 말라 보였다. 가지런하고 빽빽이 들어찬 빗살 같기도 하고 묘표(墓標) 같기도 한 말뚝을 바라보면서, 그는 확실히 하나의 '죽음'이 자신의 손 안에 잡힌 것을 보았다.

이것은 허무한 것도 무의미한 것도 아니다. 말하자면 이것은 '진공'이고 의미의 맹아라 해야 할 것이다. 아마도 이 해변의 광경은 우리가 1950년대에서 1960년대에 걸쳐 통과해야 했던 근본적인 사회구조의 '변화'에 대한 은유라 할 만하다. 의식하든 의식하지 않든 야스오카 쇼타로는 그때 하나의 '죽음'과 맞닿은 것이고 그것이야말로 바로 역사의 문제인 것이다. 그는 쓰는 일을 통해서만 해결하고 파악할 수 있는 혼란에 직면했다. 그리고 쓰는 일은 바로 어머니를 '죽이는' 것이다. 야스오카 쇼타로는 이후 이것을 능가하는 작품을 다시는 쓰지 못했는데, 이는 어쩌면 당연하다고 할 수 있다. 누구도 이 같은 죽음 또는 살해를 의식적으로 피하는 것은 불가능하고, 의식적으로 초래하는 것도 불가능하다. 주지육림(酒池肉林)이나 호걸이 등장하지 않아도, 우리는 거기에서 근본적으로 도덕적이지 않은 '혼돈'을 살짝 엿본다. 말할 필요도 없이 이 진공은 곧바로 메워지고 우리의 세계는 또 다시 '의미'로 가득 채워졌던 것이다.

계급에 대하여―나쓰메 소세키론 I

　　10년 전쯤 소세키론을 썼을 때 내 논고의 중심이 된 것은 『갱부』(坑夫)라는 작품이었다. 거기에는 외계를 상실하고, 인격적인 통일성을 잃어버린 인물이 땅밑에 내려가서 어둠 속을 방황한다. 당시 나에게 이 '땅밑'은 차라리 상징적이어서, 이 작품은 이후 장편소설의 내적 구조를 직접적으로 시사한다고 생각했다. 그러나 지금은 『갱부』에 대해서 약간 다른 관점을 갖고 있다. 이 차이는 소세키론 전체에 영향을 미치지 않을 수 없는 성질의 것이다. 물론 지금 새삼스레 소세키론을 쓸 생각은 없다. 여기에서 쓰려고 하는 것은 예전부터 갖고 있던 나의 사고에 대한 이화감(異化感)인 동시에 하나의 예감 같은 것에 불과하다.

　　지금 나는 소세키론을 썼던 1960년대를 어떤 거리를 두고 보는 듯한 기분이 든다. 바꾸어 말하면 나로부터 외계를 잃게 했던 그 시대의 성격을 '바깥쪽에서' 보는 일이 가능한 듯한 느낌인 것이다. 내가 떠올리는 것은 1960년대 초 안보투쟁과 쌍벽을 이루는, 실제로 더 중요한 의미를 지니고 있었을지도 모르는 사건, 곧 결과적으로 '갱부'나 '땅밑'을 일본에서 거의 사라지게 한 미이케 투쟁(三池鬪爭, 1959~1960년에 미쓰이〔三井〕 광산의 미이케 탄광에서 일어났던 감원 반대투쟁—옮긴이)이다. 그것은 석탄에서 석유로의 전환을 상징하는 사건이었다. 그로 말미암아 풍경·사물·생산관계는 격렬하게 바뀌었고, 우리는 아무런 반응도 없는 불확실하고 애매한 현실을 갖게 되었다. 이제 나는 조금 꺼림칙하긴 하지만 하나의 역설, 결국 의식이 존재를 규정하는 것이 아니라 존재가 의식을 규정한다는 역설에 동감하지 않을 수 없다. 그렇다고 해서 우리가 정신적으로 경험했던 갖가지 변화가 '석탄에서 석유로'라는 생산양식의 변화에 집약되어 있다고 일부러 문제를 어렵게 생각할 필요는 없다.

하지만 이러한 변화는 석탄, 곧 증기기관이 확대되었을 때(한층 완만했는데도) 정신에 가해진 심대한 영향에 비하면 별것 아니라고 말할 수 있을지 모른다. 소세키는 메이지 40년(1907) 말부터 『갱부』를 썼다. 이 것은 소세키의 작품 중에서는 예외적으로 완전히 듣고 쓰기를 바탕으로 하고 있다. 소세키가 타인의 이야기를 소재로 삼았던 까닭은 갱부 또는 탄광이라는 것 자체에 매혹당했기 때문일 것이다. 적어도 나카쓰카 다카시(長塚節)의 『흙』(土)에 관심을 기울인 것과 비슷한 의미에서, 소세키는 풍경·심상풍경을 급격하게 변형시키는 어떤 것의 기저에 푹 빠졌던 것으로 보인다. 『그러고서』(それから)의 다이스케(代助)가 본 환각, 곧 세계가 새빨갛게 달아올라 불꽃의 숨을 토한다는 이미지조차 그것과 결부되어 있다고 해도 좋다. 이제까지 소세키가 경험한 사상상의 분열과 혼란은 주목되어 왔지만, 아마도 이때 소세키가 어렴풋하게 느끼고 있던 것은 서양과 일본이라고 하는 관념의 문제보다는 그것들을 토대에서부터 바꾸어 버리는 어떤 사물과 그 의미이다.

이를테면 레비-스트로스는 그가 '차가운 사회'와 '뜨거운 사회'라 부른 것을 시계와 증기기관이라는 비유를 통해 말하고 있다.

민족학자가 연구하는 사회는 물리학자가 '엔트로피'라 부른 저 혼란이 아주 조금밖에 생기지 않는 사회이고, 어디까지나 처음 상태 속에 자신을 보존하려는 경향을 갖고 있습니다. 그래서 우리는 그런 사회에는 역사도 진보도 없는 것처럼 생각하는 것입니다. 한편 우리 사회는 증기기관을 많이 이용하는 사회라는 점에서뿐만 아니라 사회구조라는 관점에서 보아도 증기기관과 닮아 있습니다. 결국 작동하기 위한 잠재적 에너지의 차이를 이용하는 것으로, 그 차이는 사회계급의 다양한 형태에 의해 실현되고 있다는 것입니다. 노예제나 농노제라 불리는 것이든, 또는 계급의 분리이든 그와 같은 구별은 이렇게 넓은 파노라마적 전망으로 이렇게 멀리서 사태를 조망할 때는 큰 중요성을 갖지 않습니다. 이러한 사회는 내부에 불균형을 만들어 내기에 이르렀지만, 그 불균형을 이용하여 계속해서 많은 질서—우리는 공학적(工學的) 사회를 가지고 있습니다—와 아울러 계속해서 더 많은 혼란, 많은 엔트로피를 사람들 사이의 관계라는 평면 위에 생겨나게 하는 것입니다.(『레비-스트로스와의 대화』)

레비-스트로스의 이런 견해는 확실히 자극적이지만, 주목해야 할 것은 이런 견해 자체가 역사적인 생산양식으로서의 증기기관에서 생겨났다는 사실이다. "증기기관이 과학에 빚진 것보다도 과학이 증기기관에 빚진 것이 더 크다"는 헨더슨의 유명한 말이 있다. 실제로 증기기관은 이론에 앞서서 존재했던 것이다.

열역학에 대한 최초의 고찰이 프랑스의 물리학자 사디 카르노(Sadi Carnot)에 의해 이루어진 것은 1824년이다. 길리스피의 『과학사상의 역사』에 따르면 카르노는 증기기관이 풍경, 경제, 정치, 세계관의 모든 영역에서 얼마나 무시무시한 기세로 영국을 변형시키고 있는지에 주목했다. 그 한 구절을 인용해 보자.

이미 증기기관은 광산을 움직이고 배를 나아가게 하며, 항구나 하천을 준설(浚渫)하고 철을 벼리고 목재를 만들고 곡물을 갈아 으깨고 실을 잣고 옷감을 짜고 어떠한 무거운 짐도 실어 나른다. 그것은 결국 만능 모터가 되어 동물의 힘이나 낙수나 기류를 대체한 것과 다름이 없다.

영국에게서 그 증기기관을 빼앗아 버리면, 석탄과 철도 동시에 빼앗아 버리는 것이 될 것이다. 그것은 영국의 모든 부의 원천을 바닥나게 하고, 그 번영이 의지하고 있는 모든 것을 망치는 것이며, 저 거대한 힘을 끊어 버리는 일이 될 것이다. 영국이 가장 강력한 방어력이라고 생각하고 있는 해군을 파괴하는 것조차도, 이것에 비하면 그다지 치명적이지는 않을 것이다.(『열 동력에 대한 고찰』)

이러한 엄청난 변화를 상상하는 데는 석탄에서 석유로 전환되었던 1960년대의 세계적인 변화를 떠올리는 것만으로는 충분하지 않다. 확실히 1960년대의 산업혁명은 우리의 '풍경'을 일변시켰지만, 어쨌든 그것은 처음 겪는 경험이 아니었기 때문이다. 마찬가지로 레비-스트로스의 인식은 처음에 그것을 경험했던 사상가들의 인식의 폭과 깊이에 미치지 못한다.

카르노의 논문은 1840년대에 이르러 차츰 인정을 받는다. "열이 동력원이 되자마자 고전역학은 아무런 쓸모도 없게 되었다"고 길리스피는 말한다. 결국 레비-스트로스의 비유를 빌리면, 오히려 고전역학 또는 18세기 사회야말로 '시계'와 닮았으며, 그 이후는 '증기기관'과 닮았다고 해야 할 것이다. 더욱이 '증기기관'이 낳은 엔트로피나 에너지의 개념이 '시계'와 결부된 온갖 철학—그 대표적인 인물은 데카르트다—을 뒤집었으며, 레비-스트로스도 그 후예 가운데 한 사람이다.

마르크스·니체·프로이트와 같은 19세기 사상가는 의식을 했든 하지 않았든 증기기관이 핵심을 차지하는 지적 패러다임 위에서 사고하고 있다. 『자본론』에서 마르크스는 기계에 대해 독특한 고찰을 하고 있다. 그것에 따르면 기계는 세 개의 본질적으로 다른 부분, 곧 원동력(모터) 장치, 그것을 변환해서 전달하는 장치, 협의의 기계(도구)로 구성되어 있다. 증기기관이 원동력이 될 때 그것은 생산을 인간의 신체적인 힘이나 개인적 차이로부터 해방시키고, 수력이나 풍력에 필요한 지역적 자연조건의 차이로부터도 해방시킨다. 매뉴팩처기에는 오히려 지방에 확산되어 있던 공장이 도시로 집중하면서 '풍경'을 일거에 변화시킨다. 증기기관에 의해 비로소 실질적인 자본제생산이 가능하게 되고 그것이 화폐경제를 통하여 모든 생산을 포섭한 것이다.

마르크스의 '기계'론에서 흥미로운 점은, 일반적으로 기계라 불리는 것은 일부분에 불과하다는 것, 또 노동자는 단지 기계의 일부만을 조작할 수 있는 '주체'에 불과하다는 것이다. 이 '기계'론은 데카르트에 있어서 연장(延長, 물체가 존재하는 모양으로서, 공간의 일정 부분을 점유하고 있는 것—옮긴이)=도구(기계)와 그것을 조작하는 의식주체(코기토)라는 사고를 부정한다. 의식은 어느새 데카르트적인 주체가 될 수 없다. 이것은 의식이 '마음'의 일부에 불과하고, 무의식은 언어적인 상징기구를 통하여 의식에 도달한다고 한 프로이트의 메타심리학에도 들어맞는다. 프로이트의 사고를 기계론적이라 부르는 것은 옳지 않으며, 오히려 데카르트적인 사고가 기계론적이다. 또 니체가 불이나 물, 바람—그것들은 열역학에 의해 비로소 설명된다—을 근거로 하여 사고했던 초기 그리스 철학자의 사고를 되살리고자 할 때, 광의의 '기계'를 염두에 두고 있었다고 말할 수 있다. '기계 장치의 신'을 도입했던 에우리피데스의 비극을 부정하고 디오니소스적인 것을 주장할 때, 그의 사고는 증기기관이 초래한 인식상의 전도와 전혀 무관하지 않았다. 오히려 『권력에의 의지』 마지막 절에 나와 있는 것처럼, 니체는 '영겁회귀'를 거의 엔트로피의 개념에 가까운 표현으로 설명하고 있다. 레비-스트로스가 말한 '뜨거운' '차가운'이라는 표현도 이미 거기에 쓰여 있다.

나는 증기기관이 직접 그들에게 영향을 주었다고 주장하는 것은 아니다. 단지 그들만이 바로 '뜨거운 사회' 속에서 인식상의 비약적인 전환을 이루었다는 것이고(구조주의는 그 충격의 여파이고 그에 대한 주석에 불과하다), 그것은 바로 증기기관을 물질적인 핵심으로 삼는 총체적인 표상에 대한 통찰이었다. 그리고 그것은 그때까지의 지식에 있어서 고전적인 계서제를 전도하는 것이 된다.

그러나 소세키의 『갱부』에는 그러한 전도가 없다. 안(安)씨라는 인물은 이렇게 말한다. "여기는 인간 쓰레기를 처넣는 곳이다. 참으로 인간의 무덤이다. 살아서 매장되는 곳이다. 한번 발을 들여놓으면 최후까지 아무리 잘난 인간이라도 빠져 나올 수 없는 함정이다." 안씨는 지상에서 죄를 지어 학업을 방기했던 남자이고 '나'는 자살하는 대신 자멸하고자 밑으로 내려온 남자이다. 소세키가 발견한 '땅밑'은 극히 고전적이어서, 이른바 연옥(煉獄)이다. 더욱이 '나'는 겨우 하루밖에 갱 내를 헤매지 않았는데도 심신이 다 지쳐 버렸고, 결국 나중에는 사무원이 된다. "다음 날부터 나는 부엌 한구석에 자리를 잡고, 정해진 대로 장부업무를 시작했다. 그러자 지금까지 그토록 사람을 경멸하던 갱부의 태도가 완전히 바뀌어, 되레 그한테서 칭찬을 듣게 되었다. 나도 빠르게 밑바닥 생활에 익숙해지기 시작했다. 안남미도 먹었다. 빈대에게도 뜯겼다. ……나는 5개월간 이 장부업무를 별 탈없이 끝냈다. 그리하여 도쿄로 돌아왔다."

'땅밑'에서조차 주인공은 사무직으로 우위에 서고, 또 대학을 중퇴한 갱부에게만 '인간'으로서 공감하고 있다. 소세키가 계급적이라는 것은 아니다. 결국 그는 아직 고전적인 지식 속에 속하고 있었다는 것이다.

나는 미이케 투쟁이 패배한 후 다니가와 간(谷川雁)이 지도하고 있었던 다이쇼(大正) 탄광의 노동조합에 대해서 요시모토 다카아키(吉本隆明)가 다음과 같은 의미의 말을 쓴 것을 인상 깊게 기억하고 있다. 그는 투쟁의 전망 따위에 대해서는 아무 말도 하지 않고, 단지 당신들의 경우에는 아직 '쾌락'이 남아 있다, 그것이 있는 동안 핥듯이 맛을 보아 두는 것이 좋다고 썼던 것이다. 나는 당시 그 의미를 잘 알지 못했다. 1960년대의 고도성장 이후에 나는 '쾌락'이 무엇인지를 겨우 이해했다.

소세키에게 '땅밑'은 시민사회로부터 배제된 자가 가는 장소이고, 따라서 오로지 '고통'의 장소이다. 하지만 관점을 달리하면, 거기는 바로 '쾌감원칙'의 세계이다. 소세키는 혹 그것을 알아차리고 있었는지도 모른다. 하지만 그는 '땅밑'에서 거꾸로 시민사회를 보려고 하지 않았다. 내가 그러한 관점을 발견한 것은 아리시마 다케오(有島武郎)의 작품에서이다.

『어떤 여자』(或る女)의 전반부는 증기선이 무대이다. 이 배에는 미국에 있는 약혼자를 찾아가는 요코(葉子), 그녀를 도덕적으로 감시하고 있는 법학박사 다가와(田川) 부처, 배의 사무장 구라치(倉地)가 주요 인물로 등장한다. 하지만 보아야 할 것은 '배밑'이며 선원들이다. 이야기의 시간적인 전개와 함께 차츰 윤곽이 드러나는 것은 기선이라는 '세계'의 공간적인 구조이고, 이는 이 작품 전체의 구조이기도 하다.

요코는 미국에 내리지 않고 그대로 일본으로 되돌아오고, 사무장에서 해임당한 구라치도 함께 오는데, 그것은 이들이 시민(부르주아)사회로부터 배제되었음을 의미한다. 『어떤 여자』가 뛰어난 점은 배를 무대로 하면서 '배밑'을 중요한 요소로 삼음으로써 배에서의 '사건'에 구조적인 의미를 부여하고 있다는 점이다.

요코는 1등 객실 승객들이나 상급 선원의 관심의 표적이 될 뿐만 아니라, 하급 선원들 사이에서도 주목의 대상이 된다. 그것은 늙은 하급 선원이 부상당했을 때 요코가 선실까지 내려가 간호해 준 적이 있기 때문인데, 말할 나위도 없이 그들의 요코에 대한 관심은 성(性)적인 것이다. 하급 선원들의 선실은 다음과 같이 묘사되어 있다.

벌레처럼 몸을 비비 꼬면서, 통증으로 버둥거리는 그 노인의 뒤를 좇아 선실 입구까지 많은 선원과 승객들이 진기한 구경거리라도 난 듯이 따라왔지만, 일단 거기서부터는 다른 선원조차 안으로 들어가는 것을 주저했다. 어떤 비밀이 숨겨져 있는지 아무도 아는 사람이 없는 그 내부에는, 배 안에서 기관실보다도 위험한 구역이라고 간주되고 있을 만큼 입구부터가 사람을 위협하는 듯한 일종의 섬뜩함을 자아내고 있었다. 그러나 요코는 괴로워하는 노인의 모습을 보면서 그런 느낌을 간단히 잊어버리고 만다. ……요코는 노인에게 억지로 끌려가는 것처럼 점점 선실 안으로 내려갔다. 어둠침침하고 부패한 공기가 달아오르는 증기마냥 사람을 덮쳤고, 어둠 속의 우글우글 꿈틀거리는 무리 사이에서 쉰 듯한 목소리가 울려 퍼졌다. 어둠에 익숙한 하급 선원들의 눈은 돌연 요코를 잡아챌 듯했다. 순식간에 일종의 흥분이 방안 구석구석까지 흘러넘쳐, 그것이 기괴한 욕지거리가 되어 요코에게 무시무시하게 엄습해 왔다. 헐렁헐렁한 바지 하나만 입고, 불그죽죽한 근육과 털이 무성한 가슴에 한 오라기도 걸치지 않은 육중한 남자가 천천히 사람들 속에서 일어서더니 성큼성큼 요코에게 다가와 부딪칠 정도로 가깝게 스쳐 지나갔는데, 그 순간 그가 요코를 뚫어지게 노려보면서 차마 입에 담을 수 없는 음란한 말을 크게 지껄이자 자기네들끼리 웃어댔다.

이 '배밑'은 소세키의 '땅밑'에 비하면 훨씬 기분 나쁘고 무정부적이고 도덕관념이 없으며 선정적이다. 하급 선원들은 개인으로는 등장하지 않는다. 그것은 하나의 심층으로서 작중 인물들의 근저를 이루고 있다. 요코만이 거기에 아무렇지도 않게 내려가는 것은 그녀가 시민사회의 도덕성을 파괴하리라는 점을 암시한다.

만나자마자 요코에게 "가슴 밑바닥에 알 수 없는 육체적인 충동을 희미하게 느끼게 하는" 구라치라는 남자는 '맹수 같은'이라든가 '색을 밝히는 짐승' '난폭' '건방지다'(insolent)라는 식으로 형상화되어 있다. 그녀가 구라치에게 매혹당하는 것은 처음으로 자신보다 '우월'한 점을 그에게서 느꼈기 때문이다. "세상이 세상답다면 구라치는 작은 기선의 사무장 따위나 하고 있을 남자는 아니다. 그녀 자신처럼 실수로 환경이 주

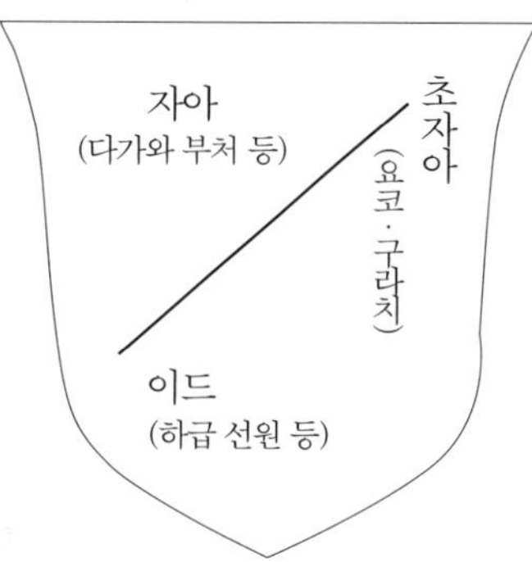

어진 대로 태어난 사람인 것이다. 요코는 자신의 처지가 처량하여 구라치를 연민하기도 하고 두려워하기도 했다. 이제까지 누구 앞에서도 자신이 생각한 대로 차분히 마음껏 행동하던 요코는 이 남자 앞에서는 자신도 모르게 마음에도 없는 가식을 자신의 성격에 덧씌웠다. 사무장 앞에서는 요코는 불가사의하게도 자신이 생각하고 있는 것과 정반대의 행동을 하고 있었다. 무조건적인 복종도 사무장에게만은 바람직한 일이라고 생각했다. 이 사람에게 원없이 맞고 쓰러진다면, 자신의 생애는 비로소 진실로 불타오를 것이기 때문이다. 이런 알 수 없는, 요코에게는 있을 수조차 없는 욕망이 조금도 이상하지 않게 받아들여졌다."

구라치는 어떤 의미에서 이 배의 '세계'를 초월한 남자이다. 그는 이른바 부르주아 사회 속에 '실수로' 태어난 '귀족'인 것이다. 주목해야 할 것은 그의 광폭함, 왕성한 성욕이 '배밑'의 계급과 상통한다는 점이다. 요코를 둘러싼 지식인들은 모두 그녀를 사모한다. 하지만 늘 자기기만적인 행동으로 그렇게 하는 것이어서 그녀에게 경멸당할 뿐이다. 그들은 요코에게 성적인 매력을 느끼는데도 그것을 '정신적인 것'이라고 생각할 뿐만 아니라 요코를 도덕적으로 구속한다든가 회복시키려 든다. 그런데 구라치나 하급 선원실의 인간들은 요코를 단지 여자로, 성적인 대상으로만 본다. 그들은 이른바 '쾌감원칙'(프로이트) 또는 '선악의 피안'(니체)에 있다.

그렇다면 이 배의 세계는 세 종류의 계급으로 나뉠 뿐만 아니라, 미국의 아리시마 다케오 연구자 폴 안드라가 시사한 바와 같이, 배의 공간 자체가 프로이트가 구상했던 심리적 세계와 유사할 것이다. 물론 이러한 유형비교(analogy)가 가능한 것은, 원래 프로이트가 심리적 세계를 '세대'(아버지와 아들)간의 계급투쟁으로 파악했기 때문이다. 따라서 자아 또는 의식은 중간계급(middle class, 이것을 중산계급이라 부르지 않은 것은 중간성을 강조하고 싶기 때문이다)의 의식이었고, 이 계급은 지배계급에 의한 금지(禁止)를 역으로 적극 내면화한다. 일본에서는 에도(江戶) 시대의 유교가 그것에 해당될 것이다. 진정으로 무력을 앞세우는 지배자는 유자(儒者)가 말하는 것 따위에는 모멸감을 감추지 않았지만, 통치의 필요상 유교를 이데올로기로서 도입한 것이다. 다른 한편 하층계급은 유교와 무관했다. 오히려 메이지 이후에 유교는 학교교육을 통하여 일반화되었다.

아리시마의 경우, 할머니의 엄격한 유교교육과 청교도적인 기독교가 결합되어 있는데, 그는 곧 그것이 궁극적으로는 '계급투쟁'의 문제라는 것을 간파한다. 그에게 쓰는 일은 이 '중간에 있는' 의식을 전파하는 것이고, 자신과는 전혀 닮지 않은 흉폭한 관능적인 세계를 실현하는 것이다. 이 당시 소세키를 중심으로 하는 중산계급의 작가 중에서 아리시마만이 소세키를 싫어한다. 그것은 아리시마가 소세키와 많은 것을 공유하고 있었기 때문이며, 그의 눈에는 소세키의 존재방식이 다른 누구보다도 명료하게 보였기 때문이라고 할 수 있다. 아마도 시가 나오야(志賀直哉)만이 그들과 같은 '의식'으로부터 자유로운, 이른바 '무의식'의 작가였다. 하지만 시가 나오야 역시 우치무라 간조(內村鑑三)의 문하에 들어가 있던 시기가 있다. 따라서 이 두 배교자(背敎者)가 시라카바파(白樺派, 일본 근대문학사상의 한 유파. 잡지 『시라카바』를 창간, 자연주의에 대항하고 인도주의·이상주의를 표방했으며, 자연주의 문학 퇴조 후 다이쇼[大正]기의 일본 문단계를 주름잡았다. 미술에도 관심을 갖고 서양 인상파를 일본에 소개하는 데 기여했다—옮긴이) 내에서 아웃사이더였다는 것은 우연이 아니다.

『어떤 여자』에서 다가와 부인은 자신의 욕망을 억눌러야 했기 때문에 요코를 적대시한다. 그들은 이 배의 사건을 덮어두지 않고 그것을 신문에 실어, 구라치를 선박회사에서 쫓겨나게 한다. 그것도 요코에게 갱생의 기회를 주기 위한 '선의'로서 그렇게 한다.

미셸 푸코는 스캔들이 18세기 이후 부르주아의 무기로서 나타났다고 말했다. 당시까지 귀족이나 국왕은 직접적인 억압을 행사했지만, 부르주아 계급은 스캔들을 통해 그들의 도덕성에 반하는 행동을 배제했다는 것이다. 흥미로운 것은, 근대소설이 18세기 영국에서 신문의 발달과 함께 탄생했다는 사실이다. 신문의 3면 기사와 소설은 쌍둥이다. 그것들은 새로운 독자, 곧 시민의 욕구와 이데올로기를 충족시키기 위해 세상에 태어났다. 그렇게 보면 소세키가 한결같이 신문소설을 썼던 것, 또 다음과 같은 서언(緖言)을 썼던 것은 주목할 만하다.

도쿄와 오사카를 대상으로 산정하면, 우리 아사히(朝日) 신문의 구독자는 실로 수십만을 넘고 있다. 그 중에서 내 작품을 읽어 주는 사람이 몇 사람인지는 모르겠지만, 그 몇 사람의 대부분은 아마도 문단의 뒷골목은 물론 훤히 드러난 길도 엿본 경험이 없으리라. 다만 인간으로서 대자연의 공기를 진솔하게 호흡하면서 사리에 맞게 살아가고 있을 따름이 아닐까 생각한다. 나는 이런 교육받은 평범한 인사 앞에 내 작품을 공개할 수 있는 나 자신이 행복하다고 믿고 있다.(「피안 저편까지에 대하여」)

여기에서 '예술가'라는 특수성이나 특권의식에 대한 비판을 찾아내는 것은 자유이다. 그렇다 해도 '예술가'라는, 19세기 후반에 서구에서 생겨난 의식은 이미 작가가 시민의식에서 이반되지 않을 수 없는 사태에 근거를 둔다. 소세키도 다른 작가도 이미 18세기 영국에 살지 않았다.

154

아리시마에게 '이런 교육받은 평범한 인사'란 바로 다가와 부부와 같은 존재이다. 또는 소세키조차 그런 존재였을지도 모른다. 이를테면 요코와 같은 여자들 가운데 한 사람인 히라쓰카 라이초(平塚雷鳥)는 모리타 소헤이(森田草平)와의 사건(1908년 이른 봄, 눈 덮인 오바나〔尾頭〕고개에서 있었던 두 사람의 동반자살 미수사건을 말한다. 일명 오바라〔塩原〕사건이라고 한다—옮긴이) 이후, 소세키가 모리타에게 이렇게 되면 결혼할 수밖에 없다고 충고했다는 이야기를 듣고, 소세키를 경멸하지 않을 수 없었다고 말하고 있다.

물론 소세키는 작품에서 '중간계급'의 인간적 갈등—자연과 규범에 의해 찢겨진—을 최대한 묘사하고 있다. 그는 한편으로 '자연'의 충동을 긍정하지 않으면 안되었고, 다른 한편으로 그 결과 용서받지 못할 '죄'를 짓게 된다는 이율배반을 반복해서 썼다. 하지만 그것이 '인간존재'의 보편적인 존재방식일까. 오히려 그것은 소세키 자신의 '존재' 또는 '생활'에 근거하고 있다. 그리고 그것은 '교육받은 평범한 인사'에 의해 공유되었던 것이다.

사카구치 안고(坂口安吾)는 소세키가 성적인 것을 은폐한 데 대해 비판하고 있다. 안고는 어떤 의미에서 아리시마와 마찬가지로 영육의 분열로 괴로워한 청교도였고, 그것을 타고 넘었을 때에야 비로소 '타락하는' 것을 적극적으로 주장했다. 그가 공격했던 것은 '중간계급'의 도덕성이었던 만큼, 한편으로 오다 노부나가(織田信長)처럼 도덕관념이 없는 지배자, 가쓰 가이슈(勝海舟) 같은 정치가를 처음으로 다루었던 것이다. 그러니까 그의 소세키 비판은 단지 성적인 표현이라는 내용으로 끝나지 않는다.

이를테면 『노방초』(道草)에서 소세키는 아내의 히스테리를 다음과 같이 쓰고 있다.

　다행히도 자연은 완화제로서 히스테리를 아내에게 주었다. 발작은 때마침 두 사람의 관계가 긴장에 달한 찰나에 일어났다. ……그런 때마다 공교롭게도 그녀의 의식은 언제나 몽롱하여 꿈보다도 분별이 없었다. 눈동자가 크게 열려 있었다. 외계는 단지 환영처럼 비치는 듯싶었다.

　머리맡에 앉아서 그녀의 얼굴을 응시하고 있는 겐조(健三)의 눈에는 언제나 불안감이 어리어 있었다. 어느 때에는 불쌍하다는 생각으로 모든 것을 이겨냈다. 그는 매우 딱해 보이는 아내의 헝클어진 머리를 매만져 주었다.

　히스테리의 발작은 그것이 표출인 이상, 확실히 그것 자체가 하나의 카타르시스, 결국 '완화제'일지도 모른다. 하지만 히스테리가 그들 사이의 긴장을 해소한다고 할 때, 소세키는 사태를 정반대의 양상으로 다루고 있다. 소세키가 쓰고 있는 것처럼, 겐조가 그것에 책임이 있다고는 할 수 없다. 책임이 있는 것은 겐조가 소속되어 있는 생활권의 의식이다. 거기에서는 '자연'의 상형문자적 메시지인 히스테리가 그들의 갈등을 해소하는 유일한 길이라는 전도(轉倒)가 생겨난다.

　소세키의 표현이 억제된 것이라는 것은 말할 나위도 없다. 하지만 문제는 예컨대 소세키가 성욕에 대해서 쓰지 않은 것 같은 데 있지 않다. 사실 그와 다르게 『노방초』는, 이를테면 아내의 히스테리를 통하여 겐조 부부의 생활을 하나의 전도로서 보는 시점을 채택하고 있다. 이른바 '땅밑'이 그들 밑에 깊이 퍼져 있고, 그것을 '해결하는 것은 불가능한'(『노방초』) 것이다. 그런 의미에서 성욕의 자의식을 노출한 작가들과 달리 소세키는 억압된 욕망을 상징하는 메커니즘을 역설적으로 다루었다고 할 수 있다. 『노방초』라는 작품의 무게는 거기에 있다. 그러나 '자연'이나 '불안'이라는 보편적 표현은 그 전도를 그냥 형이상학적으로 뒤덮고 있다.

아리시마에게 '자연'은 이미 이러한 것이 아니다. "요코의 성격 깊숙한 곳에서 솟아나오는 무서운 '자연'스러움이 정리된 모습을 드러내기 시작했다." 그것은 더욱 구체적이다. "가쁜 숨을 토해 내는 남자의 한숨은 싸라기눈처럼 요코의 얼굴을 때렸다. 불타오르는 듯한 남자의 육체로부터 욕망의 불꽃이 활활 요코의 핏줄에까지 퍼져 나갔다. 요코는 자기답지 않게 이상한 흥분에 휩싸여 후들후들 떨기 시작했다."

물론 여기에도 히스테리와 비슷한 폭력적인 것이 있다. 아리시마에게 욕망(desire)은 단순한 의식이 아니라 오히려 자기억압적인 '중간계급'의 의식을 파괴하는 것으로서 존재하기 때문이다. 이 폭력성은 『굴뚝청소부』(かんかん虫)나 『카인의 후예』(カインの末裔)에서 더욱 노골적으로 엿볼 수 있을 것이다. 후자는 폭력적인 한 소작인을 묘사하고 있는데, 그는 『어떤 여자』의 구라치처럼 강건하고 욕망이 넘치며 건방지다(insolent). 이를테면 그가 동료 소작인의 아내와 동침했을 때를 묘사한 장면은 놀랄 만하다.

절규하면서 그는 성긴 덤불 속으로 뛰어들었다. 잘 때 이외에는 벗는 적이 없는 짚신 밑으로 까칠까칠한 촉감이 두번 세번 느껴진다고 생각하자, 네번째는 연하고 포동포동한 육체가 짓밟혔다. 그는 무의식적으로 발에서 힘을 빼려고 했지만, 동시에 광폭한 충동에 휩싸려 온몸의 힘을 그것에 실었다.

"아파."

그 말이 듣고 싶었던 것이다. 그의 육체는 단번에 기름을 쏟아 부은 것처럼 핏기가 불끈 솟아서 눈이 핑핑 돌았다. 그는 갑자기 여자에게 몸을 날려 무턱대고 세게 때리고 발로 차고 했다. 여자는 아프다고 계속 소리지르면서도 그에게 휘감겨 들었다. 그리고 물고 늘어졌다. 그

는 여자를 꽉 껴안고서 도로로 나갔다. 여자는 그의 얼굴에 날카롭게
기른 손톱을 세우면서 도망치려고 했다. ……두 사람은 서로의 감정
을 주체할 수 없어서 마구 치거나 할퀴거나 했다. 그는 여자의 머리채
를 잡아채고 길 위로 질질 끌고 다녔다. 집회소에 올 때는 두 사람 모
두 상처투성이가 되어 있었다. 절정의 쾌감을 느낀 여자는 몸이 불덩
어리가 되어 부들부들 떨면서 잠자리 위에 쓰러졌다.

　　그는 어둠 속에서 벌떡 일어나면서 타는 듯한 흥분 때문에 비틀거
렸다.(『카인의 후예』)

흉폭해져 가는 소작인을 묘사한 이 작품은 어떤 의미에서 다야마 가
타이(田山花袋)의 『슈자에몬(重右衛門)의 최후』와 흡사하다. 슈자에몬
은 마을에서 집에 불을 지르고 다니는 방약무인한 남자다. 가타이는 그
것을 유전(遺傳)으로 설명하고 있다. 졸라류의 자연주의 이론을 묘한
곳으로 도입했다고 하지 않을 수 없다. 마을에서 발광적이거나 폭력적
인 인간이 출현하는 것은, 경제적인 계급분화가 진행되어 생겨난 현실
적인 이해의 대립이 저변에 깔려 있음에도 불구하고, 오히려 그 때문에
마을 공동의 규범의식이 강화되어 희생자는 이상심리자로 나타날 수밖
에 없기 때문이다. 그것은 유전이론으로는 설명할 수 없다.『슈자에몬의
최후』를 상당히 높게 평가하고 『이불』(蒲團) 이후를 인정하지 않았던
야나기타 구니오(柳田國男)는 두말할 나위 없이 그런 점을 보고 있었다
고 생각한다. 그가 농정학(農政學)에서 관념(환상)의 레벨을 취급하는
민속학으로 옮겨 간 것은 그 때문이다.

　나카무라 미쓰오(中村光夫)처럼 일본의 ‘자연주의’ 작가가 졸라의 이
론을 이해할 수 없었다고 하는 것은 잘못된 추정이다. 오히려 그들은
‘과학적 이론’에 눈이 어두워서 그들 자신이 존재하는 현실을 제대로 보
지 못했다고 해야 한다. 도시 부르주아의 ‘자의식’을 환원하고자 했던

졸라의 방법이 해체되어 가는 농촌의 현실을 보는 데 통용될 리 없다. 하지만 이론과 상관없이 '자연주의적 현실'은 존재했던 것이다. 소세키가 아사히 신문 소설란에 나카쓰카 다카시나 도쿠다 슈세이(德田秋聲)를 등장시켰을 때, 의심할 바 없이 그는 그것을 '땅밑'의 소리로 받아들이고 있었던 것이다. 『흙』이나 『우락부락』(あらくれ)에 대한 소세키의 비평은 어딘지 공통점이 있다. 그것들을 평가하면서 너무도 고지식하게 출구가 없음을 비판한 것이다.

예를 들면 『흙』에 대해서 소세키는 이렇게 말한다. "그들의 품위 없고 천박하며, 미신이 강하고 천진하며, 교활하고 욕심이 없으면서도 욕심이 강하여, 거의 우리(지금 문단의 작가를 모두 포함한다)의 상상에 덧붙이기 어려운 것까지, 또렷이 눈에 비치는 것처럼 묘사한 것이 『흙』이다. 그리하여 『흙』은 나카쓰카 다카시 이외에는 누구도 손을 댈 수 없는, 백성들의 괴로운 생활 가운데 가장 짐승에 가까운 부분을 세밀하고 솔직하게 서술한 것이기 때문에 누구도 필적할 수 없다고 말한 것이다." 이것은 『갱부』에서의 관점과 조금도 다르지 않다. 소세키는 관심을 가지면서도 그것을 '짐승에 가까운 부분'으로 간주한다.

아에바 다카오(饗庭孝男)는 「소설의 장소와 '나'—나카쓰카 다카시의 『흙』」(『文學界』, 1977. 7)에서 그런 관점을 뒤집으려고 하고 있다. '짐승'과는 다르게 『흙』의 세계는 근친상간의 금기를 보이지 않는 핵으로 삼은 완전히 '인간적'인 세계이며, 나카쓰카 다카시는 '문화'를 총체적으로 보는 시각과 문체를 가지고 있다는 것이다.

가타이의 『슈자에몬의 최후』에 나오는 주인공도 '짐승'에 가깝다기보다는 그가 생존하는 공동체 자체의 기형화로 인한 '히스테리'적 발현으로 간주될 만하다. 그런데 가타이는 오히려 인간이 '짐승'에 가까운 존재임을 폭로하는 방향으로 나아갔다. 한편 소세키는 그것을 해독할 수 있는 눈을 갖고 있었음에도 불구하고 스스로 생존하는 계층에 대해서는, 다시 말해서 '짐승에 가까운' 생활세계의 문화적 위상에 대해서는 까막눈이었다고 할 수 있다.

그런데 『카인의 후예』의 흉폭한 소작인이 슈자에몬과 결정적으로 다른 점은, 후자가 마을의 공동적인 환상에 의해 배제되어 가는 데 반하여, 전자에서는 '마을'은 없고 농장주와 소작인이라는 계급관계가 있을 뿐이다. 그는 외지에서 왔고, 또 떠나는 자이다. 물론 이 차이는 신슈(信州)와 홋카이도(北海島)의 차이라고 할 수 있다. 그러나 『카인의 후예』는 농장주와 소작인의 계급적 대립이라는 사실로 해소되지 않는다. 프롤레타리아 문학가—젊은 시기의 다자이 오사무(太宰治)도 포함하여—는 비슷한 현실을 썼지만, 『카인의 후예』는 그것들과는 결정적으로 다르다. 중요한 것은 『굴뚝청소부』나 『카인의 후예』에서 반항적인 프롤레타리아를 그린 아리시마의 '계급'에 대한 인식이 독특하며, 그것이 현실에서 온 것도 사회주의이론에서 온 것도 아니라는 점이다. 잘 알다시피 아리시마는 다음의 선언으로 유명하다.

만약 계급투쟁이 현대생활의 핵심을 이루고, 그것이 그 알파이자 오메가라면, 내가 이상에서 말한 담론은 정당화될 수 있는 것이라고 믿고 있다. 어떤 위대한 학자도 사상가도 운동가도 두령도 제4계급적인 노동자가 되지 않고 제4계급에게 뭔가를 기여한다고 생각한다면, 그것은 분명히 분수에 맞지 않는 평가이다. 그것은 그 사람들이 제4계급을 쓸데없는 노력으로 교란시킬 뿐이다.(『선언 하나』, 1922)

여기에서 '계급' 개념은 프랑스혁명에서 온 것이므로 무정부적이다. 아리시마는 '지식계급' 또는 '유산계급'과 '제4계급'을 실체적으로 분리하고, 또 후자에 대해서 무력한 자로서의 지식인 상을 떠올렸다. 마르크스주의자는 그것에 대해서 자기 부정적인 '계급이행'에 의해 '지식계급'

이 혁명을 주도할 수 있다고 생각했다. 하지만 양자의 공통점은 '계급'을 실체적으로 보는 사고방식이다.

예를 들어 마르크스가 『브뤼메르 18일』에서 계급투쟁에 대하여 얼마나 주의깊게 고찰하고 있는지 살펴보자. 1848년 혁명으로부터 보나파르트의 쿠데타에 이르는 기괴한 2년간의 세밀한 분석은, 지배계급—피지배계급의 도식으로는 이해할 수 없는 '꿈'의 해독이다. 첫째로 마르크스는 금융 부르주아지, 미성숙한 산업 부르주아지, 대지주, 프티부르주아지, 분할지 농민, 산업 프롤레타리아트, 룸펜 프롤레타리아트 등이 서로 대립하고 공존한다고 하면서 사회계급을 분절화하고 있다. 그러나 그들이 어떤 결합방식을 취하는지는 정당, 곧 정치적인 담론의 레벨에서 보지 않으면 안된다. 마르크스는 생산관계에 기초한 계급적 분절화와 정치적 담론에서의 분절화를 분리하고, 그것을 '대표하는 것—대표되는 것'이라는 기호론적인 장소에서 보려고 한다. '대표하는 것'과 '대표되는 것'은 본래 자의적인 결합에 불과하며 실제로는 대립하거나 이동하거나 한다. 그러므로 부르주아지는 본래 자신들을 대표하고 있던 당파를 버리고 보나파르트를 '대표하는 것'으로서 선출하기에 이른다. 또 정치적 담론 자체는 독립적으로 형성되며, 따라서 과거의 모든 것을 지연시키고 있다. 나폴레옹이라는 망령이 부활한 것은 그 때문이다.

요컨대 마르크스는 생산관계에 기초한 계급관계—이것은 생산력의 발전과 함께 끊임없이 변화해 간다—가 '의식'에 나타나기 위해서는, 정치적 담론이라는 상징화기구(프로이트)를 거치지 않으면 안된다는 점을 강조했다. 아리시마나 마르크스주의자와 같은 소박한 생각이 과거의 망령인 '천황제'라는 기호에 의해 분쇄된 사실은, 이것을 실증하고 있다. 결국 '계급'은 사실로서 있는 것이 아니라 해독되어야 할 것으로서 존재한다.

그러나 우리는 아리시마의 작품을 『선언 하나』에 보이는 것 같은 인식과 구별해서 보지 않으면 안된다. 작품에서 그는 프롤레타리아트를 동정이나 이념에 입각해서 보지 않았을 뿐 아니라, 실재적인 것으로도 보지 않았다. 아리시마에게 문제가 된 것은 계급보다는 '계급투쟁'이며, 이는 그의 실제 경험에서 온 것이 아니라 그의 기독교에서 기인한 것이다.

아리시마의 청교도주의(puritanism)—유교적인 엄격주의와 연결된—는 처음부터 성적인 문제와 연관되어 있다. '영과 육'의 극단적인 갈등이 그의 종교의식이었다. 그래서 아리시마의 경우 단지 기독교를 버리는 것만으로는 끝나지 않고, 그것을 전도(轉倒)시켜야만 했다. 중요한 것은 니체와 마찬가지로 아리시마가 기독교의 부정(否定)을 단순히 종교를 버리는 것으로 정리하지 못하고 그 내적 갈등의 저변에서 '계급투쟁'을 발견했다는 것인데, 오히려 그때부터 실제 경제적인 계급투쟁을 깨달았던 것이다. 따라서 『카인의 후예』에 나오는 소작인은 실제 농업 프롤레타리아트의 투쟁이 아니라 아리시마의 내부의식을 전도하는 폭력적인 것의 은유이고, 『어떤 여자』의 요코는 억압적인 중산계급의 '의식'에 대한 수치스러운(scandalous) '자연'의 반역을 은유한다.

바꾸어 말하면, 아리시마에게 프롤레타리아트라는 관념은 사회주의에서 온 것이 아니라 그 자신이 기독교를 전도(轉倒)시킴으로써 나온 것이다. 그에 비하면 마르크스주의자에게 프롤레타리아트는 오히려 기독교적인 도식 속에서 위치지어진 것에 불과하다. 프롤레타리아트의 해방이 전 인류의 해방이라는 초기 마르크스의 소외론 자체가 기독교적(헤겔적) 틀 속에 있다. 하지만 얄궂게도, 일본의 사상사에서는 마르크스주의만이 엄격한 일신교로서 기능하였고, 그런 까닭에 전향이나 종교를 버리는 것이 최초로 내적인 윤리문제를 초래한 것이다. 히라노 겐(平野謙) 같은 문학가가 마르크스를 다시 읽는 대신 인간의 허약함·실존·이율배반 등만을 생각하는 도덕주의자가 되어 버린 것도 그 때문이다. 일본에서 기독교는 결코 그러한 물음을 강요하는 것이 될 수 없었고, 지금도 그렇다. 그런 의미에서 아마도 아리시마는 기독교에 의해 가장 심각하게 내면을 파괴당한 인간일 것이고, 그것의 전도를 '쓰는' 것으로 결실을 맺은 유일한 작가라고 해도 틀린 말은 아닐 것이다.

물론 영국에서 돌아온 소세키도 기독교든 유교든 중산계급의 '의식'을 차지하고 있는 도덕성에 대해 은밀하게 저주를 흘리고 있다.

> 두 사람이 같은 공간(same space)을 차지할(occupy) 수는 없다. 갑이 을을 쫓아 버리든지 을이 갑을 없애든지 두 가지 방법이 있을 뿐이다. 갑이든 을이든 상관없이 강한 쪽이 이길 것이다. 옳음(理)도 그름(非)도 아니다. 우월한 쪽이 이긴다. ……문명의 도구는 모두 자기를 조절하는 기계이다. 스스로를 억누르는 도구이며 나를 움츠러들게 하는 궁리(窮理)이다. ……이 문명적이고 소극적인 길로는 타인에게 이기지 못한다. 무릇 그러하므로 선한 사람이 반드시 진다. 덕과 의리가 있는 자가 반드시 진다. 청렴한 선비는 반드시 진다. 추함을 꺼리고 악함을 피하는 자는 반드시 진다. 일상의 예법과 인류의 불변을 중시하는 자는 반드시 진다. 이기고 이기지 못하고는 선함과 악함(善惡), 부정과 정의(邪正), 참과 거짓(眞否)의 문제가 아니라 힘(power)이다. 의지(will)다.(메이지 38~39년, 단편[斷片])

"두 사람이 같은 공간(same space)을 차지할(occupy) 수는 없다"는 논리는, 예컨대 "사랑은 아낌없이 빼앗는다"는 아리시마의 인식과 맞물린다. 아리시마는 소세키로부터 어떤 영향도 받지 않았지만, 그의 혐오는 어떤 인식을 공유하고 있기 때문에 생긴 것이다. 이 관계는 어느 정도 쇼펜하우어와 니체의 관계와 비슷하다. 쇼펜하우어는 의지(will)를 세계와 자기의 근저로 인정한 남자이고, 동시에 그것을 두려워하여 말살하려고 한 남자이다. 소세키도 필사적으로 그것을 죽이려고 했다. 그리고 그 자신이 육체적 쇠약을 그것의 극복과 혼동했을 때, "하늘의 뜻을 따르고 사심을 버린다"(則天去私)라는 신화가 이루어졌던 것이다.

이 신화는 1950년대에 에토 준(江藤淳)에 의해 파괴되었다. 하지만 이윽고 압도적으로 늘어난 신중산계급에 의해 새로운 신화가 형성되었다. 그것은 바로 '땅밑'이 소멸된 결과이다. 이 새로운 신화는 이미 '칙천거사' 따위는 믿지 않는다. 그러나 그것은 소세키의 고민·갈등·불안·공포를 추상적으로 승화시킨 다음에, 그것을 인간존재의 보편적인 모습으로서 발견한 것이다. 더구나 이러한 비역사적인 사고는 동시에, 자신의 역사성을 묻지 않는 역사주의적인 실증주의에 의해 보완되고 있다. 내가 신화라 부른 것은 소세키론의 바탕에 있는, 이러한 상호보완적인 이데올로기이다. 소세키론을 재고(再考)하는 것은 우리가 그 위에 있는 지적 지반 자체의 해체를 강요하는 것이다.

4부

문학에 대하여—나쓰메 소세키론 II

1

『문학론』 서문에서 소세키는 다음과 같이 말하고 있다.

나는 여기에서 근본적으로 문학이란 어떤 것인가라는 문제를 해석
해야겠다고 결심했다. 동시에 남은 1년을 이 문제 연구의 제1기로 삼
아야겠다는 생각을 했다. 나는 하숙집에 틀어박혔다. 일체의 문학서를
고리짝에 처박아 두었다. 문학서를 읽고 문학이 어떤 것인지를 알려고
하는 것은 피로 피를 씻는 것과 같다고 믿었기 때문에. 나는 심리적으
로 문학은 왜 필요하고, 어떻게 이 세상에 태어나서 발달하고 퇴폐해
가는지를 철저히 연구하기로 다짐했다. 나는 사회적으로 문학은 왜 필
요하고, 또 존재하고 융성하며 쇠락하는지 밝히겠다고 다짐했다.

이 인용문은 나를 생각에 잠기게 했다. 우선 소세키는 왜 '문학이란
어떤 것인가라는 문제'를 문제로 삼는가? 하필 그것은 왜 '문학'이어야
만 하는가? 확실히 소세키는 이런 대답을 하고 있다. "어렸을 때 한적
(漢籍)을 즐거이 배웠다. 그것을 배운 지 얼마 되지 않았음에도 문학은
이런 것이구나 하는 정의를, 막연하지만 어렴풋이 『좌전』(左傳)·『국어』
(國語)·『사기』(史記)·『한서』(漢書)에서 얻었다. 남몰래 생각하매 영문
학도 이와 같은 것이리라 생각하여, 생애를 걸고 배워도 결코 후회하지
는 않으리라"고 생각했지만, 차츰 "나의 뇌리에는 어쩐지 영문학에 속
은 듯한 불안한 생각"이 들고, 그 불안은 대학졸업 후 줄곧 따라다녔다.
런던 유학 후 반년 남짓, 소세키는 이 여러 해의 '불안'을 해소해야 한다

는 '10년 계획'의 문학론을 구상했다. 결국 위의 인용문은 소세키의 자기설명이나 거의 마찬가지다.

그래도 역시 의문이 생긴다. 도대체 '문학'에 대해서 이런 태도를 취한다는 것은 어떤 의미인가? 또 소세키의 문제는 왜 '문학'의 문제로서 드러나야 했는가? 이 경우 '문학이란 어떤 것인가'라고 묻게 만드는, 그 '문학'이란 무엇인가? 소세키는 두 개의 문학을 손에 들고 있는 것처럼 보인다. 하나는 한문학 또는 하이쿠(俳句, 일본의 5·7·5의 3구〔句〕 17음〔音〕으로 된 단형시〔短形詩〕—옮긴이)로서, 이것은 그에게 자연스럽고 친숙한 것이다. 또 하나는 영문학으로, 이것은 그에게 기분 나쁜 그 무엇이며, 그를 '어쩐지 속이는' 것이다. 하지만 이 둘은 소세키에게 '동양문학과 서양문학'이라는 식으로 병치되지는 않는다. 사실 전자는 어디에도 존재하지 않는다. 만약 그것이 확고한 실체로 존재한다면 소세키의 '불안'은 없었을 것이다. 소세키의 용어로 말하면, 전자는 "부모가 낳아주기 이전의 본래 모습"으로 언급한 그 무엇이며, 후자는 이른바 부모(가족)라는 제도와 비슷한 그 무엇이다.

『노방초』가 보여 주듯이, 소세키는 이 제도에 의해 농락당하고 있다. 그러나 그것은 가족이라는 제도가 억압적이었다는 것이 아니라 그가 보통의 아이들처럼 가족을 '자연'으로서 받아들이지 않았다는 것이다. 그는 어떤 자의성에 노출되어 있었다. 결국 양부모 밑에서 양육되었다는 것, 그리고 그것이 친부모와 양부모의 단순한 동기나 변덕에 의해 지배되었다는 것, 이 모두가 그에게 '어쩐지 속은' 느낌을 주었던 것이다.

겐조는 바다에서도 살지 않았다. 산에서도 살지 않았다. 양쪽에서 쫓겨나 양쪽 사이를 어정쩡하게 머물고 있다. 해산물을 먹기도 하고 때로는 산에서 나는 것에도 손을 내밀었다.

친아버지가 보아도 양아버지가 보아도 그는 인간이 아니었다. 되레 물건이었다. 친아버지는 단지 그를 허드레 물건 다루듯하였고 양아버지는 언젠가 쓸모가 있으리라는 어림계산을 할 뿐이었다.

"이제 우리집에 맡겨졌으니 급사든 뭐든 시킬 테니까, 그리 알거라."

겐조가 어느 날 양부모 집을 방문했을 때, 시마다는 적당한 기회를 잡아서 이렇게 말했다. 겐조는 놀라서 도망쳐 돌아왔다. 매정하다는 느낌이 어린 마음에 강렬한 공포심을 불러일으켰다. 그때 몇 살이었는지 잘 기억나지는 않지만, 여하튼 오랜 수업을 쌓아 훌륭한 인간이 되어 세상에 나가지 않으면 안되겠다는 욕구가 이미 왕성하게 싹트고 있을 무렵이었다.(『노방초』)

그러나 이 부모들이 유별나게 매정했다고는 볼 수 없다. 아무리 깊은 애정을 갖고 있는 경우라도 아이들은 '물건'인 것이다. 소세키를 농락한 이 '바꾸기'라는 잔혹한 유희는 원래 제도의 근원에 존재한다.

'자연'적인 친자관계란 없다는 것은 동물을 보면 분명해진다. 거기에는 '관계' 자체가 없다. 친자관계는 이런 의미에서 '관계' 자체의 시원과 중첩되어 있다. 그것은 자연도 아니며 자연에 의해 배태된 것도 아니다. 잘 알다시피 소쉬르는 언어를 '의미하는 것'(시니피앙)의 차이짓기의 체계로서 포착했다. 그것을 더 간단히 말하면, 개나 의자라는 개념이나 대상물이 처음부터 있는 것이 아니라, 의미와 사물은 이누(イヌ, 개)와 이스(イス, 의자)의 차이화 속에서 파생했다는 말이다. 그러니까 개는 의자였을지도 모르고, 의자는 개였을지도 모른다. 이런 '바꾸기'는 일단 성립된 체계 속에서는 금지된다. 개와 이누는 절대적으로 결부됨으로써, '개는 개다'라는 동일성(identity)이 뚜렷해진다. 그렇기 때문에 개라는 관념(idea)이 초월론적으로 존재하는 것처럼 간주하는 형이상학—물론 우리의 일상의식은 그것과 같다—은 언어라는 제도와 중첩되어 있다.

개는 의자가 아닐 뿐더러 의자라고 해서는 안된다는 것이 '제도'이다.

그러나 한편으로 제도가 그런 자의성 위에 기초해 있기에 말의 변화도 있을 수 있다. 레비-스트로스는 이런 소쉬르적 인식을, 미개사회의 친족이나 진화의 구조를 분석하는 데 적용했다. 친족이나 신화가 당사자나 관찰자에 대해서 가지고 있는 의미를 분석하기보다는 그것들을 구조적인 변형을 허용하는 기호론적인 세계에서 본 것이다. 친자의 '자연스러움'은 시원적인 것이 아니라 파생적인 이데올로기다. 그것은 근원적으로 교환 가능한 것이고, 그렇기 때문에 미개사회로 가면 갈수록 훨씬 엄격한 친족 '제도'가 존재하는 것이다. 동물세계에는 교환이 교환으로서 있을 수 없다.

소세키의 평생에 걸친 '불안'은 이러한 '바꾸기'의 근원성을 헤아려야 했던 곳에서 왔다고 해도 과언이 아니다. 그에게 아이덴티티란 있을 수 없다. 왜냐하면 아이덴티티란 제도의 파생물을 '자연'으로 받아들이는 것 외에 아무 것도 아니기 때문이다. 개는 개다, 나는 나다, 나는 누구의 자식이다……. 이러한 아이덴티티는 서로 공통적이다. 그것은 바꾸기의 금지로서 존재하는 제도가 강요하는 것이며, 나아가 제도의 결과에 대해서 '자연'이라 부르기에 적합하다.

소세키의 '불안'은 말할 나위도 없이 그러한 '자연'의 결여에서 비롯된다. 그러나 그의 본질은 그러한 '자연'을 동경하는 것이 아니라 그러한 것이 원래 존재하지 않는 것은 아닌가 하고 의심하는 데 있다. 탄생에 얽힌 잔혹한 유희를 소세키는 용납할 수 없었다. 하지만 그것이 근원적으로 존재한 것은 사실이 아닐까. 『노방초』의 소세키는 견고하고 안정된 친자관계를 갖지 않았던 '불행'을 한탄하는 것은 아니다. 그가 예외인 것이 아니라 정상적인 가정이야말로 그러한 기원을 은폐하고 있는 것은 아닌가 하는 시각이 이 소설을 왠지 무서운 작품으로 만든다.

"나는 어디에서 왔을까"라는 소세키의 물음은 결코 제도적인 출생의 문제가 아니며, 종교적인 문제도 아니다. '나'는 만약 양부모의 아들로서 자라고 있다면 완전히 달라졌으리라. '나'라는 주체나 의식이 시원 (始原)에 있지 않다. 시원에는 하나의 새겨진 시니피앙이 있고, 더욱이 그것 자체는 바꾸기가 가능하다. '의식'이란 바꾸기 가능한 것의 금지에 의해 성립하며, 더구나 그 금지 자체를 은폐한다.

소세키는 "나는 어디에서 왔을까"라는 물음에 대답하지 않는다. 왜냐 하면 답은 제도가 부여하는데, 그는 바로 그것을 거부하는 곳에서 묻고 있기 때문이다. 이누는 개이기 때문에 이누이다. 너는 일본인이니까 일본인이다. 이러한 답은 신에게서 이유를 찾는 사고(思考)와 똑같이 거꾸로 서 있다. 소세키가 시사하는 바는 그 잔혹한 유희이다. 그는 거기에서 온 것이고, 그리고 '거기'는 그의 '의식'과 이미 단절되어 있다.

예를 들면 삼각관계에 놓인 두 사람은 한 사람—소세키에게는 여자 이다—의 자의(恣意)에 종속된다. 여자는 잔혹하지도 사악하지도 않 다. 관계 또는 장소가 그녀를 그렇게 만든다. 소세키에게 '두려워하는 남자'와 '두려워하지 않는 여자'라는 유형이 나타나는 것은 그 때문이다. 사람이 두려움을 지니는지 지니지 않는지는 관계 또는 장소에 달려 있 다. 그런데 삼각관계에서 승리한 자는 잠재적으로 여자—물론 남자인 경우도 있다—를 증오하지 않을 수 없게 되고, 패배한 남자에게서 또 하나의 자신을 보게 된다. 예를 들면 아쿠타가와 류노스케(芥川龍之介) 의 『덤불 속』(藪の中)에서 도적인 다조마루(多襄丸)는 그에게 아내를 빼앗긴 남자를 극구 칭찬하고, 여자를 미워한다. 그것은 우선 그들의 입 장이 뒤바뀌는 일이 있을 수 있기 때문이고, 그들의 다툼 자체가 여자의 자의에 종속되어 있는 듯이 보이기 때문이다. 소세키의 『문』(門)이나 『마음』(こころ)에서 승리한 남자는 여자에 대하여 아무 것도 말하지 않 는 것처럼 보인다. 『문』의 소스케(宗助)는 제멋대로 참선하고, 『마음』의 선생은 침묵하고 자살해 버린다. 그것은 그들이 사랑하고 있지 않아서 가 아니라 그들이 경험한 내용이 다르기 때문이다.

다시 말하면 남자의 '사랑'은 또 한 사람의 남자가 있기 때문에 불타올랐던 것이다. 곧 삼각관계는 결코 특수한 것이 아니며 모든 '사랑'—또는 모든 '욕망'—은 삼각관계에 놓여 있다. 아니 '관계' 자체가 삼각관계로서 생겨난다고 해도 좋다. 따라서 소세키가 삼각관계의 문제를 고집한 데 대해 특별히 실제로 경험이 있었는지 상정할 필요는 없다. 중요한 것은 소세키가 삼각관계를 그와 같이 파악했다는 점이다. 그런 삼각 '관계'는 누구에게 책임이 있는 것일까? 그 누구도 아니다. '인간'에게는 책임이 없다. 프로이트가 말한 것처럼 '인간'이야말로 그러한 관계 속에서 형성되기 때문이다. 소세키 소설의 주인공들은 우선 예상조차 하지 못했던 자신을 갑자기 발견한다. 관계가 그들을 형성하고 그들을 강제하는 것이다. 하지만 이 관계를 관계답게 만드는 것은 결합의 자의성과 동시에 그 배타성이다. 한 남자가 승리하면 다른 남자는 사라지지 않으면 안된다. 언어의 체계에서 이 배타성은 철저하다. 그러나 이 선별과 배제의 원칙이야말로 제도(체계)에 꼭 있어야 하는 것이다. 바꾸어 말하면 제도 자체가 늘 삼각관계를 형성한다.

이것은 인간의 에고이즘 같은 것이 아니다. 신이 있든 없든 우리는 그러한 제도 속에 있을 때 비로소 '인간'인 것이다. 소세키의 물음은 '인간'이라 불리는 것을 그 '장소'로 돌려보내기 때문에 근원적이다. 어떤 해답도 부질없으며 형이상학으로 이끌 뿐이다. 문제는 오히려 그것을 '문제'로 삼는 것이며 '문제'를 확실히 끄집어내 보이는 것이다. 소세키의 소설은 그런 것으로서 '문제'이기를 멈추지 않는다. 소세키 연구는 이 '문제' 자체인 소세키 대신에 소세키라는 실체를 추구해 온 데 불과하다.

2

여기에서 소세키에게 왜 '문학'이 문제였을까 또는 '문제'가 왜 문학으로서 나타났을까 하는 것으로 돌아가자. 앞에서 이야기한 것처럼 말에 아이덴티티를 강제하는 것은 체계이다. 소쉬르는 이것을 음성언어에서 도출하고 있다. 물론 소쉬르가 그렇게 할 수 있었고 또 그렇게 해야만 했던 것은 자크 데리다가 말한 것처럼, 표음문자(알파벳) 속에서 생각했기 때문이다.

그러나 일본어의 문자표현은 그들의 자명성을 근본적으로 뒤엎는다. 예컨대 大河는 '오오카와'로도 '타이가'로도 읽을 수 있다. 물론 음성으로 소리를 내면 오오카와와 타이가는 구별이 되고 의미(가치)가 달라진다. 마사오카 시키(正岡子規)는 요사 부손(與謝蕪村)을 논하면서 이렇게 말하고 있다. 「5월 장마(五月雨)로구나, 대하(大河) 앞의 집 두 채」라는 하이쿠에서 '大河'는 타이가이지 오오카와는 아니다. "'오오카와'라고 말하면 물의 흐름이 완만하고 '타이가'라고 말하면 흐름이 급하게 느껴"지기 때문이다. 그러나 더욱 중요한 점은 '大河'라는 문자표기가 언제나 타이가와 오오카와의 바꾸기를 허용한다는 것, 또는 'さみたれ'(5월 장마)가 '五月雨'라고 쓰인다는 것이다.

'大河'는 확실히 한자어이지만 중국어에서는 하나의 음성하고만 결부된다. 결국 문제는 한자어 자체의 성질에 있지 않다. 한자가 표의문자라는 것은 알파벳이 표음문자라는 것과 마찬가지로 속설에 불과하다. 오히려 한자가 중국에서 사용되어 온 것은 중국어의 음성에서 보면 표음문자일 수 있었기 때문이다. 신기한 것은 일본어의 한자이다. 그것은 중국어의 한자가 아니다. 마찬가지로 소세키가 말한 '한문학'은 중국인의 그것이 아니다. 예를 들어 중국어로 뛰어난 한시를 지었다고 해도, 소세키는 그것을 일본어로 짓고 있었다. 말하자면 소세키는 한시를 '읊었던' 것이 아니라 '썼던' 것이다.

소세키가 '영문학'에 대하여 '한문학'을 대치시켰을 때 주의해야 할 것은, 첫째 그가 말하는 '한문학'이 중국문학이 아니었다는 점과, 둘째 그가 '영문학'에 대하여 와카(和歌, 일본 고유형식의 시를 총칭하기도 하고,

특별히 5·7·5·7·7의 5구 31음의 단가를 뜻하기도 한다—옮긴이)로 대표되는 고전문학을 대치시키지 않았다는 점이다. 이 두 가지는 결국 동일하다. '한문학'에서 그가 추구하고 있었던 것은 영문학, 한문학, 국문학(일본 문학) 그 어느 것도 아닌 것, 요컨대 음성적이지 않다는 것이다. 다시 말하면 '한문학'에 있어서 소세키는 저 배타적인 체계 밖에 있는 것, 바꾸기가 가능한 세계를 의미하고 있었다고 할 수 있다.

두말할 나위 없이 그것은 실제의 한문학 자체에 있는 것이 아니다. 따라서 '영문학과 한문학'을 비교해도 무의미하다. 그것으로는 왜 소세키가 전 존재를 걸고 '문학'을 문제로 삼지 않을 수 없었는지를 이해할 수 없다. 또 소세키가 결코 일본 취미로 회귀할 수 없었으며, '삼각관계'를 불가피한 것으로 삼는 체계성을 항상 추구하면서도 더욱 한시나 산수화의 세계를 꿈꾸고 있었던 사정을 이해할 수 없다. 더 나아가 소세키가 자유분방하게 아테지(宛字, 한자 본래의 뜻과는 관계없이 음이나 뜻을 빌어서 쓰는 한자 또는 그런 용법—옮긴이)를 남용한 사실도 이런 점에서 보아야 한다.

이를테면 산수화는 서양의 풍경화와는 다르다. 풍경화는 우리에게 아주 당연한 것처럼 보인다. 그러나 서구에서도 근대에 이르기까지 풍경 자체가 목적이 되어 묘사된 적은 없었다. 결국 풍경화를 자연스럽다고 생각하는 우리의 감성은 선험적인 것이 아니다. 거기에는 그때까지 풍경에 불과했던 풍경이 역사적·종교적인 주제를 밀어내고 역으로 모든 것을 풍경으로 취해 버리는 역사적인 전도(轉倒)가 숨어 있을 따름이다. 물론 이 전도는 외부의 풍경이 변했기 때문이 아니라 어떤 내적인 전도에 근거하고 있다.

이 무렵의 서구에 대해서는 묻지 말자. 중요한 것은 일본에서 '풍경'이 발견된 때가 메이지 20년대(1887~1896)라는 사실이다. 예를 들면 구니키다 돗포(國木田獨步)의 『잊지 못하는 사람들』(忘れえぬ人々,

1898)을 보면 좋다. '잊지 못하는 사람들'이란 제목은 역설적이다. 주인공은 보통이라면 잊어서는 안되는 사람들은 잊어버리고 그 주변에 있는 어떻게 되든 상관없는 사람들은 잊지 못한다고 한다. "그때 기름처럼 내 마음에 떠오르는 것은 바로 그런 사람들이다. 아니, 그런 사람들을 볼 때 주위의 광경 속에 서 있는 그런 사람들이다." 이것이야말로 내가 '풍경'이라고 부르는 것이다. 풍경이 발견될 때에는 그때까지 의미가 있던 것을 멀리하고, 무의미하게 보이는 것을 의미 있는 것처럼 만드는 가치 전도가 존재한다. 풍경은 밖에 있는 것이 아니다. 오히려 풍경은 외계에 어떤 관심도 가지지 않는 내적인 인간에 의해 발견된다. 따라서 풍경은 '내부' 또는 '자기'(self)와 함께 출현한다.

발레리는 말한다. "내가 회화에 대해 서술한 것은 틀림없이 놀랄 정도로 적확하게 문학에도 들어맞는다. 곧 문학에서 '묘사'라는 것에 의한 침투는, 그림에서 풍경화에 의한 침투와 거의 동시에 행해지고, 같은 방향을 취하고 같은 결과를 초래했다."(『드가·춤·데생』) 이것은 메이지 20년대에 마사오카 시키가 제창한 '사생문'(寫生文, 서양화의 이론에서 배운 것으로 사물을 있는 그대로 묘사하자는 방법론상의 주장—옮긴이)을 보면 잘 알 수 있다. 물론 시키에게는 돗포에게 있는 것 같은 내면화는 없지만, 이미 그가 말한 '묘사'에서야말로 '내면'을 가져오는 계기가 있었다고 말할 수 있다.

그러나 왜 메이지 20년대였던 것일까? 그것은 메이지 20년 전후에 메이지 국가가 제도적으로 확립되어 메이지 유신 이래 있었을지도 모르는 가능성이 막혀 버렸기 때문이다. 기타무라 도코쿠(北村透谷), 후타바데이 시메이(二葉亭四迷), 마사오카 시키, 구니키다 돗포 등은 각각 뭔가 정치적 좌절을 경험한다. 이 경험과 그들이 '풍경'을 발견한 것은 무관하지 않다. 그렇지만 그들의 정치적 좌절을 정치적 운동의 좌절로 받아들여서는 안된다. 그들이 '풍경'을 발견한 것은 확립된 제도로부터 배제되었기 때문이 아니라, 이 제도 자체에 힘입었기 때문이다. 메이지 20년대 전후의 근대적 제도의 확립은 문학·언어의 영역에서 말하면, '언문일치'(言文一致)로 상징된다. '언문일치'는 결코 '언'을 '문'으로 삼는 것이 아니라 새로운 '문'의 창출이었다. 이것이 얼마나 곤란했었는지는 후타바테이 시메이 등의 회상을 보면 분명히 알 수 있다. 그러나 더욱 중요한 것은 '언문일치'가 '언' 자체의 창출이라는 점이다.

이것은 예를 들어 '표준어'와 '방언'의 구별에서 단적으로 나타난다. 말할 나위도 없이 '표준어'는 메이지 제도가 중앙집권적으로 확립된 것을 언어적 레벨에서 보여 주는 것이다. 표준어는 음성언어에 놓여 있다. 그때까지 현재의 의미에 해당하는 방언은 없었다. 어떤 지역의 인간도 글을 쓸 때에는 공통의 글쓰기법을 따랐으며, 음성언어에서 '표준' 따위란 없었다. 하지만 '언문일치'에서 '언' 자체의 표준화가 강요된다. 지방인에게 '언문일치'는 '언'을 습득해야 한다는 의미밖에 되지 않는다. 야나기타 구니오는 '표준어'의 폭력성을 다양한 수준에서 지적하고 있다. 그에게 민속학은 '방언'으로 배제되고 억압되어 있던 정신활동을 복권시키는 시도였다고도 할 수 있다.

달리 말하면 '언문일치'는 '언' = '문'의 창출이다. 이 경우 '언'이란 자기 자신에게 가장 가까운 소리인 의식=내면이기도 하다. '문'이란 그것을 베껴서 얻은 것이다. 내부를 고백한다는 것은 문학에서 결코 보편적인 것이 아니고 오로지 이런 '언' = '문'에서만 성립한다. 결국 이 시기 작가들의 '근대적 자아'란 갑자기 발생하거나 정치적 좌절로 생겨난 것이 아니라, '언' = '문'이라는 근대적 제도의 확립 위에서 생겨났던 것이다.

따라서 '풍경'이 왜 '내적' = '외적'인 것으로서 생겨났는지는 분명할 것이다. 그때까지 작가에게—쓰보우치 쇼요(坪內逍遙)조차도—풍경을 묘사하는 것 따위는 있을 수 없었다. 풍경이란 언어 이외에 아무 것도 아니었던 것이다. 『수풀의 오솔길』(奧の細道)은 그 전형이며, 바쇼

(芭蕉)는 과거의 문학언어에 입각해서만 풍경을 보고 있다. 그것은 돗포의 『무사시노』(武藏野)와도 결정적으로 다르다. 바꾸어 말하면 그때까지 풍경이란 '문'이며 '언'과는 무관했지만, '언' = '문'의 수준에서 우리가 말한 풍경이 출현한 것이다. 이미 그렇게 되어 버린 우리에게 사실 그 이전을 상상하기란 어렵다. 뿐만 아니라 '내부'—근대 문학자가 제도에 대해 세운 근거지로서의—가 제도와 함께 생겨났다는 것도 간과되고 있다.

소세키에게 산수화는 마치 한문학과 똑같은 의미를 지니고 있었다고 해도 좋다. 그것은 풍경화와 근대문학에 의해 묻혀 버리고 만, 어떤 다의적인 세계라 할 수 있다. 물론 산수화와 풍경화를 나란히 비교해도 소용없는 일이다. 소세키에게 산수화는 한문학과 마찬가지로 실제로는 존재하지 않는 것을 의미하고 있었다. 근대문학의 세계에 발을 들여놓고 '삼각관계'의 가혹함을 대상화하면 할수록 그에게 한시나 산수화는 그런 체계 이전의 유희의 세계라는 의미를 지녔던 것이다.

3

메이지 10년대(1877~1886)에 소세키가 '한문학'에 일생을 걸어도 좋다고 마음먹은 것이 단순한 취미의 문제가 아님은 이제 분명하다. 그렇게 보면 소세키는 '한문학'이라는 말을 통해 당시 그의 존재를 상징하도록 했다. 따라서 한문학 대신 선택한 '영문학'도 단순한 영문학일 수 없었다. 런던에서 '문학'을 철저하게 다시 물으려고 했을 때, 소세키는 어쩌면 자신의 선택이 의미하는 문제를 묻고 있었던 것이다. 물론 그가 『문학론』 같은 글을 쓰는 대신, 나중에 그랬던 것처럼 소설을 썼다면 더 좋았겠지만, 그것을 무엇보다도 '문학'의 문제로 묻지 않을 수 없었던 곳에 그의 작업의 특이성이 나타난다. 그의 작업이 촌스럽다고 비웃는 사람은 '문학'의 자명성 속에서 나태하게 잠들어 있는 사람일 뿐이다.

소세키가 영문학을 지향하여 그 안에서 걸출한 존재가 되었을 때, 예 컨대 마사오카 시키 같은 사람은 그 존재의 대열에서 떨어져 나가고 있었다. 하지만 소세키는 '양학대(洋學隊) 대장'의 길을 걸으면서 언제나 거기에서 탈출하고 싶다는 충동을 느끼고 있었다. 그러나 그것과는 관계없이 소세키처럼 우수한 학자는 메이지 체제 속에서 상승해 간다. 그 모순은 런던 유학 때 정점에 달한다.

그는 나중에 몇 번이나 자신의 의지로 런던에 온 것이 아니라 문부성 (文部省)의 명령으로 왔다는 것을 강조한다. 하지만 그처럼 말할 때 소세키는 뭔가를 감추고 있다. 어느 경우이든 결국에는 그 자신이 선택한 결과에 불과하다는 사실을.

소세키의 '속았다는 느낌'은 오히려 그 자신이 스스로를 속인 것은 아닐까 하는 생각과 공존했을 것이다. 그런 관점에서 말하면 메이지 10년 대에 그가 일생을 걸어도 좋다고 느낀 '한문학'이란, 메이지 국가가 그 '지식'의 측면에서 확립되기 직전에 있었던 모든 가능성을 잉태한 것이었다. 이것은 역시 메이지 10년대의 학제개혁에 항거하며 퇴학한 니시다 기타로(西田幾多郎)가 그 후 '제국대학' 제도의 언저리를 떠돌며 살다가 메이지 말에야 이른바 '자기본위'의 사상가로서 등장한 예에도 잘 들어맞는다.

소세키는 자신의 선택에 대해 줄곧 의심하고 후회하고 있었을 것이다. 친구를 배반한다는 주제는 여기에 근거를 두고 있다고 해도 좋다. 어느 쪽이든 '한문학'은 한문학 그 자체가 아니고, 소세키가 갈아 탄 '영문학'도 영문학 그 자체가 아니다. '문학'에 대한 소세키의 이화감에는 이러한 사정이 깔려 있다.

런던에서 소세키는 다음과 같이 썼다.

Crozier *Civ.* 340 내가 말한 봉건을 무너뜨려 입헌정치로 바꾸는 것은 병력을 무너뜨려 금력(金力)을 이식하는 것에 불과하다. 칼과 창을 거두고 자본을 휘두르는 데 불과하다. 다이묘(大名)의 권력이 자본가에게로 옮겨 가는 데 불과하다. 무사도가 없어지고 배금주의의 길이 놓이는 데 불과하다. 어떤 개화가 이렇지 않으랴. 보라, 대상인(紳商)이라는 자가 점점 발호하여 올 것을. 귀족 작위(候伯子)를 얻어 부를 구하지 않는 자는 이 대상인 아래 굴복할 수밖에 없다. 아니 현재 굴복하고 있지 않느냐. 결국 이들의 손에 토지자본이 모여들고 세상은 가분수처럼 평형상태(equilibrium)를 잃고서 와해되어 갈 것이다. 프랑스 혁명도 역시 봉건제를 무너뜨리고 자본주의로 변화한 데 불과하다. 제2의 프랑스 혁명은 꼭 올 것이다. 대상인, 이기적인 자는 반드시 쓰라린 일을 겪을 것이다. 서양인은 눈앞에 이런 전례가 있기 때문에 자선사업을 벌인다(또는 종교의 결과). 일본에서는 어찌된 일인지 대상인이 된 자들은 옳고 그름을 말하지 않고 종교심도 없다. 단지 제멋대로의 마음뿐이다. 보라, 보라, 그들의 머리 위에 전등빛이 홀연히 번쩍이는 시절이다.(「소세키 자료—문학론 노트」)

이 글에는 메이지 20년대 전후의 제도적 확립이 유신(혁명)의 지속을 막는다는 견해가 전형적으로 나타나 있다. 소세키가 메이지 유신의 원훈(元勳)이라 불리는 자들까지 부득이 매도했던 것은 말할 필요도 없다. 그러나 그가 제국대학의 교수 자리를 버리고 창작에 몰입하기 시작했을 때, '유신 지사와 같이'라는 말을 쓰고 있다. 여기에도 메이지 20년 전후의 메이지 사회의 변질이 소세키에게 부여한 굴절이 투영되어 있다고 하겠다.

그러나 소세키의 자각은, 이를테면 도코쿠에 비하여 훨씬 늦게 다가왔다. 이 늦음은 물론 소세키 문학의 풍요로움을 가능케 한 정도가 아니다. 오히려 '늦음' 자체가 그의 소설의 주제가 되었다. 『그러고서』에서 다이스케(代助)는 일찍이 친구와 사귀고 있던 미치요(美千代)라는 여자를 '뒤늦게' 되찾으려고 한다. 삼각관계는 소세키에게 언제나 치명적인 '늦음'으로 나타나는 것이다.

4

런던 시절 소세키는 그의 선택에 어떤 매듭을 짓지 않으면 안되었다. 그리고 그것은 '영문학'에 대하여 또 '영문학' 속에서 이루어져야 한다. 하지만 그에게 '속았다는 느낌'을 준 '영문학' 또는 서구의 '문학'은, 그 내부에서 볼 때 이미 '속이는' 것은 아니었을까. 물론 소세키 같은 직관을 동시대의 서양인이 가질 수는 없었다. 서구에서는 문학이 당연하고 자연스러웠다. 마치 소세키보다 젊은 세대에게 그랬듯이. 그러나 미셸 푸코가 말한 것처럼, '문학'이란 19세기 서구에서 확립된 지배적인 관념이자 제도일 뿐이다. 그리고 소세키가 부정한 '문학사', 바꾸어 말하면 역사주의적 방법 역시 이 시기에 성립했다. 소세키가 용납할 수 없었던 것은 이 역사주의가 스스로의 역사성(기원)에 무지하다는 것이다. 그들은 확실히 과거를 묻는다. 하지만 그것은 현재에 이르는 출생=아이덴티티를 확증하기 위한 것에 불과하다.

소세키의 과제는 동양문학과 서양문학을 비교하는 것도 아니고, 그 차이를 규정하는 것도 아니다. 그로서는 영문학이 영문학이라는 아이덴티티가 참기 어려웠다. 그것은 단지 지방성에 불과하다고 그는 말한다. 도대체 왜 셰익스피어가 지카마쓰 몬자에몬(近松門左衛門)보다 보편적이란 말인가.

내 경험에서 말하자면, 셰익스피어가 건립했다고 하는 시세계는 유럽의 평자가 일치하는 바와 같이 그다지 보편적인 성질을 띠고 있는 것은 아니다. 우리가 거기에 걸맞게 이것을 맛볼 수 있는 것은, 몇 년

간의 수업의 결과로서 순응의 경지를 의식적으로 포착한, 거의 의도적
인 감상이다.(「쓰보우치 박사와 햄릿」)

더욱이 셰익스피어는 동시대에 보편적이라고 여겨진 라틴적 교양을
가진 시인들에게 경멸당했고, 그 이후에도 묵살당했으며, 간신히 19세
기 초 독일 낭만파를 통해, 그러니까 '문학'과 함께 발견되었다는 사실
을 잊어서는 안된다. 셰익스피어를 보편적인 것으로 간주할 때 실제로
는 셰익스피어 문학이 지카마쓰와 마찬가지로, 이른바 '에크리튀르
(écriture)의 문학'인 것이 간과되고 있다. 소세키는 쓰보우치 쇼요의 번
역을 비판할 때 그것을 지적하고 있었다. 셰익스피어는 리얼리즘을 추
구하지도 '인간'을 쓰려고 하지도 않았다. '보편적인 것'은 10세기의 서
구에서 겨우 확립됨과 동시에 그것 자체가 역사성을 은폐하려는 지방성
(地方性)이고 이데올로기에 불과하다.

소세키의 과제는 우선 서구문학을 '지방성'으로 볼 수 있는 관점을 확
립하는 데 있었다. 그러기 위해서는 '보편적인 것'으로서 자타가 공히
믿고 있는 것의 역사성을 명확히 하지 않으면 안된다. 그러나 그것은 역
사주의적 방법과 다를 뿐 아니라 역사주의 자체의 역사성을 문제삼는
것이다. 잘 알다시피 역사주의는 '문학'과 마찬가지로 19세기 서구에서
나타났고, 그들이 역사적으로 사물을 본다는 것이야말로 이미 역사적인
전도(轉倒)의 산물에 불과하다.

소세키는 '문학사'에 반발한다. 하지만 이것을 일본인에게는 독자적
인 독법이 허용되리라는 것과는 구별해야 한다. 그는 서구인에 의한 '문
학사'를 의심할 뿐만 아니라 역사주의 자체를 의심했던 것이다.

풍속도 습관도 정조도 서양의 역사에 나타난 것만이 풍속이요 습관
이요 정조이지 그 밖의 풍속이나 습관, 정조란 없다고 말하지 마십시

오. 서양인이 그들의 역사에서 수많은 변천을 거쳐 오늘에 이른 마지막 도착점이 반드시 표준은 아닙니다.(그들에게는 표준일 테지만.) 특히 문학에서는 그렇지 않습니다. 많은 사람은 일본문학을 유치하다고 합니다. 저 역시 한심스럽다고 생각합니다. 그러나 자국의 문학이 유치하다고 자백하는 것은 오늘날 서양문학이 표준이라고 하는 의미와는 다릅니다. 유치한 오늘날의 일본문학이 발달하려면 반드시 현대의 러시아 문학이 되지 않으면 안된다고 단언할 수는 없다고 믿습니다. 또한 반드시 위고에서 발자크, 발자크에서 졸라라는 순서를 거쳐 오늘날의 프랑스 문학과 똑같은 성질의 것으로 발전하지 않으면 안된다고 하는 것도 인정할 수 없습니다. 유치한 문학이 발달하는 것은 반드시 한길뿐이고, 그리하여 안착하는 목적지는 반드시 한 점이라는 것을 이론적으로 증명하지 않는 이상, 현대 서양문학의 경향이 유치한 일본문학의 경향이 되어야 한다는 것은 속단입니다. 또 이런 경향이 결국 옳다고 해도 결론은 내리기 힘들다고 생각합니다. 한길로만 발전하는 과학에서는 새로움이 곧 옳음이라는 것이 어느 정도로 이야기되고 있는지 모르겠지만, 발전의 길이 복잡하게 여럿으로 갈라지는 이상, 또 나누어질 수 있는 이상은 서양인의 새로움이 반드시 일본인에게 옳다고는 할 수 없을 것입니다. 그리고 그 문학이 한길로 발달하지 않는 것은, 그 이유는 제쳐두고라도 현재 각국의 문학 ─ 가장 진보한 문학 ─ 을 비교해 보면 가장 잘 알 수 있으리라 생각합니다. 그렇게 보면 서양의 회화사가 오늘날의 모습을 갖추게 된 것은 참으로 모험과도 같은 위험한 곡예를 해온 결과라고 하지 않으면 안됩니다. 조금이라도 균형이 틀어지면 곧 다른 역사가 되어 버립니다. 논의로서는 아직 불충분할지 모르겠지만, 실제적으로 앞에서 말한 것 같은 의미에서 귀납해 보면, 회화의 역사는 한없이 무한하며, 서양의 회화사는 그 하나의 줄기입니다. 일본 풍속화의 역사도 단지 그 한 줄기에 불과하다고 말할 수 있으리라 생각합니다. 이것은 단지 회화만을 예로 들어 이야기한 것입니다만, 반드시 회화에만 국한되는 것은 아닙니다. 문학도 마찬가지일 것입니다. 만일 그렇다고 하면 주어진 서양 문학사를 유일한 진리로 인정하고 모든 것을 그것에 호소하여 결정하는 양상은 지나치게 편협할지도 모릅니다. 역사니까 사실임에는 틀림없습니다. 그러나 주어지지 않은 역사는 흘러가는 그대로 머릿속에서 조립될 수 있고, 조건마저 충분히 갖추어진다면 그것을 실현하는 것은 언제든 가능하다고 주장해도 별 문제가 없으리라고 저는 믿고 있습니다…….

　지금까지 나는 모두 문학사에 연속적인 발전이 있는 것으로 인정하며 낡은 것을 버리고 공연히 새로운 것을 좇는 폐단이라든가, 우연히 이루어진 인간의 작품을 위해 어떤 주의라는 이름을 붙여 그 작품을 이런저런 주의를 대표하는 것처럼 취급한 결과 타당성을 잃었음에도 불구하고 이것을 넌더리날 때까지도 무너뜨리기 어려운 전체(whole)로 간주하는 폐단이나, 또는 점차 이동하는 세력에 따라서 이런 주의의 의미가 변화를 겪어 혼잡을 가져오는 폐단이라는 세 가지를 서술했던 것입니다. 여기에서 말씀드린 것은 역사와 관계는 있지만 역사의 발전과는 그다지 관련이 없다고 생각합니다. 곧 어떤 시대, 어떤 개인의 특성을 바탕으로 성립한 어떤어떤 주의에 입각해서 작품을 구별하는 대신, 동서고금에 걸쳐 합당하도록 작가도 시대도 관계없이 작품에 나타난 특성만으로 구별하는 것입니다. 이미 시대와 관계없이, 작가와 관계없이 작품에 드러난 특성만으로 구별하는 이상, 작품의 형식과 제목을 기준으로 나눌 수밖에 다른 도리가 없습니다.(「창작가의 태도」)

이상의 인용에서도 분명한 것처럼, 소세키는 역사주의에서의 서구중심주의나 역사의 연속성과 필연성에 대하여 근본적인 이의를 제기하고 있다. 그는 또 작품에 덧씌워진 '시대정신'이나 '작가'를 거절하고,

'작품에 나타난 특성만'을 보려고 한다.

소세키가 거절한 것은 서구의 자기동일성(아이덴티티)이다. 그의 생각으로는 거기에는 '바꾸기'가 가능한, 다시 짜기가 가능한 구조가 있다. 하지만 가끔 선택된 하나의 구조가 '보편적인 것'으로 간주될 때 역사는 필연적으로 단선적인 것으로 될 수밖에 없다. 소세키는 서양문학에 대비되는 일본문학을 수립하고, 그 차이와 상대성을 주장하고 있는 것은 아니다. 그에게는 일본문학의 아이덴티티도 역시 의심스럽다. 그에게는 서구든 일본이든 마치 확실한 혈통으로서 존재하고 있는 것처럼 보이는 것을 인정할 수 없었다. 다시 말해서 그는 자연스럽고 객관적으로 보이는 그러한 '역사주의'적 사고에서 '제도'의 냄새를 맡았던 것이다. 따라서 그는 문학사를 단선적으로 보는 것을 거부한다. 그것은 다시 짜기가 가능한 것으로 보지 않으면 안된다.

이를테면 낭만주의와 자연주의는 역사적인 개념이고 역사적인 순서로 나타난다. 하지만 소세키는 그것을 두 가지 요소로 본다.

두 종류의 문학적 특성은 이상(以上)과 같은 데 있습니다. 이상과 같은 데 있기 때문에 양쪽 모두 대단한 것입니다. 한쪽만 있으면 다른 쪽은 문단에서 쫓아내도 좋다고 말하는, 그런 뿌리가 얕은 것이 결코 아닙니다. 또 이름이 두 종류이기 때문에 자연파와 낭만파로 대립하면서 망루를 지키고 수로를 깊이 파서 적대시하는 것처럼 생각됩니다만, 실상 적대시할 수 있는 것은 이름뿐이며, 내용은 양쪽 모두 왔다갔다 하여 대부분 뒤섞여 있습니다. 그뿐 아니라 어떤 것은 관점이나 독법에 따라 어느 쪽에도 편입될 수 있을 것입니다. 그러니까 자세한 구별 운운하면 순수하게 객관적인 태도와 순수하게 주관적인 태도 사이에 무수한 변화가 생길 뿐 아니라, 그 변화하는 각각의 작품과 다른 것이 결부되어 잡종을 만든다면 또 무수한 제2의 변화가 성립하기 때문에,

누구의 작품은 자연파라든가 누구의 작품은 낭만파라든가, 그렇게 획일적으로 말하면 안될 것입니다. 그것보다는 아무개 작품의 이 부분은 이런 뜻에서 자연파 정취라고, 작품을 해부해서 하나하나 지적할 뿐 아니라 그 지적한 곳의 정취까지도 단지 낭만이나 자연 두 가지로 간단하게 열거하지 말고, 얼마만큼의 다른 요소가 어느 정도의 비율로 섞여 있는지를 설명하게 된다면 오늘날의 폐단이 극복될지도 모른다고 생각합니다.(「창작가의 태도」)

이것은 형식주의적인 관점임에는 틀림없다. 소세키는 언어표현의 근저에서 은유(metaphor)와 직유(simile)를 발견하고 있는데, 그 두 요소가 낭만주의와 자연주의로 나타나고 있다. 로만 야콥슨은 은유와 환유(metonymy)를 대비적인 두 요소로서, 그 요소의 비율에 따라 문학작품의 경향성을 보는 관점을 제기했는데(『일반 언어학』), 소세키는 바로 그것을 앞지르고 있다. 물론 일본의 '때늦은 구조주의자' 따위는 논외이다. 『문학론』에서의 유명한 'F+f' 공식에 대해서도 똑같이 말할 수 있다.

무릇 문학적 내용의 형식은 'F+f'일 것을 요구한다. F는 초점적 인상 또는 관념을 의미하고, f는 이것에 부착된 정서를 의미한다. 그러면 이 공식은 인상 또는 관념의 두 방면, 곧 인식적 요소(F)와 정서적 요소(f)의 결합을 보여주는 것이라고 말할 수 있다.(『문학론』)

이런 생각 자체는 영국의 연상심리학(聯想心理學)에 근거하고 있고, 그런 한에서는 대수롭지 않다. 그러나 문학작품을 F와 f의 비율로 보려고 한다면, 이제 그러한 심리학을 걷어치우고 보아야 한다. 소세키에게 F+f라는 공식은 서양문학과 일본문학, 또는 문학과 과학이라는 질적인 구별을 양적인 차이나 비율로 보는 것을 의미한다.

왜 그것이 양적 차이로서 파악되어야 했는지는 분명할 것이다. 소세키에게는 영문학이 영문학이라는 자기동일성을 허용하는 가치의식이 전도되어야 했던 것이다. 그래서 일본문학이나 한문학의 우위성을 주장하는 것은 협박에 불과하고, 결코 그들의 자기중심성을 흔들 수는 없다. 소세키에게 '과학'이 요청된 것은 이때이다. 물론 그것은 자연과학자의 과학이 아니라 이를테면 니체가 의미했던 '과학'이다.

우리의 인식은 수와 양을 이용할 수 있기 때문에 과학적인 것이 되었다. 힘의 수량적 순서에 의해 가치의 과학적 질서를 수립할 수 없을까 내다보지 않으면 안된다. 그 이외의 모든 가치는 편견이며 단순함이며 오해이다. 이러한 것은 언제나 이 수량적 순서로 환원할 수 있다.(『권력에의 의지』)

하지만 니체와 마찬가지로 소세키에게도 '과학'은 가치 전도로서 필요할 뿐이었다. 런던에서 귀국한 소세키가 수년 후에, 저 '10년 계획'을 방기해 버릴 정도의 혐오감마저 품은 것은 그 때문이다. "모든 양은 질의 징후라는 것은 있을 수 없을까. ……일체의 질을 양으로 환원하고자 하는 것은 미친 짓이다."(『권력에의 의지』)

그러나 소세키가 '한문학'과 '영문학'의 질적 차이를 파악한 것은 그것들을 일단 동일성 위에서 분석한 뒤의 일이다. 그것은 '일본 회귀'라는 퇴행적 돌변이 아니다. 애당초 소세키에게 일본의 독자적인 것 따위는 있지도 않다. 그가 말한 '자기본위'란 자신을 어디에도 소속시키지 않는, 다른 말로 하면 어떤 아이덴티티도 거부하는 아이덴티티인 것이다. 따라서 그 차이는 오히려 창작으로만 파악되는 그 무엇이다. 왜냐하면 이 차이는 저 시간적인 전도 속에서 은폐된 것이며, 소세키는 그것을 '늦음'으로서 드러나는 이야기의 전개로밖에 파악할 수 없었기 때문이다.

앞에서 나는 '풍경'이 외부세계를 거절하는 '내적 인간'(루터)에 의해 발견된 것이라고 말했다. 주관-객관이라는 근대인식론의 틀 자체가 '풍경' 속에서 성립한 것이다. '풍경' 자체가 하나의 전도물(轉倒物)이지만, 일단 그것이 성립되자마자 그 전도는 감춰진다. 이것이 결정적인 모습으로 태어난 것은 서구의 낭만파에서이며, 거기에서 리얼리즘 역시 확립되었다.

이것은 역설적으로 들린다. 리얼리즘에 의해 '묘사'된 것은 풍경 또는 풍경으로서의 인간이지만, 그와 같은 풍경은 낭만파적인 전도에 의해서만 존재할 수 있기 때문이다. 예컨대 쉬클로프스키(Victor Borisovich Shklovskii)는 리얼리즘의 본질이 비친화화(非親和化)에 있다고 한다. 요컨대 눈에 익었기 때문에 사실상 보이지 않는 것을 보게 된다는 것이다. 따라서 리얼리즘에 일정한 방법은 없다. 그것은 친화적인 것을 항상 계속해서 비친화적으로 만드는 끊임없는 과정일 뿐이다. 이런 의미에서 이른바 반리얼리즘, 예컨대 카프카의 작품도 리얼리즘에 속한다. 리얼리즘이란 풍경을 묘사하는 것이 아니라 늘 풍경을 창출하지 않으면 안 된다. 그때까지 누구도 보지 못하고 있던 풍경을 존재케 하는 일이기에, 리얼리스트는 언제나 '내적 인간'이다.

바꾸어 말하면 낭만주의와 리얼리즘을 단지 대립적으로만 볼 수는 없다. 또 그것들은 과거 '문학사'의 사실에 그치지 않는다. 어떤 의미에서 우리는 낭만주의를 빠져 나올 수 없는 것이고, 또 다른 의미에서는 리얼리즘을 빠져 나올 수 없는 것이다.

그런데 서양의 '문학사'에서는 낭만파 뒤에 자연주의가 온다. 또 자연주의 뒤에 반리얼리즘이 온다. 그러나 그러한 역사적 사실의 규범화는 이 본질을 놓치게 만든다. 소세키가 형식주의자보다 먼저 그것을 공시(共時)적으로 보려 한 것은 틀림없다. 하지만 낭만파와 자연주의파를 '비율'로 보는 관점 또한 근본적으로는 낭만파적인 것 위에 있다. 그것은 낭만파-자연주의라는 이원적인 양상의 더욱 깊은 근원에 있는 사태를 보지 못한다. 우리는 이미 '풍경의 발견'이라는 사태 속에 낭만파와 자연주의라는 대립구조 자체를 파생시키는 것이 있었다는 것을 알고 있다. 하지만 그것을 보기 위해서는 단지 과거의 문학을 이질적인 것으로서 끄집어내는 것이 아니라 '풍경'에 의해 생긴, 또 '풍경'에 의해 은폐된 사태를 거슬러올라가서 분명히 하지 않으면 안될 것이다.

"일본의 자연주의 문학은 낭만주의적인 성격을 지니며, 외국문학에서는 낭만파가 수행한 역할이 자연주의에 의해 성숙되었다"(『메이지 문학사』)라고 나카무라 미쓰오는 말하고 있다. 물론 이것은 유럽의 '문학'을 규범으로 본 시각에 불과하다. 예컨대 구니키다 돗포가 낭만파인지 자연주의파인지를 따지는 것은 어리석은 일이다. 돗포가 어느 한쪽이라고 하면 대단한 모순이며, 낭만파와 리얼리즘의 내적 연관을 단적으로 보여 줄 뿐이다. 서양의 '문학사'를 규범으로 삼는 한, 그것은 단기간에 서양문학을 받아들인 메이지 일본에서의 혼란스러운 모습을 보여 줄 뿐이지만, 오히려 여기에 서양에서는 장기간 계속되었기 때문에 단선적인 순서 속에서 은폐되어 버린 전도의 성질, 곧 서양에 고유한 전도의 성질을 밝혀 내는 문제해결의 열쇠가 있다고 할 것이다.

소세키가 '문학'을 의심했을 때 분명히 그는 그 자신이 서 있는 인식론적인 포치(布置)를 의심했다. 그가 그렇게 할 수 있었던 것은 '문학' 이전의 감촉이 남아 있었기 때문이고 '풍경' 이전의 풍경을 기억하고 있었기 때문이다. 물론 그의 의심은 늦게 왔다. 그래서 그의 소설은 이 뒤틀린 시간성에서 은폐된 것을 조망해 내려고 한다. 그러나 다이쇼 시기 이후 일본의 문학가는 '문학' 또는 '풍경' 속에 매몰되어 버렸으며, 자신이 속해 있는 토대 자체의 역사성을 물은 적이 없었다. 다만 '풍경' 또는 '자의식이라는 구체(球體)'(고바야시 히데오)에서 나오려고 하는 비평적 의식이 있었을 뿐이다.

보론 I

교통에 대하여

1

스튜어트 휴즈는 1930년대 프랑스가 지적 쇄국상태였다고 지적한다. 이 지적 빈혈상태가 나중에 독일 철학의 생경한 언어를 마구잡이식으로 도입하도록 생리적으로 요구한 것은 잘 알려진 사실이다. 고바야시 히데오가 받아들였던 프랑스의 지적 세련은 그야말로 지적 빈혈이었다. 그렇다면 고바야시 히데오의 비평이 생기를 띤 것은 마르크스주의 운동의 전성기, 생경한 관념이 폭력적으로 난무하던 시기였기 때문일지도 모른다. 적어도 거기에는 변증법이 있었는데, 마르크스주의의 괴멸 후에는 그것마저 없어졌다. 그리고 실질적인 쇄국상태(전후 일본의 미군 점령기―옮긴이) 속에서 다른 형태로 아름답게 다듬어진 말이 남아 있다. 전후의 고바야시 히데오는 나와는 거의 무관하다.

마르크스주의 운동이 사실상 붕괴한 뒤에 고바야시 히데오는 앞으로 5년에 걸쳐 마르크스를 읽겠다고 선언했지만 실제로 그가 쓴 글은『도스토예프스키의 생활』이었다. 이전에 마르크스주의자와 벌인 논쟁에서 그는 다음과 같이 말하고 있다. "마르크스는 사회의 자기이해에서 시작하여 스스로의 자기이해를 꿰뚫었다. 이를테면 도스토예프스키는 그 반대로 행동했다고 할 수 있다. 내 눈에는 언제나 이런 두 달인(達人)이 교착되어 보인다."(『마르크스의 깨달음』) 그러나 가령 두 사람이 등가로 비쳐지고 있어도 고바야시 히데오가 마르크스 쪽을 선택한다는 것은 미처 생각하지 못했을 것이다. '자기이해', 곧 자기의식의 해석으로부터 '사물'이나 '사회'에 이른다는 이치는 그에게 비평의 알파이자 오메가였다.

만약 마르크스가 '자본론' 대신 '예술론'을 썼다면 그는 플레하노프처럼 톨스토이의 『예술이란 무엇인가』를 해석하는 것에서부터 시작하지는 않았을 것이다. 솔직히 『안나 카레니나』로부터, 아니 언어의 분석에서부터 시작했을 것이다. 이런 가정은 물론 어리석다. 문제는 단지 예술의 사회적 등가 발견의 어려움을 심각하게 깨닫느냐 경박하게 조망하느냐에 달려 있다. 어려움은 현실의 동의어이고 현실은 노력의 동의어이다. 하지만 이 가능성을 부정하는 것은 더욱 어리석다. 한편 이러한 이론적 천국을 몽상하고 설교하는 것은 더더욱 어리석은 일이다. 나는 엥겔스처럼 말할 뿐이다. "문예과학은 가능한 동시에 불가능하다. 그리고 이것이 필요한 전부다"라고.(『마르크스의 깨달음』)

이런 곳에 하나의 '가능성'이 있을지도 모른다. 그러나 고바야시 히데오가 그것을 실현했을지도 모른다는 '가정은 물론 어리석다.' "문예과학은 가능한 동시에 불가능하다. 그리고 이것이 필요한 전부다"와 같은 말은 지나치게 옳다. 여기에서는 이제 아무 것도 생기지 않는다. 아무리 보아도 촌스러운 '문예과학'이라는 계획을 마르크스주의의 일파(러시아 형식주의)는 거침없이 해치웠다. '문예과학'이 불가능하다는 것을 보이기 위해서는 어떡해서라도 가능성을 추구해 보아야 했던 것은 아닐까?

예를 들면 소세키는 '과학자'로서 『문학론』을 썼다. 내게 이러한 책은 흥미롭다. 하지만 『문학론』은 다분히 근본적으로 잘못되어 있다. 그러나 그 잘못된 방식, 곧 소세키의 맹목성에서야말로 그의 명석한 통찰을 '읽을' 수 있다. 그런 의미에서 고바야시 히데오의 텍스트를 나는 '읽을' 수 없다. 그의 텍스트는 관리되어 있다. 마르크스주의 운동이 붕괴된 이후의 작품은 특히 그러하다.

고바야시 히데오는 본질적으로 과학을 두려워한다. 여기에서 과학이라 부른 것은 과학과 철학, 과학과 문학이라는 대비로 생각할 수 있는 그런 것이 아니다. 다만 하나의 지식(science)이 점점 전진해 가는 역동성(dynamism)을 의미한다. 물론 어떤 수준을 뛰어넘은 지식(science)은 텍스트로서 남는다. 예컨대 고바야시 히데오는 전후에 『감상』(베르그송론)을 쓰고 아인슈타인이 반대한 양자역학이 오히려 베르그송의 생각과 합치한다는 것을 설명하고 있다. 그러나 그가 베르그송론을 쓴 당시에는 사실 분자생물학이 급속도로 발전하여 베르그송의 사고를 다른 각도에서 재평가하고 있었다. 더구나 그것은 베르그송이 거부한 '생물의 물리학'을 지나칠 정도로 정직하게 추구함으로써 이루어졌다. 베르그송의 텍스트는 그렇게 하여 되살아나지만, 고바야시 히데오의 텍스트는 그럴 여지가 없다. 베르그송과 반대로 고바야시 히데오는 플라톤주의자였다. 그의 언어는 언제나 쓸데없는 것을 잘라내 버리고 영원한 것이 되려고 자세를 가다듬는다. 그러나 그가 잘라내 버린 쓸데없는 것만이 오히려 중요하다.

자크 모노는 생명이 지상에 출현할 확률은 거의 제로인데도 사실상 현실화되었다고 한다. "이런 생각은 많은 과학자의 반감을 자아낼 것이다. 과학은 유일무이한 사건에 대해서는 아무 것도 말할 수 없고, 그것을 어떻게 해보는 일도 불가능하다……." "우주는 생명을 잉태하지 않았고, 생물권은 인간을 잉태하지 않았다. 우리가 당첨된 제비뽑기는 몬테카를로의 도박장 풍경과 흡사하다. 거기에서 10억 프랑에 당첨되어 망연자실하고 있는 인간처럼 우리가 자기 자신의 이상함에 어리둥절해 있어도 전혀 놀랄 것이 없다."(『우연과 필연』)

이러한 사고는 이미 파스칼이 말한 것으로 특별히 새로울 것은 없다. 고바야시 히데오는 말한다. "사람은 다양한 가능성을 안고 이 세상에 태어난다. 그는 과학자가 될 수도 있고 군인이나 소설가가 될 수도 있지만, 자신 이외의 것이 될 수는 없었다. 이것은 놀랄 만한 사실이다."(『다양한 생각』) 그리고 이것은 역사는 일회적이고, 바로 일회적이기 때문에 우리는 역사를 고집한다는 전쟁기(2차 대전기)의 인식과 연관되어 있다.

같은 식으로 말하면, 어떤 텍스트가 불투명한 의미를 계속 품고 있다는 것은 그 구조에 의해서가 아니라 그것이 그러한 모습을 취했다는 '사건'의 우연성에 의해서이다. 하지만 얄궂게도 고바야시 히데오의 작품은 언제나 필연적·영원적인 것을 지향한다. 언제 보아도 반대할 수 없는 말로 이루어져 있다. 그것은 대담하고 분방해 보이지만, 실은 소심하고 조심스럽다. 자기를 버리는 것처럼 보여도 버리지 않는다. 그리고 영원할 것이라고 하는 그 기대 때문에 그의 작품은 텍스트가 될 수 없다. 고바야시 히데오는 우연성을 두려워하고 있는 것이다.

2

그러나 내가 말하고 싶었던 것은 오히려 지적 쇄국에 대해서이다. 그것은 다른 말로 하면 '교통'(交通)의 문제이다. 교통(Verkehr)이란 마르크스·엥겔스가 『독일 이데올로기』에서 빈번하게 쓴 후에 그만두어 버린 개념이다. 그것은 교역·커뮤니케이션·생산관계를 의미하지만, 문자그대로 교통의 의미도 있다. '교통'이란 번역어는 변했는데, 영어권에서도 같은 고민을 갖고 있어서인지 traffic이라 하지 않고 intercourse라고 번역한다. 이 말에는 traffic이라는 구체적인 뉘앙스는 없어도 한 가지 훌륭한 점은 '교통'이 inter-course임을 명확히 한다는 것이다.

내가 일본의 사상가에 대해서 생각할작시면 결국 '교통'이라는 문제로 환원하지 않을 수 있다. 일본의 사상가는 다행인지 불행인지 '교통'이라는 것을 진실로 경험한 적이 없었다. 다만 course였고 inter-course는 아니었다. 요시모토 다카아키는 다음과 같이 말한다.

우리 시가의 역사는 언제 어디선가 터무니없는 착각을 해버리는 듯하다. 끊임없이 우위에 선 문화에 의해 해변이 씻겨져 온 변경의 섬나라라는 역사적인 숙명을 짊어져 온 것을 생각하면, 온몸으로 통증을 느낄 정도이다. 우리나라에서는 문화적 영향을 받는다는 의미가 취사 선택할 수 있는 문제가 아니라 휘몰아치는 태풍에 본디의 형체를 잃는 것이었다. 그리고 겨우 뒷수습을 하고 판잣집이라도 지으면 아직 토대도 탄탄해지지 않은 틈에 다음 태풍에 얻어맞아 날아가 버렸다. 물론 그때마다 비약적인 높이로 문화는 끌어올려진다. 그렇더라도 여우에게 홀린 것처럼 그 높이를 별로 실감하지도 못한 채 이전의 과정을 답습하지 않으면 안되었다.(『초기 가요론』〔初期歌謠論〕)

이 말 그대로라고 할 수밖에 없다. 그러나 '문화적 영향'이 아무리 격렬한 것이어도 어쨌든 그것이 '문화적 영향'일 뿐이라는 측면이 특이하다. 한국이나 동남아시아는 그렇게 살지는 않았다. 그리고 '뒷수습을 하고 판잣집이라도 지을' 여유가 있었다는 것 자체가 놀랄 만하다. 헤이안(平安)이나 에도의 '쇄국'시대에 적어도 '판잣집' 이상의 것이 세워졌으니 말이다.

일본인에게는 보기 드문 낙관주의가 있다. 무엇을 어떻게 받아들여도 결코 송두리째 당하지는 않는다는 낙관주의이다. 만주사변 무렵 고바야시 히데오는 '사변에 대해 입 다물고 있던' '국민의 지혜'를 믿는다고 썼는데, 그의 생각은 별로 틀리지 않았다. '국민'은 전쟁에 패하고도 '입 다물고 있었으며' 미국 문화를 환영했다. 지도자나 지식인은 언제나 허둥대지만 '국민'에게 그것은 일시적인 천재지변에 불과하다. 그러한 '국민의 지혜'를 추상화하면 모토오리 노리나가(本居宣長)의 사상이 될 것이다. '한의'(漢意), 곧 '다양한 생각' 따위는 결국 표층에만 있을 수 있다. 여기에 어느 국민에게도 없는 낙관주의가 있다. 아쿠타가와 류노스케(芥川龍之介)가 '신들의 미소'라 말한 바와 같이 결코 근저가 흔들리는 법이 없다. 그것은 내셔널리즘 이전의 문제이다.

고바야시 히데오는 『다양한 생각』을 다음과 같이 끝맺고 있다. "나는 오늘날 일본 문단이 다양한 생각의, 조금이나마 중요하다고 보이는 것의 사이는 산책했다고 믿는다. 나는 뭔가를 추구하고자 이들 생각을 경멸하려 한 것은 결코 아니다. 다만 하나의 생각을 지나치게 믿지 않기 위해서 오히려 모든 생각을 믿으려고 노력한 데 불과하다." 다분히 이 방법은 거드럭거린 것이라기보다는 일본적인 것이었다. 적어도 이러한 자세는 모리 오가이(森鷗外)·소세키·야나기타 구니오 등에게 없었다. 그들은 '교통'이라는 것을 예외적이라고 이해했기 때문이며, 그것은 그들이 '과학'적이었다거나 '내셔널리스트'였다는 것과 똑같다. 이를테면 야나기타가 말한 '상민'(常民)은 '국민의 지혜'와 달리 방법적인 것으로 그것은 일본을 '민속학의 보고'로 보는 관점에서 온 것이다.

마르크스는 교통이라는 개념을 다음과 같이 사용하고 있다.

어떤 지방에서 얻은 생산력, 특히 발명이 이후의 발전에 영향을 미치는지 어떤지는 오로지 교통의 확대 여하에 달려 있다. 직접 인접해 있는 이웃을 넘어선 교통이 아직 완전히 존재하지 않는 한 어떤 발명도 지방마다 이루어져야 한다. 그리고 야만족의 침입 같은 통상적인 전쟁으로도 충분하지만, 완전한 우연만 있다면 발달한 생산력과 요구를 가진 나라를 원점에서 다시 시작해야 할 상태로 만들어 버릴 수도 있다. 역사의 발전에서는 어떤 발명도 매일 처음부터 다시 시작되며 어떤 지방에서도 각각 독자적으로 수행해야 한다. 상당한 정도로 확대된 무역이 존재하는 경우조차 완성된 생산력이 전멸할 우려가 어느 정도인지는 페니키아인이 입증하고 있다. 그들 발명의 대부분은 그들이 무역에서 밀려나고, 알렉산드로스에게 정복당한 후 쇠망의 길을 걸으면서 장기간에 걸쳐 유실되어 버렸다. 예를 들면 중세의 유리그림이 똑같은 운명을 되밟고 있다. 교통이 세계교통이 되고 대공업을 토대로

하여 모든 국민이 경쟁전에 돌입할 수 있을 때 비로소 획득된 생산력의 확실한 존속이 가능해진다.(『독일 이데올로기』)

메이지 시대에 이르기까지 우리는 이러한 '교통'의 잔혹함을 간파하고 있었다. 그리고 그것이 우리의 근본적인 체질이 되고 있다. 그러나 '교통'에 의해 송두리째 당하지도 않고 또 '교통'으로부터 격리되어 정체된 적도 없다는 것은 놀라운 일이 아닐까. 요시모토 다카아키가 말한 것처럼 그것은 '변경의 섬나라라는 역사적인 숙명'이다. 하지만 그것은 '세계사'에서는 정말 우연한 일에 불과하다고 보아야 한다.

'세계사'라고 할 때 나는 헤겔적인 의미로 말하는 것이 아니다. 마르크스가 말한 것처럼 '세계사'는 실제 세계가 '교통'의 그물망으로 짜여져 있을 때 성립하며, '교통' 그 자체에 필연성이 있는 것은 아니고 '교통'의 결과가 그것을 생겨나게 하는 데 불과하다. 마르크스가 역사에서 이념이나 목적을 배제할 때 '교통'이란 개념을 사용했던 것은 그 때문이다.

3

『독일 이데올로기』에서 분업과 교통은 매우 중요한 개념이지만, 여기에서는 간단하게 서술하는 데 그치겠다. 마르크스·엥겔스는 다음과 같은 기묘한 방식으로 말한다. "이 생산(생활수단의 생산)은 인구의 증가에 의해 비로소 출현한다. 또한 인구의 증가는 그 자체가 개인 상호간의 교통을 전제로 한다. 이 교통의 형태는 이번에는 생산에 의해 규정된다." 주목할 만한 것은 막연히 '인구의 증가'라 일컬은 사정이다. 그 말은 어느 정도 '교통'의 밀도가 존재하지 않는다면 '생활수단의 생산'은 있을 수 없다는 뜻이다.

"사람들은 동물과 인간을 의식, 종교, 기타 욕망으로 구별할 수 있다. 인간 자신은 그들이 생산수단을 생산하기 시작하자마자, 곧 그들의 신체조직에 의해 부과된 의무를 감당하기 시작하자마자 스스로를 동물과 구별하기 시작한다." 마르크스는 여기에서 인간을 '도구를 만드는 동물'(엥겔스)로 정의내리고 있는 것이 아니다. 따라서 언어야말로 인간과 동물을 구별하는 것이라고 반론을 제기해도 무의미하다. 원래 마르크스가 말한 '신체조직', 오늘날 생물학자들이 말하는 식으로 하면 뇌의 중추신경계 자체가 다르다. 문제는 인간 자신이 언제 동물과 스스로를 구별하게 되었는가이다. 수렵인이나 채집인은 스스로를 동물과 '구별'하지 않았다. 농업·목축을 시작했을 때 '인간과 동물'이 절대적으로 구별된 것이다. 곧 마르크스가 말한 '생활수단의 생산'은 단지 도구를 만드는 것이 아님은 분명하다.

하지만 그것은 어떻게 생겨났는가. '교통'의 밀도에 의해서이다. 마르크스주의뿐만이 아니라 일반적으로 농업의 발달로 도시가 형성된다고 생각하지만, 젠 제이콥스는 그것에 반대하여 여러 생산물이나 기술이 집적되는 '원(原)도시'에서 재배·목축이 발명된다고 한다.(『도시의 경제』, 단 원도시는 내가 만든 말이다.) 농촌은 '원도시' 속에서 생겨나 끊임없이 도시와의 관계에 의해 변화해 간다. 제이콥스가 그러한 가설을 세웠던 것은 곡물을 이종교배로 창출하는 일이 어느 정도 정보가 모이는 장소가 아니면 불가능하기 때문이다. 발명은 이미 있는 것끼리의 '이종교배'로 탄생한다. 새로운 작업은 낡은 작업의 새로운 결합에서 나온다. 이를테면 영화가 사진과 연극의 결합인 것처럼. 그것은 새로운 의미가 은유적인 결합에서 태어나는 것과 마찬가지다. 그러한 것이 생겨나기 위해서는 사이버네틱스(cybernetics) 기계 같은 종족생활이 아니라 중추신경계(세미라티스상〔狀〕) 같은 '원도시'와 그것들의 교통이 있어야 한다. 다시 말하면 '교통'이 없어서는 안되며 '교통'에서 격리되면 그 사회는 응고해 버린다. 그것은 미개사회이든 '아시아적 정체'이든 '서구의 중세'이든 포르투갈 같은 나라이든 어느 단계에서나 발생할 수 있다. 그것은 '분업의 고정화'이고 변화를 물리치는 시스템의 형성이다. 거기에서는 지식(science)이 형이상학이 된다. 그러나 세계사의 사실은 반드시 어딘가에서 (일찍이 지중해처럼) 활발한 이종교배가 생성되고 있음을 보여준다.

이와 같은 '진화'는 생명의 발생이 우연적인 것과 마찬가지로 우연적이다. '교통'이라는 관점은, 내 생각으로는 '역사의 의미'를 배제한다. 그렇게 보면 마르크스의 생각은 서양 중심주의도 아니고 다원적 문화론도 아니다. '교통'이란 개념은 중심을 배척하지 않고 중심의 끊임없는 이동, 중심 그 자체의 우연성을 의미하는 것이다.

마르크스의 저작 자체가 '교통'에 의한 것임은 말할 필요도 없는데, 예를 들면 미국에서 야콥슨과 레비-스트로스의 만남을 보아도 그러하다. 언어학과 인류학의 이종교배, 곧 발명은 그 당시 누구도 알아차리지 못했던 장소에서 이루어졌으며, 게다가 그것은 전쟁·망명이라는 잔혹한 '교통'에 의해 가능했다. 그것이 일어날 확률은 거의 제로이지만, 일어난 것은 일어난 것이다. 물론 오늘날의 구조주의는 손쉬운 형이상학일 뿐이지만, 사상이란 언제나 사건이기 마련인데 그것이 잊혀져 사라지기 때문이다. 고바야시 히데오가 말한 것처럼 천재들의 작품이 염주알처럼 나란히 놓이는 광경은 어디에도 없다. 해롤드 블룸이 말했듯이 시적 창조는 과거 텍스트의 오독에서 생긴다. 돌연변이가 유전자라는 텍스트의 오독에서 일어나는 것처럼. 무에서의 창조 따위는 있을 수 없다. '교통'이라는 것의 진짜 두려움은 거기에 있다.

하지만 고바야시 히데오가 그것을 알지 못했다고는 할 수 없다. 실제로 고바야시 히데오라는 비평가는 도미나가 다로(富永太郎)나 나카하라 주야(中原中也)와의 '교통' 속에서 태어났다. 고립된 인간에게 '발명'은 있을 수 없다. 그는 니시다 기타로가 아무리 신봉자를 끌어 모아도 고독하며, 루소가 아무리 배척당해도 고독하지 않았다고 말한다. 결국 그것은 '교통'의 문제이다. 아무리 뛰어난 사상가라 해도 마찬가지며, 그것은 고바야시 히데오 자신에게도 해당된다. 그는 고립을 강요당했고, 결국 거기에 안주했다.

그의 비평의 '비약적인 높이'는 역시 발레리·베르그송·알랭을 읽는 것, 그리고 그것들을 이종교배해 버린 곳에 있었다. 공정하게 말해서 그의 읽기는 발군의 작업일 뿐만 아니라 동시대 서구의 비평가와 비교해도 뛰어나다고 할 수 있다. 오늘날 우리가 고바야시 히데오의 비평이 낡았다고 하려면 그 나름의 각오가 필요하다. 이를테면 사르트르, 까뮈, 메를로 퐁티 세 사람의 뒤를 이은 무리가, 오늘날 참고 읽어 줄 만한 텍스트를 남기고 있는가? 만약 푸코, 들뢰즈, 데리다 세 사람을 고바야시 히데오가 일찍이 읽었던 정도의 수준으로 읽을 수 있을까? 무엇보다 그것이 작품다울 수 있을까? 이렇게 물어 본다면 문제는 확실해질 것이다. 근본적으로는 아무 것도 변하지 않는다. inter-course가 사실은 빠져 있다. 고바야시 히데오에 대한 혐오는 언제나 자기혐오와 비슷하다.

장소에 대한 세 개의 장

1. 아리시마 다케오의 장소

1

최근 간행되고 있는 아리시마 다케오 전집을 손에 넣고 내가 생각한 것은 혼다 슈고(本多秋五)의 아리시마 다케오론(有島武郎論, 『시라카바파[白樺波]의 문학』)에 언급되어 있는 기발한 권두의 명구(銘句)이다. "아리시마 전집, 그것은 제일 값이 싼 전집입니다. 그래요, 전쟁 이후의 일이지요.(헌책방 주인)" 아리시마 전집이 나왔다는 것은 '아리시마 부활'의 조짐을 의미할까? 만약 그렇다면 아리시마는 이제 어떻게 읽어야 할까? 그런 일은 정말 가늠하기 어렵다. 그러나 한 가지 의심할 수 없는 것은 아리시마의 저작은 그것을 어떻게 위치지을까 하기 전에 우리 자신의 위치가 의심스러워졌을 때 기묘한 매력을 띠고 나타난다는 것이다.

혼다 슈고는 아리시마를 문학사 속에 위치지으려고 고심하고 있다.

무샤노고지(武者小路)나 시가(志賀)는 러일전쟁 이후 시대에 사상 감정의 근본을 결정한 사람들이었다. 시라카바파 주류의 사람들은 모두 러일전쟁 이후 세대였던 반면, 유일하게 아리시마는 러일전쟁 이전 세대였다. 시라카바파의 낙천적 인도주의는 그들의 특수한 사회적 지위(배고프지 않은 계급의, 그것도 상속을 약속받은 청년)에서 기인한다는 사정과 제1차 세계대전 때 일본의 특등석 지위의 행복한 합치 속에서 자라났다고 할 수 있다. 아리시마는 이 '합치'에서 완전히 어긋나 있었다. 그에게는 러일전쟁 이전의 사상적 출발이 미국 유학이라는 레일 위를 달리는 것이었다.

아리시마를 억지로 일본문학사 속에 위치지으면 돗포(獨步)·도손(藤村)과 직접 이어지는 세대처럼 생각된다. 돗포·도손과 시라카바파 주류 사이에서 돗포·도손에 좀더 가까운 위치에 있는 것처럼 보인다.(『시라카바파의 문학』)

이 경우 아리시마를 시라카바파로 볼 때 발견되는 어긋남은 역으로 그를 돗포·도손과 나란히 놓고 볼 때에도 발견될 것이다. 이를테면 아리시마는 메이지 36년(1903) 거의 같은 나이에 똑같이 미국에서 유학한 나가이 가후(永井荷風)와 비슷한 것 같으면서도 비슷하지 않다. 그런 전기적 사실조차 의심스러울 정도이다. 더욱이 여기에서 중요한 것은 이 어긋남이 이를테면 돗포와 도손이 다르고, 무샤노코지와 시가가 다르다는 질적인 문제가 아니라 '일본문학사'의 공간 그 자체로부터 어긋나 버렸다는 것이다. 그렇다고 해서 아리시마를 '이단'이라 부르는 것은 아니다. 이단에는 그것에 어울리는 공간이 주어지는데, 아리시마는 거기에서도 어긋나고 있다. 혼다 슈고는 아리시마에게 후계자가 없음을 한탄하고, 미야모토 유리코(宮本百合子)에게 그것을 인정하고 있다. 이것은 그 당시 혼다의 비평가로서 전략적 위치짓기였을지도 모르지만 별로 합당하지 않았고, 거기에서 어긋남은 훨씬 커진다.

요컨대 '일본문학사'는 아리시마를 어떤 형태로든 배제하는 것처럼 움직인다. 물론 '역사는 배제된 것의 총체'(미셸 드 세르트)라는 관점에서 보면, 그것은 일본문학사에만 있는 것은 아니다. 나는 아리시마를 어떻게 위치지을까에 별로 관심이 없고, 위치지어야 한다고 생각하지도 않는다. 오히려 흥미로운 것은 아리시마를 배제해 버리는 작용이 무엇인가 하는 점이다. 그리고 이 배제의 원칙이 눈에 띄는 것은, 이를테면 아리시마 같은 존재를 일본문학사의 공간 속에 위치짓고자 할 때이다.

아마 그때 아리시마 쪽에서 어긋남이라고 보인 것이 배제작용 이외에 아무 것도 아니라는 것이 보이게 될 것이다. 나는 그러한 배제의 원칙을 지닌 '공간'에서 어긋나고 만 것을 아리시마 다케오의 '장소'라 부른다.

2

아리시마 작품에 대한 평판이 나쁜 것은 그의 '관념적 구성력' 때문이라고 혼다 슈고는 말하고, 그것은 아리시마가 문학을 이해한 출발점이 일본의 작가와 다르고 다른 방법을 취하고 있기 때문이라고 한다. 그러나 이해나 방법이라는 것은 크게 의미 있는 것이 아니다. 다니자키 준이치로(谷崎潤一郎)는 "일본 소설에 가장 부족한 점은 그 구성하는 힘, 다양하게 뒤얽힌 이야기의 줄기를 기하학적으로 조립하는 재능이라고 생각한다"(『요설록』〔饒舌錄〕)고 했다. 『핫켄덴』(八犬傳)이 그런 것처럼 어느 정도 구성력을 갖춘 작품은 외국의 작품을 본보기로 삼고 있거나 어떤 관념체계에 기초하고 있다. 하지만 『어떤 여자』의 구성력에 대해 내가 경탄한 것은 그것이 서양의 근대소설과 유사하다거나 길항하기 때문은 아니다. 구성력은 지적 능력의 문제도 아니며 '육체적 역량'(아쿠타가와 류노스케)의 문제도 아니다. 또 일본에서는 뭔가를 본보기로 삼지 않고 거의 자연스럽게 구성적이라고 할 만한 작가는 드문데, 그렇다면 아리시마의 구성력은 어디에서 비롯된 것일까?

혼다 슈고는 그런 점도 포함하여 아리시마를 위치짓는 일의 어려움을 결국 다음과 같은 점에서 찾아내고 있다. "시라카바파 주류의 사람들은 청년시대에 서양미술을 복제품으로 감상하고, 거기에서 저마다 자기 사정에 맞게 '자양분'을 섭취했다. 아리시마는 그 실물을 석조건물의 벽에서, 체취가 다른 사람들과 뒤섞여서 보고 온 사람이었다. 딱 잘라서 말하면 그렇게 된다." 그러나 '보고 온 사람'이야 많이 있고 서양문학 속에서 자라난 사람도 적지 않은데, 그 누구도 『어떤 여자』 같은 작품을 남기지 않았다. 달리 말하면 『어떤 여자』의 구성력은 서양의 언어와 문학을 자연스럽게 수용한 자의 그것도 아니며, 아리시마가 영향을 받은 서양문학 작품의 그것도 아니다. 그 구성력은 이른바 아리시마 다케오의 '장소'와 연관된다.

아리시마의 작품을 읽을 때 감지해야 할 것은 그가 바로 장소에 민감하다는 점이다. 초기의 『어떤 여자의 힐끗 보기』를 예로 들어보면, 첫머리에서 여주인공은 이렇게 말한다. "'이런 어째서 일등칸으로 하시지 않았을까. 그럴 만한 이유가 있으니까 바꿔 주세요'라고 말하려 했지만, 불이 들어온 저 끝에서 역무원이 다그치자 그대로 종종걸음을 쳐서 하나만 열려 있는 개찰구로 서둘러 나갔다." 일등칸과 이등칸이라는 공간이 여기에서는 상징적인 '장소'이다. 여주인공은 장소를 잘못 알았던 것이다. 그리고 이러한 장소의 착오는 이등칸에서 그녀에게 전 남편 기타(木田)와 우연히 마주치게 하는 데 그치지 않는다.

그녀가 "일종의 재기 넘치고 자존심 센 한 청년에 지나지 않는" 기타라는 남자에게 반해서 결혼한 것도, "기타의 배후에는 청일전쟁이라는 커다란 배경이 놓여 있었"기 때문이다. 그녀가 청일전쟁에 종군하여 이름을 날린 젊은 신문기자와 결혼했다가 실패했다는 사실은, 아리시마의 표현으로는 이른바 '배치'상 어긋남으로 포착되고 있다. 곧 아리시마는 여주인공의 문제를 '자기의식'에서가 아니라 '장소'에서의 어긋남으로 파악하고 있다.

일가친척의 재촉으로 부득이 미국으로 건너가게 되었을 때 다즈코(田鶴子)에게는 한 가지 결심이 정말이지 확고하게 서 있었다. 여하튼 기무라(木村)와 함께할 것이다. 그러니까 다시 태어난 것처럼 미국 사교계에 나타나 내가 문득 발견한 나라는 것을 나 자신으로 여기자. 내 주위에 달라붙어 있으면서 나를 배반한 여자들의 코를 납작하게 해주

자. 여자라는 것이 달리 생각되고 있는 듯한 미국 사교계에 적(籍)을 두고, 미국의 습속을 뛰어넘고 일본의 관습에도 얽매이지 않는 과감한 생활을 젊었을 때 해보자. 기무라는 나의 각성을 도와 줄 수 있는 남자는 아니지만, 내 뒤를 따라오지 못할 정도의 남자도 아니다. 다즈코는 그런 일도 생각하고 있었다. 저 청일전쟁이 일어났던 무렵을 경계로 하여 일본 여자가 느낀 환멸의 슬픔과 힘이 때맞추어 사도(使徒)가 되어 다즈코를 사로잡고 나서, 다즈코는 자신이 지금까지 전혀 알지 못하고 있었던 자신에 눈을 떴다. 그러나 다즈코는 자기를 아직 완전히 저 자신이라고는 생각하지 못했다. 그 버거움에 당황하여 그녀는 몇 번이나 비틀거렸는지 모르는 것이다.

이것을 자기의식의 비극이라 부를 필요까지는 없다. 그녀를 비틀거리게 한 것은 역사적이거나 지리적인 공간의 어긋남에 지나지 않기 때문이다. 그것을 불러 온 것은 그녀의 힘의 결여가 아니라 잉여이다. 미국으로 향하는 배 속에서도 인간관계는 심리적이기보다 장소적으로 파악되고 있다.

살롱에서는 언제라도 다가와(田川) 부처가 가장 좋은 자리를 차지하고 그 주위에는 선장과 외교관급 인사, 수행 법학사 외에 자기 자신을 내세울 수 있는 직업을 이미 가지고 있는 사람들이 모였다. 그 다음에 가는 실로 연락을 취한 것처럼 두세 명의, 이도저도 아닌 사람들이 자연스럽게 다즈코를 중심으로 한자리에 진을 쳤다. 그곳에는 아직 젊은 유학생과 직업 없는 노인, 특히 많은 아이들이 모였다.

나아가 『어떤 여자』에는 이보다 더 명료한 것이 있다. 이 배에는 여주인공과 사무장처럼 도덕관념이 없는 계층과 배밑에 있는, 역시 도덕관

넘이 없는 하급 선원들이 관계를 맺고 있고, 그 사이에 도덕을 부여잡고 늘어지면서 자의식으로 괴로워하는 중간계층이 있다는 구도가 깔려 있다. 아리시마는 실제 배의 공간을 그와 같이 은유적인 장소로 본다. 또 아리시마에게 계급투쟁은 관념이 아니라 그런 '장소'의 문제이다.

　하지만 더 중요한 것은 그녀가 결국 미국에 상륙하지 않고 배에 머무른다는 점이다. 바꾸어 말하면 그녀는 '미국'도 아니고 '일본'도 아닌 '바다' 위에 떠 있는 것이다. 아마도 그것이 아리시마의 '장소'라고 해도 좋다. 그것은 실체적인 공간은 아니지만 허무도 아니고 차이성으로서만 있는 장소이다.

3

　만약 『어떤 여자』를 서양적인 19세기 근대소설이라고 한다면 그러한 작품의 예를 들어 주시기 바란다. 아리시마의 『어떤 여자』는 그것들과는 근본적으로 이질적이다. 그것은 서양문학에도 일본문학에도 소속되지 않는다. 서양의 작가가 그러한 '장소'를 발견하는 것은 아리시마보다 나중의 일이다. 아리시마 다케오의 구성력은 서양소설에서 배웠다기보다도 그에게는 '자기의식'—그 명징성 위에 근대철학이 세워진다—이 동일적인 것으로는 존재할 수 없고 차이화로서만 존재하는 데서 온다. 그것이 그에게 '공간'적인 구성을 강요한 것이지 리얼리즘 때문에 그런 것이 아니다. 그래서 그가 묘사한 현실적인 '공간'은 그토록 어긋남 속에서 '자기의식'으로 나타나는 것일 테지만, 자기의식이 먼저 있는 것이 아니다.

　따라서 아리시마 다케오를 문학사적 공간에 잘 집어넣을 수 없는 것은 오히려 당연하다. 그의 '장소'는 어디까지나 차이화로서 존재하며 소속=공간으로부터 일탈하기 때문이다. 어떤 의미에서 그는 현상학적 사회학자 알프레드 쉬츠(Alfred Schütz)가 이방인(stranger)이라 부른 것에 가깝다. 그것은 "우상파괴자, 신성모독자 또는 공동체의 일원 누구 한 사람에게도 서로 이해하거나 이해받을 수 있는 정당한 기회를 주는 데 충분한 일관성·명징성·통합이라는 외관을 보증하는 '상대적·자연적 세계관'을 차츰차츰 무너뜨리는 자, 공동체의 성원이 의문시하지 않는 거의 모든 사람에게 의문부호를 붙이는 자"이다. 그러나 아리시마에게 이 이방인이라는 개념이 어울리는 이유는 농지해방으로부터 애인과의 동반자살에 이르는 그의 행위가 언제나 타인을 당혹스럽게 만들었던 수상함 속에 내포되어 있다. 아쿠타가와 류노스케·다자이 오사무·미시마 유키오(三島由紀夫)의 자살은 이해할 수 없다고는 해도 역시 신화화시켜 위치지을 수 있는 데 비해, 아리시마의 자살은 참으로 무(non)-의미(sense)에 지나지 않는다. 아리시마 자신의 '일관성'은 타인(공동체)에게 언제나 당돌한 일시적 기분으로밖에 비치지 않는다. 그는 "때때로 나는 생각지도 않은 일을 하지만, 그것은 돌연한 사건이 아니다. 내 나름대로 오래 생각한 뒤에 하는 일이다. 단지 그것을 미리 상담하지 않을 뿐이다"(「나의 부모」, 1918)라고 쓰고 있는데, 어떤 의미에서 아리시마의 자살은 그의 수상함을 완성시킨다. 그러니까 그의 담론과 행위에 늘 따라다니는 수상함을 떨쳐 내고 '정당하게 위치짓는' 것은 어리석다. 또한 그것을 그의 '성격' 탓으로 돌리는 것도 어리석다.

2. 의심의 장소

1

모든 것을 의심하라고 마르크스는 말했는데, 이것은 의심이란 것이 과연 우리에게 부여된 의무라든가 우리 의지에 속한다는 말이었을까. 오히려 의심이란 긍정하기 위해 필요한 몸짓·의식(儀式)일 뿐이다. 꿈 속에서 우리는 가끔 꿈이 아니라고 의심할 때가 있는데, 그것도 꿈의 일 부이다. 마찬가지로 우리가 소속되어 있는 지식의 체계는 의심을 배제 하기는커녕 의심을 빼놓을 수 없는 절차로 짜 넣고 있으며 의심을 장려 하기까지 한다.

데카르트주의나 마르크스주의는 그런 것이다. 데카르트는 모든 것을 의심하면서 의심하는 주체를 명징하게 끄집어낸다. 근대철학은 이른바 의심을 짜 넣은 곳에서 성립한다. 그러나 역시 데카르트와 데카르트주의 는 구별해야 할 것이다. 데카르트 자신은 의심을 그 자신의 의지가 아닌 계시에서 찾고 있다. 그것은 소크라테스가 의심을 신탁에서 찾고 있는 것과 마찬가지다. 그것은 의심이 '의심해야 한다'는 의무나 의지가 아닌 어딘가에서 온다는 것을 보여 준다. 대개 의심은 뭔가를, 곧 '진리'인 듯 한 것을 겨냥하지 않는다. 마르크스처럼 '모든 것을 의심한' 사람들은 '진리'에 도달한다. 거기에는 '진리'에 도달하기 위해 필요한 의식(儀式) 으로서 의심이 존재한다. 데카르트주의의 경우도 마찬가지다. 그러나 소 크라테스든 데카르트든 마르크스든 의심하는 사람들에게는 하나의 당 혹스러움이 있다. 그들이 '근거'를 구하여 '근거'를 찾아낸 것처럼 말하는 것은 잘못이다. 근거는 늘 체계 쪽에 있기 때문이다. 의심하는 사람들은 근거를 가지지 않기 때문에 그들의 담론은 전략적이 된다.

2

의심은 어디에서 오는가. 우리는 그것을 하늘의 계시라는 초월성에서 찾아내지 않고 '장소'에서 찾아낸다. 발레리는 네덜란드에 살고 거기에서 사고한 데카르트에 대해서 이렇게 말한다. "철학자라는 직업에서 이해하지 않는다는 것은 본질적이다. 그는 어느 별에선가 뚝 떨어져야 하며 영원한 이방인이 되어야 한다. 그들은 가장 평범한 일에 놀라도록 노력해야 한다."(『네덜란드에서의 귀로』) 이것은 '철학자라는 직업'에 필요하다는 의미가 아니라 단지 데카르트가 그렇다는 것에 불과하며, 또 데카르트에게 중요한 것은 역사적인 공간으로서의 네덜란드가 아니라 의심의 '장소'였음을 의미한다. 물론 암스테르담은 중세적인 파리와 달리 당시 가장 발달한 상업적 시민사회였다. 그러나 그곳의 모든 사람이 데카르트처럼 생각한 것은 아니다. 그러니까 데카르트의 '장소'는 파리도 네덜란드도 아니고 이른바 그것들의 사상체계의 경계성으로서 차이성으로서 존재하는 '장소'였다. 역설적인 것은 그러한 '장소'(topos)가 데카르트적인 '공간'과는 완전히 달랐을 뿐 아니라 후자에 의해 배제되어 버렸다는 것이다.

마르크스의 장소에 대해서 나는 이미 썼기 때문에(『마르크스 그 가능성의 중심』), 여기에서는 간단히 짚고 넘어가려고 한다. 이를테면 그는 독일 이데올로기에 대해 이렇게 서술한다. "이 철학적인 손님 끌기 선전―원래 그것은 버젓한 독일 시민의 가슴에 자선적인 애국심을 끌어내기까지 했지만―을 올바르게 평가하기 위해서는 또 이러한 청년 헤겔파의 모든 운동의 하찮음과 지방적인 편협함을, 곧 이 영웅 무리가 실제로 하고 있는 것과 그 하고 있는 것에 대한 환상 미화의 희비극적인 대조를 어림짐작하기 위해서는 우선 독일 바깥쪽에서 이 발버둥치는 소란스러움의 전체를 응시할 필요가 있다.”

확실히『독일 이데올로기』에서 마르크스는 ‘바깥쪽’에서 독일 철학을 보고 있다. 그러나 ‘독일 밖에 있는 위치’는 프랑스나 영국, 또는 그곳의 정치나 경제도 아니며, 또 독일 관념론을 이데올로기라 부를 때 그가 어떤 ‘객관적 입장’에 서 있었다는 뜻도 아니다. 마르크스는『브뤼메르 18일』에서는 프랑스의 정치학을,『자본론』에서는 영국의 경제학을 마찬가지로 ‘바깥쪽’에서 본다. 그는 각각의 담론이 속한 공간에 대해서 ‘바깥’에 서 있다. 그러나 그것은 과학적 입장(과학적 사회주의) 따위가 아니라 자족적이고 완결된 의미로 덧씌워져 있는 담론을 겹치지 않게 젖혀 놓은 ‘장소’일 뿐이다. 그는 헤겔을 전도(轉倒)한 것도 아니고 부정한 것도 아니다. 철학을 위태롭게 만드는 것은 대립이나 부정이 아니라 ‘이동’이며, 철학이 곧바로 다시 살아나는 것은 그러한 ‘장소’가 ‘입장’으로 정립되어 버리기 때문이다.

3

장소는 현상학적으로는 ‘살게 된 공간’이고 기호론적으로는 토폴로지컬(topological)한 구조로서 현대의 주요한 관심이 되고 있다. ‘살게 된 공간’은 동물행동학의 텃세권(territory)으로부터 신화·제식적인 공간까지 아우른다. 그것은 어느 것이나 근대과학의 데카르트적인 ‘공간’과는 별개이며, 오히려 그것이 은폐시킨 ‘숨겨진 차원’(E. 홀)이나 ‘상징적인 것’(라캉)으로서 발견된다. 하지만 그것은 방법론적으로 후설의 현상학적 환원으로 집약될 것이다. 바꾸어 말하면 그것은 우리가 자명한 ‘공간’을 괄호에 넣음으로써 ‘장소’를 발견한다는 것이다. 이 의식적인 괄호 넣기는 어떤 의미로는 데카르트의 방법적 회의의 심화로서, 후설도 자신의 작업이 데카르트를 더욱 엄밀하게 한 것으로 보고 있었다.

그러나 데카르트 자신이 그랬던 것처럼 후설의 '의심'이 단지 '엄밀한 학(學)으로서의 철학'을 기초짓는 것이었을 리 없고, 그렇다고 하면 현상학이 사상사적인 폭을 가질 리 없다. 따라서 현상학은 철학적인 엄밀함을 추구하는 과정에서 좀더 엄밀한 것으로서 나온 것이 아니다. 현상학적 방법 자체를 충족시킨 것은 서양적인 '지식'에 대한 이화(異化)이다. 그것은 어디에서 왔는가. 그것은 얼핏 서양적인 '지식'을 '바깥에서' 보는 일인 것 같다. 그러나 이 '바깥'을 뭔가 실체적인 공간(예컨대 동양)으로 보면 안된다. 이 이화는 오히려 '안에서' 생겨났다고 보는 편이 낫다. 우리는 그러한 차이화를 '장소'로 보고, 또 그러한 '장소'를 차이화로서 볼 것이다.

stranger라는 개념을 생각한 쉬츠는 물론 후설적인 방법에 기초하고 있지만 아마도 그는 후설이 한낱 이방인임을 간과하고 있는 것 같다. 현상학은 편리한 '방법'도 아니고 엄밀한 '입장'도 아니다. 현상학이 하나의 '입장'으로서 만인에게 받아들여지는 듯한 순간 그것은 근대철학의 이데올로기밖에 안된다. 대체로 메를로 퐁티가 그것을 가장 잘 이해했다고 생각한다. 그에게 현상학은 "하나의 학설이나 체계이기 이전에 하나의 운동"이며, 현상학적 환원은 세계의 실재를 소박하게 믿는 '자연적 태도'의 배제이기는커녕 항상 이미 거기에 있는 '세계'를 발견하기 위한 '일보 후퇴'에 지나지 않는다. 현상학은 '살게 된 공간'을 발견하는 특권적인 방법이 아니며, 현상학적인 '운동'은 철학자의 '의지'에 귀속되지도 않는다. 현상학적인 '운동'은 그것이 발견한 바로 그 '세계'가 강요한 것이므로. 다시 말하면 근대과학 또는 자연적 태도에 대한 의심을 불러일으키는 것은 차이화로서의 '장소'이다. 그리고 현상학 자체를 초래한 그 '장소'는 현상학적인 대상일 수 없다. 마찬가지로 구조주의적인 인식을 초래한 '장소'(topos)도 그 토폴로지컬한 파악에서 빠져 버릴 것이다.

4

레비-스트로스는 다음과 같이 말하고 있다.

루소는 인류학을 예견하는 데 그치지 않았습니다. 그는 인류학을 창시했던 것입니다. 우선 실제적으로 그는 『인간불평등기원론』을 쓰고, 자연과 문학의 관계에 대한 문제를 제기했는데, 그것은 최초의 인류학 원론이라 할 만한 것입니다. 다음으로 이론적인 면에서 그는 경탄해야 할 명석함과 간결함으로 인류학자의 고유한 목적과 도덕주의자나 역사가의 고유한 목적을 변별하고 있습니다. "개개의 인간을 연구하려고 하면 그 사람들을 눈앞에서 관찰해야 하지만, 전체로서의 인간을 연구하려고 하면 거리를 두고 보지 않으면 안된다. 요컨대 고유한 특색을 발견하기 위해서는 우선 차이를 관찰해야만 한다."(『언어기원론』)

루소가 인류학에 대해서 정한 방법상의 규칙이야말로 새로운 과학의 탄생을 가리키는데, 그것은 또 잠깐 보았던 이중의 역설(paradox)이라고 생각되는 것을 뛰어넘을 수 있게 해줍니다. 곧 루소는 세계 구석구석에 살고 있는 사람들에 대한 연구를 주장하는 한편, 동시에 그 관심을 그와 가장 가까이 있다고 생각되는 특수한 인간, 곧 자기 자신에게 돌리고 있었으며, 또 그의 작업 전체를 통하여 타자와 동화하고자 하는 일관된 의지가 자기와 동화하는 것에 대한 집요한 거부와 하나가 되고 있습니다.(『인류학의 창시자 루소』)

그러나 레비-스트로스가 루소에 대해서 이야기한 것은 결코 '인류학자라는 직업'에 고유한 것일 수 없다. 그것은 의심하는 것이 '철학자라는 직업'(발레리)에 고유하지 않은 것과 마찬가지다. 이를테면 록히드(Lockheed)사는 문화인류학자를 고문으로 삼아서 미국과 일본의 차이를 인식하고, 또 일본 문화와 사회의 독자적 구조를 속속들이 파악하여 일찍이 정치적 흑막을 이용했다.(1976년의 이른바 록히드 사건을 말한다. 미국의 록히드사가 항공기 판매와 관련해서 일본 정계에 거액의 뇌물을 주었다는 의혹이 제기되어 다나카〔田中〕 전 수상 등이 체포되었다─옮긴이) 직업적인 인류학자의 인식은 정치적·경제적으로 응용 가능하다. 그것은 이전부터 그러했고, 지금도 그렇다.

따라서 레비-스트로스가 루소를 통하여 말하고자 하는 '인류학'은 '입장'이나 '방법', '밖'이나 '안'이 아닌, 이른바 거리를 발견하고 자기를 차이화하는, 또 그럼으로써 존재하는 '장소'일 따름이다. 레비-스트로스 자신이 분명 그러한 '장소'에서 이야기하고 있는 것이리라. 그러나 그가 후설과 마찬가지로 세계의 기저에서 보편적인 구조(수학적인 구조)를 발견하고자 했을 때, 이 '장소'는 방기된다. 구조론적 인류학은 '방법'으로서 받아들여질 때 뛰어난 이데올로기다. 사람들이 그것에 의해 '표층'(表層)을 의심할 때 이 '의심'은 숨겨진 참된 구조에 도달하기 위한 몸부림에 불과하다. 그것은 완전히 데카르트주의의 재판(再版)이다.

3. 예수의 장소

1

약 10년 전 다가와 겐조(田川建三)의 『원시기독교 역사의 한 단면』을 읽고 경탄한 적이 있다. 하지만 나의 놀라움은 주로 현대의 성서학이 달성한 바를 몰랐던 데서 기인한다. 만약 알았더라면 다가와 겐조가 자신의 전제 위에서 무엇을 이루려고 하는지를 읽어 냈을지도 모른다. 그렇지만 현대의 성서학에 대한 지식이 그때 이후 늘었다고 할 수는 없고 단지 소박하게 놀라지 않을 정도가 되었다. 그러나 최근에 나온 『예수라는 사나이』를 읽고 역시 10년의 세월을 확실히 느꼈다. 다가와 겐조는 변했다. 이 변화는 물론 미묘한 것인데, 간단히 말하면 다음과 같다. 『원시기독교 역사의 한 단면』에서 역사적 예수의 장소는 갈릴리라는 풍토─정신적·정치적·경제적─를 통해 파악되었다. 이 인식, 곧 예루살렘이나 갈릴리 그 외의 지리적인 차이성 위에서 예수의 담론을 살펴보고자 하는 것은 『예수라는 사나이』에서도 별로 다르지 않다. 다만 앞 책의 방법, 곧 기독교와 예수를 분리하여 역사적 예수를 자료적으로 조사한다는 방법은 플라톤 이래 현대성서학의 상식으로서, 다가와 겐조는 기본적으로 그 틀 안에 속해 있었다. 『예수라는 사나이』에서 다가와 겐조는 이른바 이 틀을 깨뜨리려고 한다. 예를 들면 예수는 메시아(그리스도)라는 의식을 갖고 있다는 식으로. 그것은 예수가 메시아 의식은 가지지 않았지만 메시아였다는 지배적인 해석에 대한 이의이다. 다가와 겐조는 역사적 예수와 기독교를 분리함으로써 학문적인 근대성과 신앙을 함께 확보한 현대성서학을 비판한다.

하긴 나는 그런 것에 별로 관심이 없다. 흥미로운 것은 『예수라는 사나이』에서 다가와 겐조가 여전히 역사적 공간을 강조하는 것처럼 보이면서도 실은 예수의 담론의 '장소'를 보고자 하는 점이다. 나중에 말하는 것처럼 이 책에서 그것들은 구별하기 어렵다. 그러나 틀림없이 거기에 다가와 겐조의 '이동'이 있다.

예수의 담론의 '장소'란 무엇인가. 『예수라는 사나이』는 우리가 (기독교도가 아니라도) 보통 알고 있는 복음서의 의미를 대단히 전도(轉倒)시키고 있어서 일종의 장관이라 할 만한데, 그 일례를 소개해 보겠다.

2

이를테면 "너의 마음을 다하고, 목숨을 다하고, 생각을 다하고, 힘을 다하여 주 너희 하느님을 사랑하라. 또 네 이웃을 네 몸과 같이 사랑하라"는 언사는 예수의 가르침의 근본인 것처럼 들리지만, 예수의 말은 아니다. 실제 성서 속에 나오는 예수의 논적(論敵)인 한 율법학자가 말한 것이다. 또 그것이 율법의 핵심이라는 것은 예수에 선행한 상식에 불과했다. 언젠가 한 율법학자가 예수에게 찾아와서 물었다. "율법 중에서 가장 중요한 계율은 무엇입니까?"(「누가복음」)

율법학자가 예수에게 이렇게 물은 것은 너처럼 율법을 격렬하게 비판하는 남자라면 당연히 그 나름의 생각이 있을 것이라는 의심쩍은 물음이었다고 다가와 겐조는 말한다. 예수는 이 물음에 대답하지 않고, "그런 것은 당신이 잘 알고 있지 않은가"라고 한다. 그래서 율법학자가 신에 대한 사랑과 이웃에 대한 사랑이라고 대답한 것이다. 결국 이것은 기독교의 근본정신이기는커녕 유대교 신앙의 상식일 뿐이다.

예수가 그것에 대해 말한 것을 다가와 겐조식으로 번역하면 다음과 같이 될 것이다. "말하지 않았습니까. 당신처럼 잘 알고 있는 사람이 나에게 질문하실 것은 아무 것도 없습니다. 그러니 진심으로 대해 주면 어떻겠습니까?"

그는 결코 성실하게 대답하지 않는다. 상대와 대립하여 새로운 교의를 제창하지도 않았다. 그러나 우회적으로 상대의 '물음'의 구조 자체를 부숴 버리고 있다. 다시 말하면 예수의 담론은 결코 적극적(positive)인 것으로 볼 수 없다. 이런 점에서 전승자료를 조사하여 이것은 예수의 설익은 말이며, 저것은 복음서의 편집자가 덧붙인 것이라고 해부하는 것은 한계가 있다. 왜냐하면 복음서의 기술에서조차 예수는 적극적으로 아무 것도 말하지 않는다는 것, 말하기를 거부한다는 것, 적극적인 언사는 언제나 유대교의 것이라는 점이 간파되기 때문이며, 반대로 진짜 예수의 말을 찾아내려는 연구는 적극적(실증적)인 것에 의해 얽매여 버리기 때문이다. 전승자료가 도움이 되는 까닭은 그것이 '사실'에 가장 가까운 원전이기 때문이 아니라 완료된 적극적인 의미로 뒤덮인 '작품'인 복음서를 인용으로 짜여진 '텍스트'로서 볼 수 있도록 해주기 때문이다.

3

다가와 겐조는 이러한 예수의 담론을 '역설적 반항'이라 이름붙인다. 이것은 '반항'과는 이질적이다. 반항자는 질서에 대립하기 때문에 역시 적극적인 '의미'를 주장한다. 예수의 말은 그것과도 어긋나 있다. 또 하나의 예로서 역시 예수의 말로 잘 알려져 있는 "카이사르의 것은 카이사르에게, 하느님의 것은 하느님에게"라는 담론을 들어보자. 다가와 겐조는 이렇게 말하고 있다.

이렇게 민중에 대한 거대한 경제적 착취구조로서 신전이 존재했는데도 그것을 왈가왈부하지 말라 하면서, 어떻게 로마 제국의 세금만을 문제삼을 수 있는가. 예수는 로마 제국에 직접 세금을 내지 않는 입장이었지만, 예루살렘 신전에는 다양한 방식으로 착취당하고 있었다.

그런 점에서 전통주의적인 바리새파의 한 사람한테서 로마 제국에 세금을 내야 하는가 말아야 하는가라는 질문을 받고 예수는 이놈이 무엇을 말하고 있는가 생각했을 것이다. 그래서 그는 하나의 통렬한 조롱을 퍼붓는다.

"너희가 세금을 내는 데 쓸 돈을 가지고 오라."

그곳에서 누군가가 로마의 데나리 화폐를 내민다. 제2대 황제 티베리우스의 초상이 새겨진 것이다. 당시 사람들이라면 다 아는 것이지만 이것은 이방인의 '우상'이 새겨져 있으니까 신전의 '헌금'으로는 쓸 수 없다. 그런 까닭에 신전 경내에서 옛 화폐로 바꾸어 사용해야만 한다.

"아니, 이것은 로마 황제의 것이 아닌가. 황제의 것이라면 황제에게 돌려주는 것이 좋겠지. 신전의 것은 하느님에게 돌려드리는 것이 마땅하니까."(「마가복음」, 12장 13-17절)

이런 통렬한 언사를 기독교도는 2천 년에 걸쳐 정치와 종교의 분리라는 의미로 해석해 왔다. 정치는 정치가에게 맡기고, 선량한 신도는 신앙에 힘쓰라니, 농담이 아닌가라고밖에 말할 수 없다. 도무지 그렇지가 않은 것이다. '하느님의 것'이라는 말은 여기에서는 결코 경건한 하느님의 신앙을 의미하지 않는다. 이것은 세금문제인 것이다. '카이사르의 것'이 제국의 세금이라면 '하느님의 것'은 신전세를 비롯하여 신전으로 흡수되는 일체의 것을 의미한다. 예수는 로마의 지배를 비판하면서, 자기들의 종교적 사회지배세력을 온존시키고 있는 예루살렘의 종교귀족이나 민족주의자인 율법학자에 대해 참을 수 없었던 것이다. 그는 결코 반로마 저항가의 운동이 '지상의' 운동이기 때문에 그것을 비판하고 사람들의 눈을 영원한 피안으로 향하게 하려 하지 않았다. 그런 것이 아니라 민족주의자가 말하는 '신의 지배'가 왕의 권력이나 종교귀족의 압력이 되어 민중을 지배한다는 데 비판의 칼을 들이댔던 것이다.

아마 이런 것을 이해하기 위해서는 예수 시대에 대한 역사학적 연구가 없어서는 안될 것이다. 그러나 그런 것으로는 이런 독해가 결코 나오지 않는 것은 분명하다. 다가와 겐조는 "카이사르의 것은 카이사르에게, 하느님의 것은 하느님에게"라는 말을 적극적인 의미가 아니라 '역설적 반항'으로 읽고 있다. 결국 예수의 말을 단지 조롱조로 얼버무릴 뿐 아니라 그러한 '대답'을 강요한 '문제'의 구조 자체를 부수고 있다. 예수는 그때까지의 담론에 대하여 뭔가 새롭고 적극적인 의미를 덧붙인다든가 내놓지는 않는다. 그는 오히려 기존의 담론을 모조리 인용하여 그저 약간만 이동시켜서 그 의미를 바꾸어 버린다. 다시 말하면 예수는 새로운 '입장'에 있지는 않다. 그는 담론에 대한 차이화로서의 '장소'에 있을 뿐이다.

하지만 이 담론이 나온 '장소'는 무엇인가. 다가와 겐조는 성서학이나 역사학의 성과에 근거하여 그 '역사적 장소'를, 예수가 속한 사회의 관계의 그물망을 읽는다. 그러나 역사적 '공간'이 이런 담론들의 '장소'가 아님은 자명하다. 다가와 겐조가 한 일은 정말 그 반대이며, 성서학자와 달리 예수의 담론의 '장소'에서 역으로 그 역사적 장소(context)를 읽고 있다. 바꾸어 말하면 역사적 연구나 신학적 연구에서는 결코 나오지 않는 읽기가 가능한 것은 그가 바로 예수의 담론의 '장소'를 읽으려고 했기 때문이다. 하지만 결과적으로 다가와 겐조는 역사적인 사실, 진짜 예수의 말을 '재현'하게 되어 버린다. 많은 독자는 『예수라는 사나이』를 그런 것으로 읽을 것이다. 그때 복음서와 마찬가지로 이 책은 하나의 완료된 '의미'에 의해 닫혀 버린다. 그러니까 이 책을 읽는다는 것은 실은 다가와 겐조의 담론의 '장소'를 파악하는 것에 지나지 않는다.

이 책의 양의성(兩義性)은, 하나는 예수에 대해서 또는 예수의 시대에 대해서 잘 모르는 데에서 유래한다. 예컨대 우리는 역사적 마르크스에 대해 어느 정도 알고 있고, 또 마르크스가 살아 있을 때 이미 "나는 마르크스주의자가 아니다"라고 한 것조차 알고 있다. 엥겔스가 마르크스 사후 바울의 역할을 했던 것도 알고 있다. 결국 마르크스의 '장소'에 대해서 이야기할 수 있는 것은 그러한 지식을 전제로 하고 있기 때문이다. 예수에 대해서는 그럴 수 없다. 무엇보다 역사적 예수 자체의 윤곽을 확정해야만 한다. 결국 다가와 겐조는 그러한 성서학의 작업과 함께 정반대로 예수의 담론의 '장소'를 보려고 한 이중성을 짊어지고 있다.

그러나 이것은 반드시 성서학에 고유한 것은 아니다. 예를 들면 마르크스에 대해서도 서구에서는 마르크스학(Marxology)이 성립해 있고 마르크스를 마르크스주의와 구별하여 그 시대적 콘텍스트에 의해 정성스럽게 문헌학적으로 검토하고 있다. 이것은 거의 성서학에 대응한다. 그러나 이러한 작업이 아무리 중요하다고 해도 그것은 결코 마르크스의 담론의 '장소'를 명확히 해주지 않는다는 것, 오히려 그것을 닫아 버린다는 것은 분명하다.

그런데 마르크스학과 성서학이 기묘하게 유사한 것은 왜일까? 물론 그것은 헤겔주의·마르크스주의가 기본적으로 기독교의 사변적 틀에 속해 있기 때문이다. 그러나 중요한 것은 그러한 역사적 순서가 아니다. 기독교가 철저하게 비판받아야 했던 것은 그것이 후대의 사상에 '영향'을 주었기 때문이 아니다.

기독교는 예수를 그리스도로 삼음으로써 성립한 것이 아니라 예수의 담론의 '장소'를 소거함으로써 성립한 것이다. 예수의 담론은 동시대의 담론에 대해 어떤 차이성으로서만 존재했다. 그의 담론을 그것 자체의 적극적인 '의미'로 끄집어낼 때에는 그러한 어긋남은 없어지고, 예수가 '참'이고 다른 사상가는 '거짓'으로 된다. 이런 사정은 기독교에 국한되지 않는다. '기독교적인 것'이란 담론의 '장소'를 '입장'으로 바꾼 것이고,

차이적인 텍스춰(texture)로서 존재하는 것을 뭔가 이념을 나타내는 '작품'으로서 본 것이다. 따라서 '예수로의 복귀'란 반항이 아니라 오히려 반동적이다. 마치 '초기 마르크스로의 복귀'라는 운동이 그러했듯이. 왜냐하면 그것은 마르크스의 '입장'을 다른 식으로 확정해 버리기 때문이다. 물론 나는 고대 유대교의 문맥에서 생겨난 이 사건을 일반화할 의도는 없다. 그러나 어떤 특정한 시대에 예수라는 사나이가 이렇게 말했다고 해버릴 때, 그것이 어떤 것이든 결국은 하찮게 된다. 다가와 겐조의 책은 그러한 예수의 실상을 그려 낸 것으로 읽힐 때 완전히 그 의의를 잃어버린다. 예수의 담론을 어딘가 구체적인 장소나 의미로 확정하려고 할 때, 그 '장소'는 보이지 않는다. 하지만 그것을 확정할 수 없다고 해서 예수의 가르침이 시간을 초월하여 영원하다는 의미는 결코 아니다.

'의심'을 회의주의의 그것과 혼동해서는 안된다. 회의주의자는 의심하려고 해서 의심한다. 예수의 '의심'은 그러한 것일 수 없을 것이다. '의심'을 강요하는 '장소'는 그 자신이 생각한 것이 아니다. 근거를 가지고 의심하는 것이 아니라 기존의 담론이나 관념의 체계가 가진 '근거' 없이 의심하는 것이며, '근거'를 파헤치는 것이다. 그렇다면 그러한 인간은 의심을 강요하는 것을 뭔가 초월적인 주체—신이나 신탁(神託)—로서 표상할 것이다. 또 그 자신을 말(言)을 맡은(預) 자(預言者)로서 의식할지도 모른다. 하지만 그를 강요하고 있는 것은 '뭔가'나 '누군가'가 아니라 담론으로서 차이화하는 '장소'이다. 그렇지만 그보다 중요한 것은 그가 '예언자'로서 승인받는 것이 그러한 '장소'가 없어져 버린 때이며, 그의 담론이 참으로 초월적인 의미를 떠맡은 것으로 받아들여질 때라는 점이다.

화 있을진저, 율법학자들아. 너희가 옛 예언자의 무덤을 세우고 있을지라도, 그것은 너희의 선조가 죽인 예언자가 아니냐. 선조들이 죽인 예언자의 무덤을 너희가 만든다는 것은 바로 너희가 선조의 예언자 살해에 동의하고 있는 것이다.(「누가복음」, 「마태복음」)

요시모토 다카아키는 여기에서 마태의 고유한 성찰로서 '관계의 절대성'이라는 개념을 끌어내고 있지만, 오히려 앞의 말은 문자 그대로 읽는 편이 무난하다. 이러한 '살해'는 실제로 살해나 박해가 아닌 경우에도 늘상 일어나고 있다. 그것은 '역사' 배제의 원칙 그 자체이다. 다가와 겐조는 기독교는 예수라는 담론의 '장소'를 매장했다는 바로 그 사실 때문에 예수를 그리스도로 받아들이지 않을 수 없었다고 한다. '그리스도'를 박해한 자들을 공격할 때 기독교회는 예수 살해에 동의하고 있는 것이다.

앞의 말은 예수가 그리스도인데도 동시대인이 그것을 인정하지 않았다는 의미가 아니다. 그러나 한편 예수가 메시아 의식을 갖고 있지 않았다고 할 수도 없다. 다가와 겐조는 "예수의 종교적 열광의 이상 기류에 고양된 인간 냄새"를 지적하고, 종교비판자로서의 각성과 종교적 열광이 공존하고 있다고 한다. 하지만 이 열광은 어떤 것인가. 우리 주위에는 자신을 메시아라고 철석같이 믿는 열광자가 많이 있다. 그들은 단지 열광자이다. 그러면 깨어남과 동시에 열광한다는 성질의 '열광'은 오히려 깨어나는 것, 의심하는 것이 요청하는 열광이다. 아마도 니체의 열광은 그러한 것이었을 것이다. 니체는 서양의 모든 정신사 속에서 그에 의해 비로소 발견되었던 것이 있다는 사실을 확신함과 동시에 그것을 믿기 어려울 정도로 사유하고 있었다.

하지만 그런 것은 예수의 '인간 냄새'를 드러내는 것이 아니다. 그것은 심리적인 문제가 전혀 아니다. 인기에 영합하는 소설가들이 예수의 고뇌를 비대해진 상상력으로 그릴 때 그들은 결국 예수의 담론의 '장소'를 죽여 버리게 된다. '의심하는' 자들의 당혹, 그 불안이나 열광이 '인간

넘새'로 해소될 가능성은 없다. 물론 그것은 신적인 것도 천재적인 것도 아니다. 다가와 겐조가 예수의 '열광'에 대해서 이야기할 때, 그는 역사학적으로나 심리학적으로가 아니라 예수의 담론의 '장소'를 읽는 것에 의해 그것을 보려고 할 것이다.

1978년판 후기

이 마르크스론을 문예잡지 『군상』(群像)에 연재한 것은 1974년 봄 무렵이다. 그 이듬해 나는 예일 대학에 갔으며, 거기에서 알게 된 폴 드 만을 비롯한 철학자나 비평가를 가까운 독자로 삼아 마르크스론을 근본적으로 다시 검토했다. 그 작업은 지금도 계속하고 있고, 납득할 만하면 영문으로 출판하려고 생각하고 있다. 이 책에 실은 것은 4년 전에 쓴 글을 대폭 고친 것으로 '서설'이라고 해야 할 것이다.

5~6년 전부터 내가 강하게 의식하고 또 두려움 속에서 예감했던 것은 만약 일본에 틀어박혀 지낸다면 언젠가는 자가중독증상에 빠지지 않을까 하는 것이었다. 받아들이는 만큼 내보내지 않는다면 그렇게 되는 것이 사상의 생리다. 나는 존경하는 일본의 사상가들에게서 그런 모습을 보는 것이 늘 아쉬웠다. 그것은 능력 따위의 문제가 아니다. 일본에서는 본질적인 사상가일수록 그렇게 되는 숙명이 있다. 하지만 그것이 정말 숙명일까? 숙명이라고 하면서 뭔가를 회피하고 있는 것은 아닐까? 나는 미국에 있는 동안 끊임없이 이 문제를 생각했으며, 지금도 계속 생각하고 있다.

왜 마르크스를 읽는가? 모든 문제를 생각하기 위해서는 결국 하나의 '문제'가 필요한데, 그것이 내게는 마르크스였다. 마르크스에게만 국한되지는 않지만, 본질적인 사상가의 텍스트는 다의적이다. 그러나 오늘날 그 다의성이 마르크스 경우만큼 심각한 문제를 초래하고 있는 예도 없다. 나는 마르크스주의에 대해서 부정적이지만, 그것을 단순히 '진짜 마르크스'라는 것과 구별해서는 안된다고 생각한다. 어떤 사상가의 사상이 사회화될 때 그 핵심이 간과되는 것도 사실이지만, 그 사상가의 맹점이 증폭되어 나온다는 것 또한 사실이다. 한마디로 마르크스의 텍스트 자체가 이중적이다. 하지만 마르크스에 대한 '통찰'(insight)과 '맹목'(blindness)을 하나하나 늘어놓는 것도 무익하다. 폴 드 만이 말한 것처럼 '통찰'은 '맹목' 속에서만 가능하고, 그 누구도 이 조건을 넘어서기란 불가능하기 때문이다.

마르크스는 반서구적인 사상가이지만 어떤 의미에서는 더 철저한 서구의 '철학자'였다. 마르크스주의의 '권력주의'가 거기에 기초한다고 생각하지 않는 한 어떤 비판도 천박할 따름이다. 어쩌면 그것은 플라톤의 '철학'에서 비롯되었다고 해도 맞을 것이다. 그런데 플라톤의 텍스트는 사실 반플라톤주의 자체의 보고(寶庫)이기도 하다. 서구의 철학사가 플라톤에 대한 주석에 불과하다고 하는 것은 그런 의미에서 하는 말이다. 마찬가지로 마르크스의 텍스트는 어떤 이상한 긴장 속에 존재하고 있다. 그것은 단순한 다의성이 아니다. 내가 마르크스를 읽는 것은 그 때문이다. 그것은 또 '읽는다'는 것 자체를 문제삼는 일이다.

이 책에는 마르크스론과 함께 일본문학에 대한 에세이를 싣고 있다. 나는 그것들을 조금도 구별하지 않는다. 문학은 애매하고 철학은 엄밀하다는 말은 있을 수 없다. 철학도 결국은 문학, 곧 언어에 지나지 않기 때문이다.

고바야시 히데오는 이렇게 쓰고 있다.

우리에게 행복한 일인지 불행한 일인지는 모르겠지만, 세상에 하나로 간단하게 정리할 수 있는 문제란 없다. 먼 옛날 인간이 의식과 함께 부여받은 언어라는 사색의 유일한 무기는 여전히 옛날 그대로의 마술을 멈추지 않는다. 열악함을 부추기지 않는 어떤 숭고한 말도 없고, 숭고함을 부추기지 않는 어떤 열악한 말도 없다. 더구나 만약 말이 그런 인심(人心)을 현혹하는 마력을 버린다면 분명 그림자에 불과하다.

뇌세포에서 의식을 끌어내는 유물론도, 정신에서 존재를 끌어내는 관념론도 똑같이 부정한 마르크스의 유물사관에서 '물'(物)이란 세속에 구애받지 않는 유연한 정신도 아니지만, 동시에 고정된 물질도 아니다.(『다양한 생각』, 1929)

분명히 고바야시 히데오는 마르크스가 말한 상품이 물질도 관념도 아니고 이른바 언어라는 것, 더구나 그것들의 '마력'을 취해 버리면 물질이나 관념, 곧 '그림자'로밖에 보이지 않는다는 것을 말하고 있다. 이 성찰은 오늘날에도 빛을 발한다. 그것은 『자본론』을 언어학적으로 읽고자 한 구조주의의 시도와 언뜻 비슷해 보이지만 다른 것이다. 언어학자에게는 언어에 대한 놀라움이 없고 경제학자에게는 상품에 대한 놀라움이 없다. 그것들의 '마력' 앞에 멈춰 선 적이 없는 사람이 무엇을 이야기할 수 있을까? 따라서 '가치형태'에 대한 나의 고찰은 철학·언어학·경제학이라는 구분에 그칠 수는 없다.

마르크스를 읽듯이 나는 소세키를 읽어 왔다. 결론부터 말한다면 마르크스도 소세키도 내가 '연구대상'으로서 선택한 것은 결코 아니다. 싫어지면 읽지 않았으며, 예컨대 소세키에 대해서는 이미 쓸 마음이 없다고 공언했던 적도 있다. 그런데 어떻게 된 일인지 그리로 되돌아간다. 하지만 그것들은 내가 무슨 일이 있을 때마다 되돌아가고, 나의 사고를 확인하는 텍스트인 것만은 아니다. 오히려 그것들을 '읽다' 보면 나의

'사상'이란 존재하지 않는다. 그러나 왜 그것들이 특권적인 텍스트로서 선택되고 있는지 나로서는 알 수 없다. 내가 그것을 선택한 것이 아니라 그것을 선택하고 있는 것이 '나'일 것이기 때문에.

덧붙여 말하면 소세키론 속에서 언급한 일본에서 '풍경의 발견'이란 문제는 여기서부터 포괄적으로 생각해 나가고 싶다는 생각이다. 그런 의미에서도 이 책은 '서설'이다.

이 책이 나오기까지 신세를 진 많은 분들에게 진심으로 감사드린다. 특히 『군상』을 연재하던 중에 신세를 진 하시나카 유지(橋中雄二) 씨, 『군상』 시대부터 내게 마르크스론을 쓰도록 격려하고 출판부로 옮기고 나서 그것을 책으로 엮는 데 끊임없이 고무하고 지원해 준 와타나베 가쓰오(渡邊勝夫) 씨에게 무한한 감사를 드린다. 한때 내가 밀쳐 두었던 에세이가 햇빛을 본 것은 오로지 와타나베 씨 덕분이다.

1978년 6월 15일

1985년 문고판 후기

1

1978년에 이 책을 출판할 때 후기에서 '서설'이라고 미리 양해를 구했다. 일본문학의 평론에 대해서는 나중에 '본론'에 상응하는 『일본 근대문학의 기원』(1980)을 썼지만, 「마르크스 그 가능성의 중심」에 대해서는 아직 쓰지 못했다. 충분히 '납득할 만하다'는 데 이르지 못했기 때문이다. 그러나 최근에 겨우 여기에 대해 꿰뚫어 보는 눈을 가지게 되었다. 이 책을 문고판으로 내도 좋다고 생각한 것은 그런 연유에서이고, 또 그럼으로써 일단락을 지으리라 작정했기 때문이다.

요사이 나는 시행착오를 되풀이하며 그때마다 작업의 영역도 '언어·수·화폐'로 확대하고 좀더 추상화했다. 그러나 새삼스럽게 다시 읽어 보면, 기본적인 관점은 이 책 속에 제시되어 있다. 다만 역점이 약간 이동했을 뿐이다. 그래도 이 이동은 나 자신에게는 큰 의미를 지닌다.

이를테면 나는 이 책에서 가치형태론에 대해서 언어학(소쉬르)의 관점을 도입하고 있다. 물론 화폐(상품)와 언어의 아날로지(analogy)를 생각한 것은 내가 처음은 아니다. 하지만 대다수의 경우 이 아날로지는 단지 설명적인 비유로서 언급하는 데 그치고 있다. 다분히 언어＝화폐라는 아날로지에 대해서 언어 쪽에도 화폐 쪽에도 편향되지 않고 발견적(heuristic)인 은유로서 고집해 온 것은 나뿐이라고 생각한다. 화폐를 언어론에서 볼 뿐만 아니라 언어를 화폐론에서 보는 것, 이 상호적인 조망의 되풀이 과정에서 나는 그 어느 쪽에 대해서도 이 책을 썼을 때와는 미묘하게 다른 인식에 도달했던 것이다.

2

현재의 시점으로 보면 이 책에는 '판다'는 것(상품과 화폐의 교환)에 들어 있는 '목숨을 건 비약'(마르크스)이나 거기에 존재하는 불가피한 맹목성을 무시하고 있지는 않지만 그런 정도로 강조하고 있는 것도 아니다. 마르크스가 말했듯이 상품이 만약 팔리지 않는다면(교환되지 않는다면) 가치가 없으며 사용가치도 없다. 상품의 가치는 처음부터 내재하는 것이 아니라 '사후적으로' 교환된 결과로서 주어진다. 사전에 내재하는 가치가 교환에 의해 실현되는 것이 아니다. 바꾸어 말하면 상품소유자는 그 상품의 가치를 '사적으로' 상정할 수 없다. 또 이 교환에서 상품소유자와 화폐소유자 양쪽을 규율하는 '규칙'이 중립적으로 세워져 있다고 생각해야 한다. 이런 규칙은 항상 사후적으로 발견될 따름이며 또 그때그때마다 바뀐다.

처음 「마르크스 그 가능성의 중심」을 『군상』(1974)에 연재하던 때에 나는 이 관점을, 정말 이 관점만을 강조하고 있었다. 그런데 그러한 관점이 희박하게 된 까닭은 소쉬르의 언어학·기호론을 도입하고, 그것과 더불어 교환을 규제하는 암묵적 규칙체계(차이체계)를 상정하게 되었기 때문이다. 이것은 잉여가치, 곧 자본의 비밀을 밝히고 차이화=동일화라는 자본의 운동을 해명할 수 있도록 해주었고, 이 책 속에서도 내가 자부하는 부분이다. 하지만 동시에 그것은 아까 서술한 관점을 희석시켰다고 하지 않을 수 없다.

소쉬르는 '언어는 형식이고' '언어에는 차이밖에 없다'고 한다. 이것은 상품에 대해서도 수학에 대해서도 잘 들어맞는다. 따라서 나는 형식체계 일반에 대해서, 바꾸어 말하면 규칙 일반에 대해서 생각하기에 이르렀다. 그리고 최종적으로 내가 도달한 지점은 규칙은 어디에 있는가,

또는 규칙이 어딘가에 있어서 그것에 따른다는 일이 있을 수 있는가라는 물음이다. 언어학으로 말하자면 그것은 랑그와 같은 것이 어디에 있는가라는 물음이며, 수학으로 말하자면 수학은 공리(규칙)체계에 기초하고 있는가라는 물음이다. 이 물음에 대하여 나는 다음과 같이 생각했다. 우선 규칙(형식체계)이 실천이나 외부로부터 자립해서 존재한다고 상정하는 것에서 시작하자. 그런데 그것은 (자기언급적인) 역설(paradox)로 몰리지 않을 수 없다. 결국 규칙체계가 스스로 자립한다는 것은 불가능하다는 것이 증명된다. 이것이 내가 괴델(Kurt Gödel) 또는 형식화의 문제를 통해 고찰한 내용이었다. 요컨대 내가 거기에서 말한 바는 바로 규칙이라는 것이 '실천'과 떨어져서 존재할 수 없다는 것의 우회적인 증명이었다.

3

이제야 나는 그러한 우회로를 취하지 않는다. 언어는 사회적인 제도(규칙)라고 한다. 그러나 2차적인 규칙(교통법규처럼)은 따로 둔 채 언어의 규칙을 명시할 수 있을까? 예컨대 어머니가 아이에게 말을 '가르치는' 경우를 생각해 보자. 어머니는 아이에게 말의 규칙을 가르치는 것이 아니라 단지 말을 건다. 그리고 아이가 그것에 반응하여 말하기 시작하는 것은 '생각'이 있기 때문이 아니라 '단지' 말하기 시작하는 데 불과하다. "명령하고 묻고 말하고 이야기하는 것은, 걷거나 먹거나 마시거나 노는 것과 똑같이 우리 자연사의 일환이다."(비트겐슈타인, 『철학 탐구』)

결국 아이가 말을 시작하는 것은 자연사적인 문제이고, 규칙이든 무엇이든 그 이상의 기초를 부여할 필요도 없고 기초짓기도 불가능하다. 그런데 일단 아이가 말을 하면 어머니는 그것에 대해 "규칙에 맞지 않는다"고 지적할 수 있다. 하지만 그녀 자신은 규칙이 무엇인지를 적극적으로 명시할 수 없다. 그때마다 '아니야'라는 식으로밖에 규칙을 보여 주지 못한다. 규칙이 '있다'고 한다면 그런 식으로만 '있다.' 우리는 규칙을 사후적으로 또는 부정적(negative)으로만 알 수 있다.

더욱 일반적으로 말해서 사회(타자)에 받아들여지지 않는다면 그 사람은 규칙을 따르지 않는다고 말할 수 있다.(크리프키, 『비트겐슈타인의 패러독스』) 규칙을 따르면 사회(타자)에 받아들여진다고 하는 것이 아니라, 그 '대우'(對偶)이다. 결국 우리가 사적으로 규칙을 따르는 것(또는 어기는 것)은 의미가 없다. 왜냐하면 이미 말한 것처럼 규칙은 사후적으로밖에 부정적으로밖에 드러나지 않기 때문이다.

4

이와 같이 '가르친다'는 입장에서 보면, 규칙을 자명하게 전제해 버리는 사고의 문제점이 분명해진다. 내 생각으로는 비트겐슈타인은 말에 대하여 처음으로 '가르친다'는 관점에서 고찰하려고 했다. 이것은 획기적인 태도 변화이다. 이것을 이해하려면 이른바 물건을 '파는' 입장을 유추하여 생각해 보면 좋다. 만약 상품에 사적인 가치를 부여하든 관념적인 가치(가격)를 매기든, 그것이 실제로 팔리는지 어떤지는 '목숨을 건 비약'이다. 마찬가지로 내가 말로써 뭔가를 '의미하고 있다'는 것은 타자가 그렇게 인정해 주지 않으면 성립하지 않는다. 나 자신 속에 '의미하고 있다'는 내적 과정 따위는 사실 있는 것이 아니다.

크리프키는 비트겐슈타인에 대해서 이렇게 말하고 있다.

곧 뭔가의 말로써 뭔가를 의미하고 있다는 것은 있을 수 없다. 말에 대해서 우리가 새로운 상황에서 행하는 적용은 모두 정당화되든가 근거가 있어서가 아니라 암묵 속에서 비약한 것이다. 현재의 어떤 의도도 우리가 하고자 하는 어떤 일도 적합한 것처럼 해석될 수 있다. 따라서 여기에는 적합도 부적합도 있을 수 없다.(『비트겐슈타인의 패러독스』)

그러나 이것을 단순한 회의론과 혼동해서는 안된다. 비트겐슈타인은 교환=커뮤니케이션을 합리적으로 기초지으려는 시도를 뿌리친 데 불과하다. 그런 일은 불가능하며 불필요하다고.

마르크스는 말한다. "상품은 가치이기 전에 사용가치여야 하고, 사용가치이기 전에 가치여야 한다." 이 역설은 교환이라는 '실천' 또는 '사실성'을 합리적으로 기초지으려고 하기 때문에 생겨난다. 그러나 상품소유자는 누구나 이 논리적인 역설을 뛰어넘는다. 결국 상이한 상품을 등치시키는 것이다. 두말할 나위도 없이 그것은 그것들이 공통의 뭔가를 갖고 있기 때문이 아니다. 등치시킴으로써 사후적으로 거기에 공통의 뭔가를 부여한 데 불과하다.

그러니까 사람들이 그들의 노동생산물을 가치로서 상호 연관시키는 것은 이들 물상(物象)이 그들에게 동등한 종류의, 인간노동의 단순한 물질적 외피로서 의의를 갖고 있기 때문이 아니다. 그 반대이다. 그들은 그들의 상이한 노동을 인간노동으로서 상호 등치시킨다. 그들은 그것을 의식하고 있지 않지만 그렇게 행하는 것이다.(『자본론』)

의식하고 있지 않지만 그렇게 행한다. 의미나 규칙은 그렇게 맹목적이고 근거 없는 실천의 결과로 의식되는 것이지 그것들이 행동양식을 규정하는 것은 아니다.

이데올로그(철학자)에 대하여 마르크스는 "그들은 생각하고 있는 것과 다른 것을 행하고 있다"고 한다. 이것은 그들의 생각이 허위의식이고, 따라서 참된 의식이 따로 있다는 식의 비판은 아니다. 내적인 의미·규칙에서 출발하는 것이 이데올로기인 것이다. 그리고 '생각하는' 것과 '행하는' 것의 차이는, 예컨대 어떤 말이 자신이 생각하고 있는 의미와는 다른 의미를 가질 수밖에 없는 불가피성과 결부되어 있다. 이 자연사적·비극적인 인식이 마르크스와 비트겐슈타인의 공통점이라고 해도 좋다. 그리고 그들은 이른바 '판다=가르친다'는 관점에서 사물을 고찰했다고 할 수 있다.

5

그러나 이제까지 철학자는 모두 이른바 '판다=듣는다'는 입장에서 시작하고 있다. 우리는 어떤 말(기호)로 뭔가를 이해할 때, 곧 그 '의미를 알' 때 '의미'를 어딘가에 상정하고 싶어진다. '의미를 아는' 이상 '의미'는 있을 것이다. 그것은 어디에 있는가? 이 물음이야말로 '덫'이며, 꼭 대답해야 하는 것은 아니지만 '받아들이는' 쪽에서 출발하는 한 이 물음은 피할 수 없다. 이 물음이 있는 이상 우리는 의미를 대상물이나 심상(心像)에서 구하든지 개념이나 이데아로서 끌어내게 된다. 이리하여 이를테면 소쉬르도 언어를 개념(의미)과 청각 이미지(형식)의 결합으로 보는 것에서 시작한다. 물론 그는 실질적으로 대상물이나 개념을 환원하고 언어를 규칙(형식)체계로서 보려고 했지만, 그것은 어디까지나 '듣다=받아들이다'는 입장에 속한다. 소쉬르는 "랑그는 실재체(實在體)가 아니라 다만 말하는 주체 속에서만 존재한다"고 말한다. 그러나 이 '말하는' 주체는 실은 듣는 주체이며 바로 받아들이는 주체이다. 우선 말의 의미를 이해한다는 '의심할 바 없는' 체험에서부터 그는 출발한다. 거기에서 출발하는 한 우리는 내부에 갇히게 된다.

여기에서 말하는 주체는 듣는 주체이며, 커뮤니케이션의 모델은 다음과 같이 표현된다.

내적 언어(1) ──── 언   어 ──── 내적 언어(2)

(형식＋의미)   (음성·문자 기타)   (형식＋의미)

이것은 고전경제학에서 다음과 같은 모델에 대응한다.

$$상\ 품\ W_1 ——— 화\ 폐\ G ——— 상\ 품\ W_2$$

(대상물+가치)   (대상물+가치)

여기에서는 파는 사람=사는 사람으로 간주된다. '판다'는 것의 저
'어둠 속에서의 도약'이 빠져 있다. 따라서 고전경제학의 모델에서는 공
황이나 경기순환의 불가피성이 인식되지 않는다. 나아가 그 어느 쪽도
언어나 화폐는 단지 가치척도나 교환수단에 불과하고 2차적인 것일 뿐
이다. 다시 말하면 언어학이나 경제학에서 언어와 화폐는 배제되어 버
린다.

우리는 상품과 상품을 직접 교환할 수는 없다. 그것은 상품과 화폐,
화폐와 상품의 교환일 따름이다.(이것은 사실 물물교환에 대해서도 말할 수
있다.) 그런데 고전경제학에서 화폐는 2차적이어서 무엇이라도 좋은 것
으로 취급된다. 왜냐하면 '파는' 일에는 근거가 없다는 위험이 간과되고
있는 것이다. 마찬가지로 언어학에서는 내적인 의미·형식의 체계만이
문제이고 말이 음성이든 문자이든 어떤 외재성으로서 타자를 향하고 있
고, 따라서 그 의미가 타자에게 의존하지 않을 수 없다는 맹목성이 무시
되고 있다. 소쉬르는 나중에 외재성으로서의 언어(텍스트)의 중요성을
아나그람(anagramme)론으로서 시사했지만, 그것은 아직 불충분했다.

6

'판다=듣는다'는 입장에서 출발하는 한, 우리는 '내부' 또는 형식체
계 속에 갇혀 있다. 그러나 그렇다고 해서 외적인 것을 곧바로 전제하는
일이 그 외부로 나온다는 것을 의미하지는 않는다. 『자본론』에 대해서
말하면, 예컨대 사용가치를 강조함으로써 시장경제의 환상적 체계를 비

판하는 관점은 무의미하다. 『정치경제학 비판』에서 마르크스는 모든 외부성을 일단 현상학적으로 환원하고 상품을 상품답게 만드는 형식을 획정하려고 한다.

> 경제적 형식규정에 대해서 이처럼 관계없는 경우의 사용가치, 곧 사용가치로서의 사용가치는 경제학의 고찰범위에서 제외된다. 이 범위 안에 사용가치가 들어오는 것은 사용가치 자체가 형식적 규정인 경우뿐이다. 직접적으로 사용가치는 일정한 경제적 관계인 교환가치가 그것으로 스스로를 표시하는 소재(素材)적 토대인 것이다.(『정치경제학 비판』)

결국 사용가치란 형식체계에 있어서 소재로서의 형식이다. 화폐를 포함한 모든 상품의 관계체계가 이처럼 형식적으로 뽑혀 나온다. 이 형식체계 속에 이제 와서 사용 대상물이나 인간 주체를 끌어들일 수는 없다. 하지만 이 형식체계는 결코 자립적·안정적일 수 없다. 왜냐하면 그것은 상품세계의 메타 레벨에 있으면서 스스로 상품인 것, 곧 화폐에 의해 매달려 지탱되고 있기 때문이다.

마르크스는 일반적 등가물(화폐)의 출현을 다음과 같이 말한다. "그것은 마치 무리를 이루어 동물계의 여러 유, 종, 아종, 과 등등을 형성하는 사자나 호랑이, 토끼, 기타 모든 현실의 동물들과 서로 나란히 존재하며, 또 그것들 외에 아직 동물이라는 것, 곧 동물계 전체의 개체적 화신(化身)이 존재하는 것과 같다."(『자본론』 초판)

바꾸어 말하면 상품의 관계체계는 그것을 체계화하고 있는 초월적인 중심인 화폐가 상품이기 때문에, 또는 계급이 구성원이기 때문에 자기 언급적인 역설을 내포하고 있다. 따라서 화폐경제는 단일하고 안정된 균형체계가 아니라 폴리포닉(polyphonic)한 다수체계일 뿐이다.

7

이는 화폐경제에서 교환의 '규칙' 체계를 즉시 전제한 위에 그것을 자기언급적인 역설에 밀어넣어 탈구축하는 것이다. '가치형태론'에서 취할 것은 그와 같은 전략이라고 해도 좋다. 그러나 다른 견해를 취하면, 그것은 고전경제학이 말살해 버린 화폐, 외부＝초월로서의 화폐를 화폐경제 내부로 재도입하는 것이다. 키에르케고르는 말한다. "기독교 세계는 스스로는 알지 못하는 사이에 기독교를 말살해 버린다. 그러므로 이제 해야 할 일은 기독교 세계에 기독교를 재도입하려는 시도이다."(『기독교의 수련』)

키에르케고르는 그리스도가 신이라는 것을 합리적으로 또는 역사적 사실로부터 알고자 하는 사고를 비판한다. 그것은 단지 그리스도가 인간임을 나타내 보이는 것밖에 되지 않는다. 마찬가지로 고전경제학은 화폐가 상품임을 밝히려고 한다. 그런데 화폐의 수수께끼가 풀리지 않는다. "필요한 것은 화폐가 상품임을 나타내 보이는 것이 아니라 왜 어떻게 하여 한 상품이 화폐로 되는지를 밝히는 일이다."(『자본론』)

화폐를 말살한다는 것은 그것을 개별 상품의 가치로서 내재화시켜 버리는 것이다. 그러면 개별 상품(단독자)이 화폐(그리스도)와 연결되는 '목숨을 건 비약'(신앙)은 없어져 버린다. 다시 말하면 그것은 상품-화폐의 교환, 곧 '파는' 입장에 근거가 없다는 위험을 없애 버리고 마는 것과 같다.

마르크스는 바로 여기에서 가치형태의 분석으로 거슬러올라갔다고 해야 한다. 자본제사회의 자본가와 노동자의 관계는 자본(화폐)과 임노동(노동력상품)으로 거슬러올라가고, 더구나 화폐와 상품의 관계는 상품의 등가형태와 상대적 가치형태의 관계로 거슬러올라간다. 중요한 것은 이 관계가 그 위치를 차지한 주체(소유자)는 바뀌어도 결코 그것 자체는 바뀌지 않는다는 점이다.

요컨대 '파는' 입장과 '사는' 입장은 확연히 다르며, 그것을 고전경제학(세이의 법칙)처럼 동일시할 수는 없다. 마르크스는 상품의 가치형태로 거슬러올라감으로써 화폐의 비밀이 '가치형태'에 있음을 보여준다. 물론 그는 그 이상 '해체'하지는 않는다. 왜냐하면 그의 관심사는 상품에 내재적인 가치가 있고 화폐는 그것을 표시하는 수단이라는 고전경제학에 대해서, 화폐라는 외부성=초월성을 재도입하는 것이고, 그것을 상품의 가치형태로 보려고 했기 때문이다.

예컨대 물물교환(barter)을 볼 때 우리는 암묵적으로 화폐경제 이후의 시각을 적용하곤 하지만, 그것은 물(物)과 물(物)의 교환이 아니라 역시 상품의 교환이다. 물물교환에서 우리는 상호 더블 바인드(이중구속)에 놓인다. 거기에서는 마르크스가 말한 대로 서로 자신이 가진 상품이 '등가형태'이고 상대방의 물건이 '상대적 가치형태'가 된다. 쉽게 말하면 서로 '사는' 입장에 서지만, 그럼으로써 서로 '파는' 입장에 서게 된다. 결국 물물교환은 직접적·투과적인 것이 아니라 역설을 내포하고 있다.

이 역설은 '실천적'으로 해결될 뿐이며, 따라서 관습(비트겐슈타인) 이외의 근거를 갖지 않는다. 사실은 화폐에 의한 교환도 그러하다. 하지만 화폐 덕분에 어떤 교환도 화폐(등가형태인 상품)와의 교환이며, 따라서 '목숨을 건 비약'이 내포되어 있음을 잊어버리고 '동일물의 교환'처럼 간주하고 만다. 화폐는 단지 가치척도나 교환수단이 아니다. 화폐(등가형태에 있는 상품)를 갖는 것은, 곧 '사는' 입장에 서는 것은 우위에 서는 것이다. 왜냐하면 화폐를 갖고 있으면 우리는 언제라도 상품과 교환할 수 있는 권리를 얻기 때문이다.

여기에서 수전노(화폐퇴장자)가 생긴다. 그는 이른바 가능성과 권리만을 부지런히 모은다. 마르크스는 수전노는 미치광이 자본가이며, 자본가는 합리적인 수전노라고 한다. '화폐의 자본으로의 전화'는 다만 논리적인 전개의 문제가 아니라 잉여가치를 가능케 하는 조건이어야 한다. 이 책에서 나는 그것을 보여 줄 생각이었다. 그러나 자본의 근본적인 동기는 수전노와 같고, 그것을 깊이 파고들어서 말하면 상품의 '등가형태'에 존재한다는 것을 덧붙여 두어야 한다.

8

거듭 말하지만 우리는 '가르친다＝판다'는 입장에서 출발한다. 화폐 또는 화폐형태란 무엇인지 묻기 전에 유통(교환)이 도달하는 곳에 이 '판다'는 '목숨을 건 비약'이 내포되어 있다는 것을 주의하지 않으면 안 된다. 아무리 시장경제가 안정되고 규칙성을 갖는다고 해도 거기에는 도처에 이 맹목적이고 근거 없는 비약이 존재한다. 더 정확히 말하면 개개의 교환과정에 이러한 구멍이 있기 때문에 화폐경제에 '자동적 조절기구'가 있는 것처럼, 또는 '보이지 않는 신의 손'이 작동하는 것처럼 보인다.

경제학은 그 결과로서의 '법칙성'에서 출발한다. 이 반복된 법칙성에는 사실 '반복할 수 없는 것의 반복'(키에르케고르)이 은폐되어 버린다. 물론 그렇지 않다면 경제학은 '과학'으로서 나타나지 않았을 것이다. 시장경제가 물리학적인 법칙성을 보이기 시작했을 때 비로소 과학으로서의 경제학이 출현할 수 있었다. 아마도 그 이전의 상인자본주의 단계에서는 사람들이 겨우 '판다'는 것에 내재한 무근거성·수상함을 의식한 정도였지만, 고전경제학에서는 매매의 정당한 '합리적' 근거가 발견되었던 것이다.

그러나 이러한 시스템은 결코 물리학적으로 또는 일반 시스템론적으로 다룰 수 없다. 결과로서의 법칙성의 수준만이 그것과 유사할 뿐이다. 언어에 대해서도 마찬가지로 말할 수 있다. 근대언어학은 그때까지 이질적이었던 인도 유럽어에서 물리적인 규칙성을 발견한 데서 시작했으며, 그것은 소쉬르에게 내면화되어 형식적인 시스템으로서 '과학'의 대상이 된다. 그러나 언어는 항상 '타인을 향해 말하는 언어'(바흐친)이고,

개개 커뮤니케이션이 이르는 곳에 저 '어둠 속의 도약'이 있으며 '규칙의
변경'이 존재한다. 그럼에도 불구하고 아니 그렇기 때문에, 요컨대 언어
가 다수체계적이기 때문에 결과적으로 자동조절적인 시스템처럼 보일
뿐이다. 이렇게 경제학 비판과 언어학 비판은 중첩된다.

9

마르크스는 교환이 공동체의 외부 또는 공동체와 공동체 사이에서
생겨난다고 말한다. 공동체 내부는 시스템론적이다. 하지만 공동체와
공동체 사이, 곧 '사회'에서는 그러한 시스템도 규칙도 기능할 수 없다.
거기에서는 개별 교환과정에서 발생하는 끊임없는 '규칙의 변경'이 있
다. 바꾸어 말하면 '사회'란 다수체계적이고 공동체 같은 단일 균형체계
가 아니다.

하지만 그러한 시장경제가 확대되고, 개별 공동체에도 내면화되어
전체를 아우르기에 이르면 그것 자체가 하나의 공동체처럼 보이게 된
다. 그리고 그 전체가 하나의 단일 균형체계처럼 보일 때 고전경제학이
성립했던 것이다. 그러나 그러한 시장경제는 개별 공동체 또는 시장경
제 이외의 것을 전면적으로 해체하지는 않는다.

『자본론』에서는 마치 '순수자본주의' 같은 것이 상정되어 있는 것처
럼 보인다. 거기에는 외국시장, 제3세계, 농업을 비롯한 비공업적 생산
따위는 사상(捨象)되어 있는 듯이 보인다. 그러나 그것은 순수자본주의
라는 것이 있다거나 또는 장래 그것에 근접하리라는 것을 의미하는 것은
아니다. 오히려 순수자본주의적인 체계는 고전경제학에 의해 확립되었
다. 거기에서는 외적인 차이, 사실성으로서의 차이가 순수자본주의적인
체계로 환원되어 시장경제의 내적인 자기 완결성을 강조하고 있다.

그러나 마르크스는 그러한 외부성을 결코 사상하지 않고 이른바 순
수자본주의적인 '체계' 내부에 집어넣었다. 시장경제 또는 자본주의적

인 생산이 자체적으로는 결코 '생산'할 수 없는 것이 얼마든지 있다. 예를 들면 토지라든가 인간(노동자), 외국시장이 그러하다. 그러나 토지는 이미 자본제경제 속에 포섭되어 있는 한 그 내부에서는 '지대'(地代)로 표현된다. 인간 역시 자본주의적인 '인구법칙' 속에서 나타날 따름이다. 토지나 인간은 결코 실증적(positive)으로 시장경제 외부에 존재할 수 없다. 반대로 그것들은 자율적인 시장경제 내부에서 외부성으로서, 역설로서만 발견되어야 한다. 그리하여 이를테면 우노 고조는 자본주의의 내재적인 역설을 자본 자신이 '생산'할 수 없는 인간=노동력 상품에서 찾아냈으리라. 하지만 이미 말한 것처럼 이것이 전부는 아니다. 또 그것이 자본제경제를 붕괴시키는 것도 아니다. 단지 그것은 호황—공황—불황—호황이라는 경기순환을 불가피하게 할 뿐이다. 자본제경제는 그 자율적인 체계 속에서 처리할 수 없는 외부성에 의해 단지 위협당하기만 하는 것이 아니라 오히려 그것에 의해 존속할 수 있다.

그것은 마치 저 '목숨을 건 비약'이 화폐경제에 공황의 가능성을 부여할 뿐 아니라 어떤 사회주의적 시스템 관리보다도 효과적인 자동조절 시스템을 부여하는 것과 마찬가지다. 다시 말해서 마르크스는 화폐라는 외부성을 체계 내부에서 찾아냄으로써 하나의 자기완결적인 시스템처럼 보이는 자본제경제의 환영을 안쪽에서부터 깨뜨리려 했던 것이다.

1985년 6월 15일

1990년 학술문고판 후기

1990년의 시점에서 이 책의 '후기'를 쓴다고 하면 작년에 일어난 소련·동유럽의 이른바 '공산주의'의 붕괴에 대해서 말하지 않으면 안될 것이다. 그러나 굳이 여기에서는 그렇게 하지 않으려고 한다. 한 가지 이유는 그것을 포함한 '종언'의 문제를 둘러싸고 한 권의 책을 막 썼기 때문이며, 또 하나는 이 책의 마르크스론은 현재의 역사적 사태 따위로 흔들리지는 않는다고 생각하기 때문이다.

예컨대 내가 1974년에 『군상』에 마르크스론을 연재하기 시작한 것은 1970년대 초기에 신좌익이 붕괴하고 '마르크스는 쓸모없다'고 하던 시기다. 더 소급해서 말하면 내가 마르크스를 진심으로 읽어 낸 것은 1960년대 초기에 '이데올로기의 종언'이 주장되면서 '마르크스는 죽었다'고 하던 시기부터이다. 결국 나는 '마르크스=헤겔주의의 종언'에 있어서만, 바꾸어 말하면 헤겔 이후의 사상가로서만 마르크스를 읽어 왔는데, 이제 와서 새삼 놀랄 일은 아무 것도 없다. 무엇이 끝났다고 해도 '자본주의'는 종언을 고하고 있지 않기 때문이다. 게다가 '자본주의'는 종언을 무한히 앞질러 버리는 시스템으로서, '끝'(목적)에 가서야 생각하는 우리의 사고를 늘 배반해 버린다.

그리고 이것은 그러한 '자본주의'의 해명을 필생의 과제로 삼은 사상가 마르크스에게도 해당된다. "마르크스는 끝났다"는 말은 어리석다. 마르크스=헤겔주의 이후에 겨우 우리는 마르크스를 읽을 수 있는 단계에 들어섰다고 해야 할 것이다. 마르크스는 헤겔에 대해서 『자본론』 2판 후기에서 다음과 같이 말하고 있다.

> 나는 약 30년 전 헤겔 변증법이 아직 유행하고 있던 당시에 헤겔 변증법의 신비화된 측면을 비판했다. 그런데 내가 『자본론』 1권을 마무리하던 바로 그 무렵 독일의 지식인들 사이에서 활개치던 말 많고 거만하고 무능한 아류들이 헤겔을, 마치 레싱 시대에 용감한 모제스 멘델스존이 스피노자를 취급한 것처럼 '죽은 개'로 취급하면서 득의만만해 하기 시작했다. 그래서 나는 스스로 이 위대한 사상가의 제자임을 공개적으로 인정하고, 나아가 가치론에 대한 장(章) 여기저기에서 헤겔 특유의 표현방식을 흉내내기까지 했다.

나는 지금 똑같은 말을 마르크스에 대해 하고 싶은 기분이다. 애초에 자본주의는 '주의'가 아니다. 요컨대 사람이 임의로 선택한다든가 폐기할 수 있는 것이 아니다. 그것은 공동체와 공동체 사이의, 곧 규칙을 공유하지 않는 타자와의 교환=커뮤니케이션의 어려움에 기초하고 있는 어떤 불가피한 '현실성'이다. 자본주의는 단지 경제적인 하부구조가 아니다. 왜냐하면 환상의 체계니까. 그러나 만약 '하부구조'라고 말할 수 있다면 그것이 커뮤니케이션=교환의 본질과 관련되어 있기 때문이다. 이 '현실성'을 단순히 긍정하는 것도 부정하는 것도 무의미하며, 가장 중요한 것은 마르크스가 그랬듯이 그것을 주시하는 일이다.

이 책을 낼 당시에는 나는 몹시 불만스러웠다. 언젠가 '본론'을 쓸 작정이었다. 사실 나는 『탐구』에 이르기까지 세세한 부분에서 몇 번이나 수정을 해왔다. 그러나 아니, 그렇기 때문에 나는 또 이 책을 고쳐 쓸 마음이 없다. 1985년에 이 책을 고단샤(講談社) 문고에서 냈을 때 나는 상세한 해설을 붙였다. 하지만 새삼스럽게 학술문고로 다시 내게 되어, 나는 그것을 생략하기로 했다. 그 이유는 이 책은 과거의 텍스트로서 그 나름대로 자립성을 가지고 있고 원래대로 읽어 주시는 편이 좋다고 생각했기 때문이다.

1990년 5월 1일
가라타니 고진

◉ **처음 발표된 잡지**

「마르크스 그 가능성의 중심」, 『群像』(1974년 3~8월호)

「역사에 대하여—다케다 다이준」, 『계간예술』(1977년 겨울호)

「계급에 대하여—나쓰메 소세키론 I」(원제 「地底の世界」), 『文體』(1977년 가을 창간호)

「문학에 대하여—나쓰메 소세키론 II」(원제 「漱石と文學」), 『國文學』(1978년 5월호)

「교통에 대하여」, 『現代思想』(1979년 3월호)

「장소에 대한 세 개의 장」, 『文藝』(1980년 8월호)

해설

고모리 요이치(小森陽一, 도쿄 대학 조교수)

이 책의 가장 중요한 전략은 제목에 감춰져 있다. 곧 "마르크스를 그 가능성의 중심에서 읽는다"는 것은 어떻게 가능할까라는 것이다.

*

한 사람의 사상가가 그 사람의 고유한 말, 곧 특수한 개념과 독자적인 논리에 의해 자신의 사상을 하나의 작품으로 묶어 낸다고 할 때, 거기에는 저절로 그 작품의 어떤 고유한 체계가 생겨 난다. 그 체계는 당연한 것이면서 사상가 자신이 의식하고 지배하는 것이지만, '가능성을 읽는다'는 것은 이 체계의 내부에서 이제까지 그다지 '사유되지 않은 것'을 독해하려고 하는 것과 같다. 체계를 만들어 낸 사상가 자신도 지배할 수 없는, 또는 의식할 수 없는 그것은 무엇인가? 그것은 체계를 지탱하고 있는 논리나 의식 그 자체를 무너뜨려 버리는 말의 운동을 독해하려는 것이다.

사상가 또는 사상의 문장가로서 마르크스를 문제삼기 전에 가라타니 고진은 읽는이로서 마르크스와 조우하고 있다. 마르크스가 데모크리토스와 에피쿠로스의 자연철학 사이에서 '전체'의 체계성을 둘러싼 커다란 차이를 찾아낸 것이 아니라 '단편'(斷片)에서 미세한 편차를 읽고 이해하는 그런 '독해 방법'을 취했던 독자임을 발견함으로써 가라타니는 마르크스를 읽기 시작하는 것이다.

따라서 사상가 마르크스를 읽는 독자로서 가라타니는, 마르크스가 헤겔을 근본적으로 전도하려고 겨냥한 헤겔 비판 속에서가 아니라 마르크스가 참으로 헤겔적으로 말하고 있는 단편 속에서, 헤겔과 미세하고 근소한 차이가 나타나는 장소에서, 이제까지 '사유되지 않은 것'을 발견해 나간 것이다. 왜냐하면 마르크스가 헤겔적으로 말하고 있는 곳에서야말로 마르크스가 헤겔의 독자임이 드러나기 때문이다.

독자는 독서를 하는 동안에는 그 책 저자의 말 내부에 자리잡는다. 이른바 자신에게는 타자이며 바깥쪽에 있는 누군가의 말의 체계에 기꺼이 지배당하기를 선택한 것이다. 그러나 한편으로 읽는 행위란 그 자신에게는 타자이며 바깥쪽에서 발생되고 있는 말을 언제나 자신의 내부로 끌어들여 자신의 말의 체계와 관계짓는 것이며, 계속 투쟁하는 것이기도 하다. 타자가 내는 말에 한편으로 '동'(同)화하고 다른 한편으로 곧바로 그것을 '이'(異)화하며, 다음 순간에는 다시 '동'화하는 것을 스스로 강요하는 그 무한의 연쇄. 아마도 가라타니에게 읽는이란 그러한 '동'과 '이'의 틈새에서 말의 개념이나 의미를 끊임없이 변환하면서 걸어가는 사람일 것이다.

하지만 말 하나하나의 의미나 개념이 그것들에 의해 구성되고 있는 작품 전체의 체계에 규정되어 있다면 미세한 부분, 사소한 단편에서 변환하는 것으로서의 읽기는 언제나 가장 래디컬한 형태로, 전체로서의 체계성에 대한 싸움이 될 것이다. 어떤 개념은 그것이 기능할 수 있는 어떤 특정한 논리구조 속에서, 그러한 논리구조를 가진 사고의 형태나 의식의 운동 속에서, 그 자신의 역할을 수행하기 때문에 하나의 개념이 어떻게 '동'화와 '이'화의 틈새에서 변환=이해되는지를 묻는 일이야말로 독자가 벌이는 싸움의 질을 명확히 하는 것과 연관된다.

이 읽는 과정에서 한순간 한순간 이루어지는 변환의 질에서야말로 '가능성'이 싹트고 있는 것이다. 전체로서의 체계성이란 이 순간 이루어지는 변환의 연쇄가 추상화되어, 미세한 차이가 있는 항목이 좀더 커다란 '동'과 '이'의 대비로 매듭지어졌을 때에만 드러난다. '주의'(主義)로 서의 '사상'이란 그러한 현상학적 환원이 이루어진 다음에 나타나는 사상의 모습일 것이다. 이미 이해하기 쉬운 형식으로 추상화된 '주의' 속에는 '가능성'이 없다. 가라타니의 추상력은 그 역방향으로 향하고 있다. 요컨대 모든 투명한 의미체계로 환원되지 않은 형태로 한순간 한순간 단편에서 변환의 모습을 끄집어내는 것이다. 그 조작은 늘 형이상학으로 사람을 끌어들여 버리는 추상력을, 반대로 미묘한 차이, '동'(同)과 '이'(異)가 부딪치고 있는 바로 그 순간에 건져 올리는 것으로 돌리는데, 그러한 추상력의 발동방식은 본질이나 전체나 모델로서 모든 내용을 정리하고 마는 형이상학적 조작에 대한 근본적인 비판이 될 수 있다.

가라타니가 사상가가 아니라 독자로서 마르크스에게 바싹 다가갔듯이 우리도 『자본론』에 대해 말하는 가라타니가 아니라 『자본론』을 읽는 가라타니를 따라가야 할 것이다. 마르크스를 읽는 말 속에서 이제까지 '사유되고 있지 않은 것'을 발견하기 위하여.

*　　*

가라타니는 『자본론』을 쓸 때의 마르크스를 이렇게 읽는다. 누구에게나 흔하고 자명하고 평범한 물건인 '상품'에 대해서 두려움에 가까운 놀라움을 품게 하는 이해하기 어려운 것, 결국은 파악할 수 없을 만큼 '형이상학적인 섬세함과 신학적인 심술궂음'을 지닌 것으로 '상품'을 보기 시작했다고. 마르크스는 우선 '상품'을 읽지 못하게 되어 버린 독자로서 등장하며, 그것을 읽고 이해해 가는 변환의 과정이 『자본론』이라는 것이다.

변환(transform/transpose)하는 것으로서 읽는 것이란, 개별적인 개념이나 의미의 차원에서 그것들을 어떤 논리구조로 결합시키는 사고의 형태나 의식의 작동방식 자체까지를 '같은'(同) 것 같으면서 '다른'(異) 형태와 작동방식으로 부딪치는 일이다. '동'과 '이'라는 두 가치체계 사이에 한없이 이송(transport)과 양도(transfer)를 되풀이하는 것. 그런 '독해방법'으로서 마르크스의 '가치형태론'은 소쉬르의 언어론과 어울릴 수 있게 된다. 물론 읽는이인 가라타니 고진을 전달자(transmitter)로 삼아.

> 언어는 물리학적인 음성도 아니고 또 어떤 관념을 표현하는 것도 아니다. 역으로 언어가 있기에 비로소 그것들이 존재한다. 그렇다면 언어를 언어로 만드는 것은 무엇일까? 똑같은 물음을 상품에 대해서도 던지지 않으면 안된다. 고전경제학은 상품이란 사용가치와 교환가치라고 한다. 하지만 그것들은 바로 어떤 물건이 상품형태를 취하기 때문에 존재하는 것일 수밖에 없다. 말은 음성과 개념의 결합이라는 것도 마찬가지다.

이 인용문과 같은 기술방식은 이 책의 모든 곳에서 발견할 수 있다. 얼핏 거친 단순화로 보이는, 마르크스와 소쉬르의 아날로지에 의한 대비는 독자에게 어떤 의문도 품게 내버려 두지 않는 것 같은 단정적인 문체로 서술된다. 단정하는 것에 의해서 회의를 일으키는 것. 강한 동화를 강요하여 역으로 강한 이화를 느끼게 하는 것. 이 책의 문체는 쓰고 있는 사람과의 동일성을 강요함으로써 역으로 독자측의 회의를 유도해 내며, '동'화의 다음 순간 '이'화로 향하는 독자의 의식운동을 만드는, 이른바 에너지의 공급선이라고 할 수 있다.

더구나 아날로지(유비)란 일반적으로 어떤 것과 다른 것이 어떻게 비슷한가, 결국은 '다른' 사물과 사물, 사건과 사건 사이에 '같은' 요소를 발견하고, 두 개의 이질적인 것을 '유사'(類似) 속에서 연결짓는 것이다. 그러나 '유사'를 그대로 납득한다는 것은 요소를 전체로까지 확대해 버리는 것이다. 그렇게 한다면 같은 것의 발견으로부터 다시 다른 요소의 발견으로 나아가야 할 것이다. 차이의 배후에 있는 동일성의 발견으로부터 동일성의 배후에 있는 차이의 비교로, 그리고 또 동일성의 발견으로……라는 과정. 그것이 아마도 아날로지(유사)를 토톨로지(tautology, 동어반복)에 빠뜨리지 않기 위한 경계영역이리라.

우리 독자들은 이런 곳과 맞닥뜨리게 될 때 거기서 잠시 멈추어 서서 끝까지 회의하는 것이 좋을 것이다. 간단히 이해할 성질의 것이 아니라는 점이 중요하다. 오히려 이해해 버리는 일을 지연시키도록 마르크스 쪽에서 소쉬르를, 소쉬르 쪽에서 마르크스를 의문시하는 것, 상품 쪽에서 언어를, 언어 쪽에서 상품에 대해 묻는 것을 어떻게 지속적으로 계속할 수 있는지가 문제시되고 있다고 할 수 있을 것이다.

두 개의 이질적인 것을 유형비교에 의해 결부짓는 아날로지의 방법으로 가라타니 고진이 분명히 밝히고 있는 것은, 상품 또는 언어의 수수께끼를 푸는 열쇠가 어떤 두 가지 이질적인 것을 등가라고 생각할 수 있는 관념이 왜 생겨났는가 하는 데 존재한다는 것이다. 해독해야 할 대상과 독해의 방법은 어떤 상동성(相同性)을 가지고 있는 것이다.

마르크스가 분명히 밝힌 상품형태란 사용가치, 곧 각각의 상품이 개별적이고 이질적이기 때문에 생겨나는 상대적 가치형태와, 이질적인 상품이 상호 교환되기 위해 이질적인 것을 같은 기준으로 측정하는 등가형태의 결합이라는 것이다. 상품의 가치형태를 상대적 가치형태와 등가형태의 결합이라고 한 마르크스의 발상은 언어기호를 음성과 개념, 곧 시니피앙과 시니피에의 결합이라고 생각한 소쉬르의 발상과 상동성을 가지고 있다는 것이, 아마도 앞의 인용문에서 즉시 독해되는, 두 개의 이질적인 것을 똑같이 하나의 것으로 파악한다는 관념의 등장일 것이다. 그러나 다시 한번 상품 쪽에서 생각하면 등가형태 자체가 이질적인 상품과 상품 사이에 등가관계를 발견한 관념에 의해 지탱되고 있음을 알 수 있다. 그러면 언어는 어떠한가? 아날로지 속에서 등가관계와 대응하는 것은 시니피앙이지만, 과연 시니피앙으로서의 음성이 이질적인 것을 등가로 삼을 수 있을까? 그래서 생각건대, 시니피앙으로서의 음성은 개별 발화자의 본래 다른 음성을 추상화하고, 차이의 체계로서 어떤 민족의 언어체계 속에서 어떤 음과 어떤 음을 구별할 필요가 있는 경우에만 음성이 차이를 문제삼고 그 밖에 음성이 다른 것은 등가로 간주하는 것이 눈에 보이게 된다. 그러나 상품의 등가형태가 다른 상대적 가치형태를 등가교환할 수 있는 시스템이라고 한다면, 시니피앙은 반드시 상이한 시니피에를 등가로 삼는 것은 아니다. 물론 동음이의어나 말장난의 세계에서는 그렇다고는 해도……. 그러나 실은 그 같은 곳에서 소쉬르가 안은 과제도 알아차릴 수 있는데, 유형비교된 체계는 늘 차이를 품고 있어서 그것을 발판으로 회의는 지속된다. 이렇게 보면 이 책의 서술은 아날로지에 의해 무엇인가를 알았다고 믿어 버리는, 우리 독자들 자신의 무의식에 날카로운 쐐기를 박고 있다고 할 수 있다.

*　　*　　*

상이한 상품 사이에 교환이 성립하기 위한 등가관계를 만들어 내는 것이 화폐형태라는 것을 밝히는 것만으로는 언어가 '중심이 없는 관계의 체계'라고 한 소쉬르적 구조주의와 같은 수준에 머물러 버리게 된다. 화폐의 체계나 언어의 체계를 전제로 삼아 버리는 의식이나 논리가 덮어 숨기고 있는 '무의식'의 층, '똑같지 않은 것을 등치'하고 체계를 체계로서 성립시키는 잠재적인 것이야말로 물어야 할 것이라고 가라타니는 읽어 나간다. 그런 '독해방법' 속에서 마르크스와 프로이트, 마르크스와 니체가 마주치고 충돌해 간다. 그 틈새에서 형이상학의 근저에 스며든 '화폐형태'의 기원에 대한 물음, 체계의 기원에 대한 물음이 나오게 된다.

이는 '잉여가치'가 창출되는 이유는 무엇인가 하는 물음이다. 등가교환이라면 결코 이윤으로 이어지는 '잉여가치'는 창출되지 않을 테니까.

상품의 '가치'는 '노동시간'과 같이 이미 내재해 있는 것이 아니다. 마치 '노동시간'에 의해 상품의 '가치'가 결정되는 것인 양 생각하게 되는 것은 '화폐형태'에 의해 가치형태가 은폐될 때 일어나는 환상이다. '노동시간'이라는 발상 자체가 이질적인 상품을 등가로 삼아 버리는 관념을 전제하고 있기 때문이다. 가라타니가 해독한 잉여가치의 문제는 무엇보다도 상품이 두 개의 이질적인 가치체계 사이에서 이송(transport)되고 양도(transfer)된다는 것 속에서 발견된다.

G(화폐)—W(상품)—G′(G+ΔG)라는 과정이 성립한다는 것은 동일한 상품이 한 쪽의 시스템에서는 G, 다른 쪽의 시스템에서는 G′라는 두 개의 다른 가치를 부여받고, 그 시스템(가치체계) 사이를 동일한 상품이 이동함으로써 한 상품의 가격(ΔG), 곧 잉여가치가 발생함을 의미한다.

상인자본은 두 개의 가치체계 사이로 상품을 공간적으로 이송·양도하고 '교환'을 성립시킴으로써 이루어진 것이다. 결국 어떤 가치체계의 상대적 가치가 다른 체계로 옮겨질 때 가격차, 곧 잉여가치가 생긴다.

아마도 여기에는 가라타니 고진이 이후 계속 문제삼는 '외부성'(外部性)의 문제가 집약적으로 나타나고 있다고 해도 좋다. 원래 상품을 어떤 체계 내부에서 외부로 억지로 끌어내는 수단, 배를 비롯한 교통기관의 발달이나 증기기관의 발명은 상품을 둘러싼 논리 밖의 문제이다. 논리는 그 결과만을 추인한다. 가치형태의 기원을 물었을 때 거기서 떠오르는 것은 가치체계를 지탱하고 있는 논리가 아니라 적어도 둘 이상의 다른 체계·시스템이 매개되어 성립하는 교환과 변환의 과정인 것이며, 그것은 이미 기원이 아니다.

교환의 과정을 통해서만 창출되는 잉여가치의 문제를 가라타니는 발레리의 예술론(『예술에 대한 고찰』)을 통한 유추로 해독하려고 한다. 발레리는 "작자로 시작하여 제조된 물체로 끝나는 변형작용"과 "물체, 곧 작품이 소비자에게 변화를 가져다 준다는 의미에서의 변형작용"이 서로 독립되어 있음을 문제화했다. 도식적으로 말하면 상품의 G→W←······

→W→G´라는 잉여가치의 발생과정이 예술작품에서 ‘작자’ → ‘작품’ ←……→ ‘작품’ → ‘독자’라는 과정과 유형비교되고 있는 것이다.

가라타니는 “발레리가 말하는 가치는 마르크스가 말하는 잉여가치에 해당한다”고 잘라 말하고 있다. 단정(斷定)되면 회의(懷疑)한다는 것이 이 책의 ‘독해방법’이다. 발레리는 ‘예술이라는 가치’가 작자와 독자라는 결코 동일시할 수 없는 ‘두 개의 영역’ 사이에 ‘개재’(介在)하는 ‘항’이라고 서술하고, 그것은 “타자의 존재에 작용하기 시작하는 불삼투성의 요소”라고 서술한다. 작자와 독자가 완전히 다른 가치의 시스템, 동일시할 수 없는 ‘두 개의 영역’이라 한다면, 그 사이에 ‘개재’하는 ‘예술이라는 가치’는 ‘작품’이 이 두 개의 가치체계 사이에서 이송·양도됨으로써 만들어지는 것이라고 할 수 있으며, 그런 수준에서 아날로지는 성립하고 있다.

그러나 발레리가 말하는 ‘작품’이란 이질적인 시스템을 묶어 주는 것도 직접적인 전달을 하는 것도 아닌, 정신이나 개념으로 환원할 수 없는 ‘개재체’(介在體)이다. 그렇다면 작자와 독자 사이에서 이송·양도된 ‘작품’은 결코 상품이 ‘교환’될 때 창출하는 것 같은, 양적으로 보이는 ‘차액’을 만들어 내지는 않는다. 양적으로 볼 수 있는 ‘차액’이란 원래 이질적인 가치 시스템을 등가의 양으로 환산하는 화폐형태를 전제로 하고 있기 때문이다. ‘작품’과 ‘상품’은 결코 같은 논리의 수준에서 존재하지 않는다. 어쩌면 그것이 요점이다. ‘차액’이 생기기 위해서는 이질적인 가치체계를 어딘가에서 등가형태 속으로 끌어들이지 않으면 안된다. 발레리가 말하는 ‘작품’의 관점에서 ‘상품’을 의심할 때 거기에는 상호 다른 가치체계 사이에서 어떻게 하여 ‘교환’이나 ‘전달’이 가능한가라는 불가능성에 대한 물음이 생겨난다. 그것이야말로 가라타니 고진이 『내성과 소행(遡行)』이나 『탐구 I · II』에서 계속하려고 한 의문의 과정이다. 무언가에 대해서 ‘동’(同)이라는 사고를 발동시킨 그 순간, 곧바로 시동하기 시작하는 '이'(異)의 감각이야말로, 언어라는 '내부'에 스스로를 가두고 사고함으로써 '외부'와 '타자'에 대해서 생각하려고 한 가라타니의 이제껏 '사유되지 않은 것'을 향한 가능성을 잉태하고 있는 것이다. "본질적인 사상가는 하나의 과제밖에 갖지 않는다"(하이데거)고 할 때 '과제'란 바로 이런 경우에 모습을 드러내는 '가능성'인 것이다.

*　*　*　*

상인자본이 이질적인 두 개의 가치체계 사이에서 상품을 이송하고 양도함으로써 공간적인 변환을 행하여 차액＝잉여가치를 만들어 낸다고 하면, 산업자본은 노동생산성을 높임으로써 '시간적'으로 상이한 가치체계를 만들어 낸다는 것을 가라타니 고진은 해독하려 하고 있다.

생산성 상승—기술혁신—은 기존의 가치체계 속에 잠재적인 또 하나의 시스템을 만들어 내는 것이다. 기술혁신이란 좀더 싼값에 상품을 만들어 내는 방법이다. 같은 가치체계 속에 있다고 해도 주위의 상품보다 싼값으로 만들어진 상품은 같은 시장에서도 차액을 낳게 된다. 적어도 주위에 그 기술혁신이 일반화되어 퍼지기 전까지는. 다른 기업보다 앞서서, 곧 시간을 선점하는 형태로 기술혁신을 행하면, 그 기업의 상품은 다른 기업이 그 상품의 기술혁신을 따라잡을 때까지는 계속 차액을 낳을 것이다.

겉보기에는 등가교환이라도 잠재적인 시스템 속에서 만들어진 좀더 싼 상품이 기존의 시스템 속에 등장하면, 거기에서 차액이 생긴다. 설령 그 차액이 잠시 후 해소되어 버릴지언정……. 따라서 산업자본은 끊임없는 생산성 향상—기술혁신—을 숙명처럼 떠안게 된다. 만약 이러한 산업자본에 의해 만들어진 특수한 잉여가치의 존재방식을 언어예술이나 언어표현과의 아날로지로 생각한다면 어떻게 될까.

기존의 시스템 속으로 말을 이송·양도하기 전에 좀더 새로운 '사상', 좀더 새로운 '의미'를 만들어 내는 것. 작품이 독자에게 변화를 초래하는 통상적인 말의 시스템 속에 그 말을 투입할 때, 늘 편차가 나타나게 되는 형태로 작자가 작품을 제작하는 것. 또는 그 관계를 역전시켜 만들어진 작품의 시스템 속에서 독자가 새로운 '의미'를 찾아내고 마는 것.

『자본론』의 결정적인 새로움을 '의식'으로서의 화폐의 기원을 둘러싼, '무의식'으로서의 가치형태의 고찰을 통해 찾아낸 가라타니는, 거기에서 모든 형이상학을 위협하는 편차를 계속 만들어 낸 마르크스가 행한 언어체계와의 '계급투쟁'을 독해하게 된다. 마르크스에게 정치과정이란 실체적인 계급들이 이해를 다투는 싸움터가 결코 아니었다. 마르크스는 정치과정을 '계급의 사상'이란 의미로 고정시켜 버린 담론들의 싸움터로 보았으며, 그렇기 때문에 『브뤼메르 18일』과 같은 그의 분석이 가능했다고 가라타니는 읽는다.

인간의 사고를 지배하는 것이 의미로서의 말이라면, 그 체계 속에 있는 이상 아무리 '주체적'으로 저항한다고 해도 우리는 더욱 깊이 그 체계 속으로 빠져 들어가게 된다. 그러나 그 체계에 수고적(受苦的)으로 지배되고 있는 결여로서 스스로가 존재하고 있음을 느꼈을 때, 그 결여를 과잉으로 만회하려고 하는 운동이 시작되는 것이다.

결여를 만회하는 운동, 그것은 쓰인 것에 대하여 늘 뒤늦게 이루어지는 읽는 것일 따름이다. 읽는 것이란 결코 기원이나 근원에 갈 수 없는 것일지도 모른다. 끝없는 이송과 양도를 되풀이하면서 사소한 편차를 만들어 내고 오로지 계속 변환하는 것이다.

일본인명해설

가쓰 가이슈(勝海舟, 1823~1899) 메이지 시대의 정치가. 막부 말기에 해
　군훈련소를 설립. 메이지 유신 후에는 추밀고문관 등을 지냈다.

고바야시 히데오(小林秀雄, 1902~1983) 문학평론가. 자아(自我)의 해석
　을 축으로 한 창조적인 일본 근대비평의 확립자.

구니키다 돗포(國木田獨步, 1871~1908) 시인이자 소설가. 일본 자연주의
　문학의 선구자로 평가받는다.

기타무라 도코쿠(北村透谷, 1868~1894) 시인이자 평론가. 일본 근대낭만
　주의의 선구자.

나가이 가후(永井荷風, 1879~1959) 소설가. 탐미적인 작풍으로 에도 시
　대의 전통을 간직한 화류계와 같은 하층민의 풍속을 주로 묘사했다.

나쓰메 소세키(夏目漱石, 1867~1916) 소설가. 도쿄의 우시고메 바바시타
　(牛込馬場下, 현재의 신주쿠〔新宿〕)에서 나쓰메 효에이 나오카쓰(夏目兵
　衛直克)의 5남 3녀 중 막내로 태어났다. 본명은 긴노스케(金之助)이다.
　가세가 기울어 1세 때 신주쿠의 촌장이었던 시오하라 쇼노스케(塩原昌
　之助)의 양자가 되었다. 어린시절 불우했던 가정환경은 가혹했던 아버
　지에 대한 기억과 함께 나쓰메 소세키의 문학에 상당한 영향을 끼쳤다.
　중학교를 중퇴하고 한학을 배웠으며 대학 진학을 위해 영어를 배웠다.
　1893년 도쿄제국대학 영문과를 졸업하고 대학원에 진학했다. 1895년
　시코쿠(四國)의 에히메(愛媛) 현 마쓰야마(松山) 중학교에 교사로 부임

했다. 이듬해 4월 규슈(九州) 구마모토(熊本) 제5고등학교 (현 구마모토 대학) 교수로 취임했으며, 6월에 귀족원 서기관장의 장녀 나카네 교코(中根鏡子)와 결혼했다. 1900년 문부성 장학생으로 2년 동안 영국으로 유학을 가 영문학을 배웠고, 귀국한 뒤에는 제일고등학교와 도쿄제국대학에서 영문과 강사로 근무하는 한편 창작에 몰두했다. 마침내 1904년 『나는 고양이다』(吾輩は猫である)를 출간하여 하루아침에 명성을 얻었고, 모리 오가이(森鷗外), 쓰보우치 소요(坪內逍遙)와 함께 일본 근대문학의 태두(泰斗)로 추앙받았다. 1907년 도쿄제국대학 교수직을 사임하고 아사히(朝日) 신문에 입사하여 문예란을 주재하면서 수많은 소설들을 발표했다. 1909년에는 도쿄제국대학 예과(豫科) 동창인 남만주철도주식회사 총재 나카무라 제코(中村是公)의 초청으로 한국과 만주를 여행했다. 1916년 위궤양에 의한 출혈로 사망했다. 주요 작품으로 『양귀비』(虞美人草), 『갱부』(坑夫), 『산시로』(三四郎), 『그러고서』(それから), 『문』(門), 『행인』(行人), 『명암』(明暗), 『문학론』(文學論), 『도련님』(坊っちゃん), 『피안 저편까지』(彼岸過迄), 『마음』(こころ) 등이 있다.

나카무라 미쓰오(中村光夫, 1911~1988) 문학평론가. 서구 근대문학이론으로 무장한 명쾌한 이론으로 일본 근대소설의 왜곡된 점을 비판했다.

나카쓰카 다카시(長塚節, 1879~1915) 소설가. 『흙』을 써서 일본 농민문학을 확립했다.

나카하라 주야(中原中也, 1907~1937) 시인. 교토에서 도미나가 다로를 만나 친교를 맺고, 프랑스 상징파 시인의 시를 탐독했다. 고바야시 히데오와는 1925년에 도쿄에서 알게 되었다

니시다 기타로(西田幾多郎, 1870~1945) 철학자. 선(禪)의 종교성과 생의 철학이나 독일 관념론의 논리를 사변적으로 종합하고, '무'(無)의 철학을 개척했다.

다가와 겐조(田川建三, 1935~) 성서학자. 프랑스에서 유학. 귀국 후 독자
　　적인 신약학, 마르크스 연구 등을 결합하여 기성 기독교의 바울주의 속
　　에서 '현실과 관념의 역전'을 발견하고 기독교 신앙 자체의 지양을 주장
　　했다.

다나카 기치로쿠(田中吉六, 1907~1985) 철학자. 대학을 중퇴하고 자유노
　　동자로 살면서 마르크스주의를 연구했다.

다니자키 준이치로(谷崎潤一郎, 1886~1965) 소설가·극작가. 초기에는
　　탐미와 배덕(背德)의 공상적인 세계를 화려하게 묘사했지만, 다이쇼 후
　　기부터 일본적인 전통미에 경도되어 왕조문학의 숨결을 현대에 되살리
　　는 새로운 경향을 개척했다.

다야마 가타이(田山花袋, 1871~1930) 소설가. 일본 자연주의 문학에 한
　　획을 그은 작가로 적나라한 현실 묘사를 주창했다.

다자이 오사무(太宰治, 1909~1948) 소설가. 굴절된 죄의식을 익살과 풍
　　자로 포장한 빼어난 작품을 많이 썼다. 전후에는 허무적·퇴폐적인 사
　　회의식을 작품화했다. 강물에 투신 자살했다.

다케다 다이준(武田泰淳, 1912~1976) 소설가. 도쿄 혼고(本鄕)에서 정토
　　종(淨土宗) 승려의 차남으로 태어났다. 우라와(浦和) 고등학교 시절 좌
　　익활동으로 검거된 적이 있다. 도쿄제국대학 중국문학과에 입학하여
　　다케우치 요시미(竹內好) 등과 『중국문학월보』(中國文學月報)를 창간,
　　문학을 통한 중일(中日)교류를 꿈꾸었다. 1937년 사병으로 입대하여
　　중국에 파병되었다. 이때 적으로서의 중국인과 아시아적인 것, 다시 말
　　해 동방문화의 원류를 이루는 중국을 형성하고 있는 것과 대면한다. 제
　　대 후 그의 첫 작품이자 대표작인 『사마천』(司馬遷, 1943)을 출간하여
　　일약 주목을 받았다. 1944년에 상하이로 건너갔다가 그곳에서 일본의
　　패전 소식을 듣고, "세계는 멸망을 반복한다. 우리 조국의 멸망은 처녀
　　성의 상실이며, 이제부터 멸망하지 않기 위해서 완전히 새로운 문화를

창조하지 않으면 안된다"는 멸망에 대한 사상을 제시했다. 전후 본격적으로 소설을 쓰기 시작하여, 1947년에 「심판」(審判), 『살무사의 자손』(蝮のすえ), 1948년에 『'사랑'의 형상』(愛のかたち)으로부터 1952년에 『풍매화』(風媒花), 1954년 「반짝이끼」(ひかりごけ)에 이르는 작품들을 통해 자신의 문학을 확립, 하니야 유타카(埴谷雄高), 오카 소헤이(大岡昇平), 미시마 유키오(三島由紀夫), 노마 히로시(野間宏), 시나 린조(椎名麟三) 등과 함께 전후 일본문학을 형성하고 그 핵심 인물이 되었다. 다케다 다이준의 중심사상은 "모든 것은 변화한다. 변화하는 것은 서로 관계하고 있어서 변화한다. 기쁨도 슬픔도 변화의 한가운데 있다"라는 말로 표현되는 제행무상(諸行無常)이다. 위에서 언급한 작품 외에 『후지』(富士), 『쾌락』(快樂) 등이 있다. 1976년 위암으로 사망했다. 사후에 그의 저작을 집대성한 『다케다 다이준 전집』 증보판(1977~1980, 筑摩書房)이 간행되었다.

도미나가 다로(富永太郎, 1901~1925) 시인. 중학교 1년 후배인 고바야시 히데오에게 많은 영향을 주었다.

도쿠다 슈세이(德田秋聲 1871~1943) 소설가. 일본 자연주의 문학을 대표하는 작가 가운데 한 사람이다.

마사오카 시키(正岡子規, 1867~1902) 일본 고유의 단가인 하이쿠 시인.

모리 오가이(森鷗外, 1863~1922) 작가. 군의관으로서 작품활동을 했으며, 메이지 시대 일본에 서구문학을 소개하는 데 선구적인 역할을 했다.

모리타 소헤이(森田草平, 1881~1949) 소설가. 나쓰메 소세키 문하에서 가장 뛰어난 작가로 꼽힌다.

모토오리 노리나가(本居宣長, 1730~1801) 에도 중기의 학자. 유교와 불교를 배척하고 일본의 옛 전통으로 돌아가야 한다고 주장했다.

무샤노고지 사네아쓰(武者小路實篤, 1885~1976) 작가. 시가 나오야 등과 『시라카바』(白樺)를 창간했다. 신촌(新村) 건설운동을 전개하고 인생긍정·인간신뢰를 주장했다.

미시마 유키오(三島由紀夫, 1925~1970) 소설가·극작가. 20세기 서구문학의 문체와 방법을 배워 질서와 신화를 지향하며 순수 일본의 원리를 탐색했다. 일본 우익의 각성을 촉구하며 할복 자살했다.

미야모토 유리코(宮本百合子, 1899~1951) 작가. 1927~1930년에 소련에 체류했고 귀국 후 프롤레타리아작가연맹 상임위원이 되었다. 1932년부터 1945년까지 세 차례나 검거되었다. 전후에는 민주주의 문학운동을 벌였다.

사카구치 안고(坂口安吾, 1906~1955) 소설가. 관념적인 작품으로 유명하며, 전후에는 과거의 형식도덕에 반대하여 '타락론'을 주장했다.

사카모토 료마(坂本龍馬, 1835~1867) 도쿠가와 막부 말기의 무사. 도사(土佐) 번 출신. 에도에 상경하여 항해술과 해전을 배우고, 나가사키에 상사(商社)를 설립했다. 사이고 다카모리(西鄕隆盛), 오쿠보 도시미치(大久保利通), 고마쓰 다테와키(小松帶刀), 기도 다카요시(木戶孝允) 등과 메이지 유신을 꾀했다. 막부파에게 살해당했다. 시바 료타로(司馬遼太郎)의 대표적인 역사소설 『료마(龍馬)는 간다』의 주인공이다.

시가 나오야(志賀直哉, 1883~1971) 소설가. 자연주의의 무이상·무해결을 규명하고자 결성된 시라카바파(白樺派)의 동인으로서 일본 사소설(私小說)의 1인자였다.

시마자키 도손(島崎藤村, 1872~1943) 시인·작가. 시에서는 낭만주의적 작품을 보였지만, 소설 『파계』(破戒)로 일본 자연주의 문학의 선구자가 되었다.

쓰보우치 쇼요(坪內逍遙, 1859·1935) 소설가·극자가·평론가. 일본 사실주의(寫實主義) 소설의 선구자이며, 셰익스피어를 연구하면서 번역에도 힘썼다.

아리시마 다케오(有島武郞, 1878~1923) 소설가. 인도주의적 경향이 강했

으며, 사상적 고뇌 끝에 모든 재산을 포기하고 자살했다

아에바 다카오(饗庭孝男, 1930~) 문학평론가·불문학자. 20세기 문학사상을 연구했으며, 대표작으로『전후문학론』(1966)이 있다.

아쿠타가와 류노스케(芥川龍之介, 1892~1927) 소설가. 나쓰메 소세키 문하에 있었으며, 일본 근대문학을 대표하는 단편 작가이다.

야나기타 구니오(柳田國男, 1875~1962) 일본 민속학의 창시자. 도쿄 대학 정치학과를 졸업했으며, 상민(常民)이라 불리는 평범한 사람들의 생활과 정신을 밝히는 데 주력했다.

야스오카 쇼타로(安岡章太郎, 1920~) 소설가. 일본문학의 전통적인 사소설(私小說) 수법을 바탕으로 전후 부흥기에 가정의 평온을 되찾아 가는 분위기를 경묘하고 유머러스한 필치로 묘사했다

에토 준(江藤淳, 1933~) 문학평론가. 1956년에 출간된『나쓰메 소세키』에서 '칙천거사'의 경지를 강조하는 '소세키 신화'에 대하여 신화 파괴를 행함으로써 일약 주목받는 신예 평론가로 떠올랐다.

오다 노부나가(織田信長, 1534~1582) 일본 전국(戰國)시대의 무장. 전국 통일을 꿈꾸었지만 교토에서 아케치 마쓰이데(明智秀光)의 습격을 받자 자살했다. 도요토미 히데요시(豊臣秀吉)가 그의 후계자이다.

요사 부손(與謝蕪村, 1716~1783) 에도 중기의 하이쿠 시인이자 화가.

요시모토 다카아키(吉本隆明, 1924~) 시인·평론가. 1960년대 일본에서 사르트르와 비견될 만큼 높은 평가를 받았던 사회참여적 사상가.

우노 고조(宇野弘藏, 1897~1977) 마르크스 경제학을 독창적으로 체계화한 경제학자. 도쿄대학 교수를 역임했으며, 대표적인 저서로『경제원론』이 있다

우치무라 간조(內村鑑三, 1861~1930) 종교가·평론가. 무교회주의자로 유명하다. 한국의 대표적인 무교회주의자였던 함석헌은 우치무라 간조의 제자이다.

지카마쓰 몬자에몬(近松門左衛門, 1653~1724) 에도 중기의 가부키 대본
   작가.

혼다 슈고(本多秋五, 1908~) 평론가. 좌익에서 전향한 대표적인 인물. 그
   가 쓴 『전향문학론』(轉向文學論, 1957)은 전향론의 획기적인 지침이 되
   었다.

후타바데이 시메이(二葉亭四迷, 1864~1909) 소설가. 언문일치의 문장과
   뛰어난 심리묘사로 일본문학에 새로운 지평을 열었다.

히라노 겐(平野謙, 1907~1978) 문학평론가. 정치와 문학, 사소설의 문제
   등을 중심으로 일본 전후문학의 이론적 지주였다.

히라쓰카 라이초(平塚雷鳥, 1886~1971) 사회운동가. 여성행복과 여성참
   정권 운동에 진력했다.

히로마쓰 와타루(廣松涉, 1933~1994) 마르크스주의 철학자이자 신좌익
   혁명 사상가. 도쿄대학 교수 역임.